ARMIN DENNER

DAS 1x1 DES TAROTS

DEIN EINSTIEG IN KARTEN, LEGESYSTEME UND DEUTUNGEN

MIT DEM RIDER TAROT

VON

ARTHUR EDWARD WAITE

UND

PAMELA COLEMAN SMITH

Lektorat und Korrektorat: Verlagshaus Stopfer
Covergestaltung: Nina Heiden
Layout: Nina Heiden

ISBN Taschenbuch: 978-3-910258-60-0
ISBN Hardcover: 978-3-910258-61-7
ISBN eBook: 978-3-910258-59-4

INHALTSVERZEICHNIS

VORWORT

Tarot-Bilder sind Symbole, die unbewusste Kräfte ansprechen. Obwohl wir ständig mit den Auswirkungen dieser Kräfte zu tun haben, nehmen wir sie normalerweise nicht bewusst wahr. Mit Tarot-Bildern jedoch liegt das unbewusste Potenzial, das Tag für Tag unser Leben bestimmt, direkt vor unseren Augen. Tarot ist ein Ableger der Kabbala, einer Überlieferung, die uns daran erinnern will, dass wir nicht vom Universum und vom Leben abgetrennt sind. Die Kabbala kann uns ins Bewusstsein rufen, dass wir Teil von etwas Größerem und etwas Umfassenderem sind. Kabbala ist die ursprüngliche Quelle des Tarots.

Ein Beispiel aus dem Alltag: Es gibt mehrere romanische Sprachen und viele Dialekte in jeder von ihnen. Alle haben gemeinsam, dass sie auf das Lateinische zurückzuführen sind. Wer des Lateinischen mächtig ist, versteht im Urlaub in Italien recht schnell ein paar Wörter in Italienisch. Beim nächsten Urlaub in Spanien oder Mexiko gilt dasselbe: Latein erleichtert den Zugang zu den romanischen Sprachen.

Obwohl die meisten Menschen in diesen Ländern selbst kein Latein sprechen, haben sich alle romanischen Sprachen - und auch ihre Dialekte - primär aus dem Lateinischen entwickelt. In den romanischen Sprachen lebt Latein gewissermaßen weiter.

Gleiches gilt für Tarot. Man kann Tarot praktizieren, ohne die Kabbala zu kennen. Tatsächlich gibt es heute Tausende verschiedene Versionen. Obwohl sich viele davon nicht direkt auf die Kabbala beziehen, hat jedes Kartendeck, auf das die Bezeichnung Tarot wirklich zutrifft, seine Wurzeln in der Kabbala. Wie die romanischen Sprachen im Lateinischen, so hat der Tarot seinen Ursprung in der alten hebräischen Überlieferung der Kabbala. Wer über die psychologische Komponente hinaus bis zur Quelle des Tarots, zu seiner Seele vordringt, wird dort immer die Mutter des Tarots kennenlernen – die Kabbala.

Die beiden weltweit bekanntesten Tarot-Ausgaben entstammen der Initiative von Aleister Crowley und Edward Waite. Beide Männer waren, jeder für sich, sehr weit in das Wissen und in den Geist der Kabbala vorgedrungen. Beide haben ihre Erfahrungen in ihren jeweiligen Tarot-Karten verarbeitet. Sowohl Crowley als auch Waite konnten ihr Werk allerdings nur durch das Zusammenwirken mit einer Frau vollenden. Die eher patriarchalische Kabbala ergänzt sich im Tarot mit weiblichen Energien, mit künstlerischer Kreativität und mit der Intuition, ohne die der Tarot - und auch das Leben - nicht wirklich lebendig wird. Konkret: Tarot folgt dem aktuellen Zeitgeist, der immer lauter nach einer Verbindung von weiblicher und männlicher Kraft ruft. Wie auch viele andere Interessierte, lernte ich als junger Mann beide Tarot-Versionen etwa zeitgleich kennen. In erster Linie praktizierte ich ungefähr zehn Jahre den Crowley-Harris-Tarot. Die Bilder von Waite und Smith beeindruckten mich zwar ebenfalls stark, doch ich betrachtete sie lange nur als Ergänzung. Die Symbole und Farben der Crowley-Bilder berührten mich einfach tiefer. Da ich aber der Kabbala schon vor dem Tarot begegnet war, fielen mir die Gemeinsamkeiten dieser beiden Tarot-Versionen von Anfang an deutlich ins Auge. Für mich war seit meinem ersten Kartenlegen klar: Die Kabbala ist der direkteste Weg zur inneren Transformation und zur praktischen Umsetzung des Tarot-Wissens im Alltag.

Nach gut 15 Jahren Praxis veröffentlichte ich 2003 mein erstes Buch „Der Tarot-Lehrgang". Naturgemäß beziehe ich mich dort in erster Linie auf Crowley, habe die Texte aber so gehalten, dass sie jederzeit auf Waite übertragbar sind, eben weil beide Versionen die Kabbala zur Grundlage haben.

In den vergangenen 20 Jahren habe ich den Tarot von Edward Waite und der Frau hinter den Bildern, Pamela Coleman Smith, immer mehr zu schätzen gelernt. Zudem erlebte ich bei vielen Schülern, dass sie sich anfangs mit den Bildern dieser Tarot-Version leichter tun als mit der Symbolsprache, die den Crowley-Harris-Tarot ins Leben springen lässt. Mit diesem Buch folge ich dem Wunsch, einen vergleichbaren Lehrgang über den Waite-Smith-

Tarot zu schreiben wie seinerzeit über das von Crowley und Harris. Die Deutungen beziehen sich ausschließlich auf den Tarot von Waite und Smith. Sie beruhen jedoch gleichermaßen auf der Kabbala wie schon mein Lehrgang zu Crowley. Die begleitenden Texte zu den Elementen, Kabbala usw. habe ich fast identisch von dort übernommen, weil es daran schlichtweg nichts zu verändern gab.

LEHRGANGSSTUFE I

WAS BRINGT MIR TAROT EIGENTLICH?

DIE GESCHICHTE VON HERRN STRENG UND FRAU OFFNER

WOHER KOMMT TAROT?

WAS BRINGT MIR TAROT EIGENTLICH?

Wir haben viele Fragen und finden oft keine Antworten darauf. Über irgendeine Angelegenheit* unseres Lebens oder auch ganz allgemein wollen wir mehr wissen, als uns momentan an Infos zur Verfügung steht. Wir ziehen aus einem Päckchen scheinbar zufällig eine oder mehrere Karten, die wir nach bestem Wissen deuten. Die Antworten, die wir mit Hilfe dieser gezogenen Karten erhalten, versetzen uns in Staunen. Nicht nur, weil sie mit verblüffender Treffsicherheit genau das beantworten, um was es uns bei unserer Frage geht, sondern vor allem, weil die Antworten uns einen Schritt weiterbringen, als es unsere Rationalität je vermochte. Wir erkennen Hintergründe, die uns vorher nicht bewusst waren. Wie kann das funktionieren?

> „Zufall ist lediglich unsere Unfähigkeit, die Hintergründe zu verstehen“
>
> – FREI NACH ALBERT EINSTEIN

**Alle mit Sternchen gekennzeichneten Begriffe werden im Verlauf dieses Lehrgangs noch behandelt.*

GRÜNDE, UM TAROT ZU LERNEN:

- Unser Gehirn verfügt über ein fast unendliches Potenzial, von dem wir nur einen Bruchteil nutzen. Die ernsthafte Beschäftigung mit Tarot bringt uns in Kontakt mit einigen dieser Kräfte, die in uns schlummern. Unser Leben wird dadurch ganzheitlicher und reicher.

- Der Rat, den wir vom Tarot erhalten, ist immer der für uns momentan optimale Rat, weil durch den Tarot unser eigenes Unbewusstes zu uns spricht. Dieses kennt uns am besten und will stets, dass wir im Leben unsere ureigenen Kräfte entdecken und unsere Fähigkeiten entfalten.

- Tarot erweitert die Psychologie um die seelische Perspektive und verbindet beide Komponenten miteinander.

- Tarot ist an keine bestimmte Konfession oder ähnliche von Menschen gemachte Zugehörigkeiten gebunden.

- Seriöser Tarot kann Wissenschaft und Spiritualität miteinander verbinden.

- Tarot dient uns als Ratgeber, als Coach und als Therapeut. Doch ein Mensch, der uns berät, wird ab einer bestimmten Grenze immer subjektiv sein müssen, weil letztlich alle Menschen subjektiv sind und jeder Mensch in seiner eigenen Wirklichkeit lebt. Durch Tarot hingegen spricht eine Ebene unseres Unbewussten zu uns, die völlig neutral ist.

- Durch diese Neutralität öffnet Tarot unsere selbstgesetzten Grenzen und erweitert unsere Möglichkeiten.

- Tarot kann so gut wie alle therapeutischen und psychologischen Ansätze bereichern.

- Tarot muntert uns auf, wenn wir nicht weiterwissen. Tarot kann uns neue Wege zeigen, die wir bislang noch nicht kennen. Zuerst im Inneren, dann auch im Äußeren – denn Innen und Außen sind Eins.

- Tarot schenkt uns Zeit. Wir müssen bestimmte Fehler nicht ständig aufs Neue wiederholen, wenn wir wissen, welche Lektion wir hintergründig gerade zu lernen haben. Jeder vollzogene Lernschritt bringt uns auf unserem Lebensweg weiter.

- Tarot macht uns authentisch. Der Rat, den wir von Tarot erhalten, kann uns durchaus zu bestimmten Kompromissen auffordern – doch niemals zu fadenscheinigen oder gar faulen.

- Tarot ist ehrlich zu uns. Erfahrene Kartenleger wissen: Die Karten lügen nicht!

***Dein angefragtes Thema wird in diesem Buch als „Angelegenheit“ oder „Sache“ bezeichnet.**

DIE GESCHICHTE VON HERRN STRENG UND FRAU OFFNER

Herr Streng läuft auf dem Fußweg von A nach B. Am Haus, an dem er als nächstes vorbeikommen wird, wurden vor kurzem Dachreparaturarbeiten durchgeführt. Einem der Dachdecker ist dabei ein Flüchtigkeitsfehler unterlaufen und einige der Dachziegel sitzen nun zu locker.

Zwei Kreuzungen weiter beginnen gerade Straßenbauarbeiten, bei denen auch ein Presslufthammer zum Einsatz kommt. Die Arbeiten mit dem Presslufthammer versetzen die Erde in Schwingungen. Diese übertragen sich, kaum messbar, auf das Haus, an dem Herr Streng gerade vorbeiläuft, und auf die zu locker sitzenden Dachziegel. Einer der Ziegel löst sich und fällt – welch dummer Zufall – Herrn Streng auf den Kopf, was eine Verletzung zur Folge hat, die ihn für vier Wochen ins Krankenbett zwingt und einen anschließenden Kuraufenthalt notwendig macht. Was genau hat sich abgespielt?

Nach dem herkömmlichen Weltbild ist so viel klar: Der herabfallende Ziegel folgte dem Gesetz der Erdanziehungskraft und musste deshalb von oben nach unten fallen.

Herr Streng hatte seine Verabredung zu einer Uhrzeit, die ihn genau dann von A nach B gehen ließ, als zwei Kreuzungen weiter die Straßenarbeiten begannen.

Er hatte mehrere Möglichkeiten, um von A nach B zu gelangen, entschied sich aber für genau diesen Weg, zu Fuß am besagtem Haus vorbei. Vielleicht hatte er bewusste Gründe, keinen anderen Weg zu wählen, vielleicht auch nicht. Unbewusste Gründe hatte er mit Sicherheit.

Bis hierher sind die Zusammenhänge nach herkömmlichem Weltbild klar, der Rest ist purer Zufall – dumm gelaufen für Herrn Streng!

Das ganzheitliche Weltbild, in welchem der Tarot beheimatet ist, geht davon aus, dass Herr Streng und der herunterfallende Dachziegel eine Affinität zueinander hatten und folgerichtig, ja absolut folgerichtig aufeinandertrafen. Ein anderes Beispiel:

Frau Offner will in den Urlaub fliegen und freut sich sehr darauf. Sie hat lange gespart, in letzter Zeit auf einiges verzichtet und sich diesen Urlaub redlich verdient. Als sie auf dem Weg zum Flughafen mit ihrem Koffer die Treppe hinuntersteigt, stolpert sie, stürzt unglücklich und bricht sich das rechte Bein. Auf ihren wohlverdienten Urlaub muss sie jetzt leider zähneknirschend verzichten. Stattdessen wird sie zum Arzt gebracht, der ihr das gebrochene Bein eingipst und ihr eine längere Ruhepause verordnet.

Noch am selben Abend, als sie mit hochgelegtem Bein vor dem Fernseher sitzt, erfährt sie, dass das Flugzeug, in welchem sie sich ohne ihren unglücklichen Sturz befunden hätte, kurz vor der Landung abgestürzt ist. Nun wird Frau Offner auf einmal heilfroh über ihren Treppensturz sein. Sie wird dieses „unglückliche" Erlebnis aufgrund ihrer Kenntnis des Flugzeugdramas jetzt vermutlich aus einer grundlegend anderen Perspektive sehen. Sie musste zwar auf ihren geplanten Urlaub verzichten – was sie ohnehin hätte tun müssen – doch sie ist heute mit dem Leben davongekommen. In Zukunft kann sie manche „Zufälle" vielleicht aus einer anderen, höheren und distanzierteren Perspektive sehen und wird die Fügungen ihres Lebens nicht sofort automatisch in gute oder schlechte Schubladen eines blinden Zufalls schieben.

Auch bei Frau Offner könnten wir jetzt die Zusammenhänge auf konventionelle Art analysieren. Doch liegt bereits auf der Hand, worauf unsere beiden Beispielsbegebenheiten hinauswollen: Auf ein Weltbild, in dem nichts ohne Sinn geschieht. Man könnte auch sagen, dass es keinen Zufall gäbe, doch das ist rhetorisch nicht ganz glücklich gewählt: Ununterbrochen fällt uns etwas zu. Zu-Fälle gibt es sehr wohl – allerdings nur solche, die wir bewusst oder unbewusst auslösen, weil wir uns durch sie weiterentwickeln können, spirituelle Ent-Wickelung zu leben, wie Rudolf Steiner (1861 – 1925) es nannte.

Seien es herabfallende Dachziegel, Beinbrüche oder auch überraschende Glücksfälle: Alles hat einen tieferen Sinn und ist eine Botschaft, die uns hintergründig zu unserer Selbstverwirklichung führen will. Viele Zusammenhänge sind uns allerdings nicht bewusst. Um uns auch über dieses menschliche Potenzial bewusst zu werden, gibt es einige Wege und Methoden. Tarot ist einer dieser Wege. Tarot will uns dabei unterstützen, unser Leben bewusst in die eigene Hand zu nehmen.

Die Frage, warum wir in einer bestimmten Lebenssituation genau diese und keine andere Karte ziehen, beantwortet sich von selbst, wenn wir davon ausgehen, dass es eben keine sinnlosen Zu-Fälle gibt. Weil die Variante, unsere Hinweise lieber von Tarot-Karten statt von herabfallenden Dachziegeln zu erhalten, meistens die angenehmere ist, könnte es sich lohnen, sich auf das Experiment des Tarots unvoreingenommen einzulassen. Man kann jederzeit damit wieder aufhören. Doch häufig will man sich tiefer damit beschäftigen, wenn man erst einmal erlebt, wie sehr Tarot unser Leben bereichern kann. Nicht nur deshalb, weil die Karten uns mit der Zeit verstärkt in Richtung solcher „Zufälle" navigieren, die wir als förderlich empfinden. Tarot macht außerdem auch noch Spaß!

Nur drei Worte genügen, um den Sinn der Tarot-Beschäftigung umfassend zu beschreiben: Unbewusstes bewusst machen! Etwas ausführlicher ausgedrückt: Die Karten zeigen, welche unbewussten Gedankenmuster es aufzulösen gilt, in welche emotionalen Dramen wir momentan verstrickt sind und ob sich das, was wir uns gerade wünschen, im Einklang mit unserer Bestimmung befindet oder nicht. Tarot überreicht uns Hinweise, wie wir unser Leben sinnvoll und auch glücklicher gestalten können.

Die Botschaften des Tarots entspringen immer einer minimal tieferen Schicht als unser aktuelles Bewusstsein. Wir erhalten Ratschläge und Entscheidungshilfen, in welche Richtung wir unsere Schritte lenken sollten, um uns selbst zu verwirklichen. Dies hat naturgemäß zur Folge, dass wir auch zukünftige Tendenzen erkennen, die wir als Ergebnis unseres gegenwärtigen Handelns erhalten werden. Ergebnisse, die nicht nur unsere eigene Entwicklung fördern, sondern darüber hinaus auch etwas mit unserer Umgebung zu tun haben.

Um das Verhältnis von Bewusstem und Unbewusstem (zu dem auch das Unterbewusste gehört) bildhaft zu veranschaulichen, gibt es ein viel zitiertes, aber treffendes Beispiel, das den Zusammenhang sehr gut auf den Punkt bringt: Stell dir das psychisch-seelische Gesamtpotenzial eines Menschen, sein Bewusstsein, als einen Eisberg vor. Das Wasser, der Ozean, in welchem sich der Eisberg befindet, wäre in unserem Beispiel das universelle Bewusstsein.

Nur etwa ein Siebtel des Eisbergvolumens befindet sich oberhalb des Wasserspiegels. Dieses Siebtel ist für unsere bewusste, rationale Wahrnehmung erkennbar. Der Rest, die anderen sechs Siebtel, befindet sich unterhalb der Wasseroberfläche und ist für uns nicht sichtbar.

Diese verborgenen sechs Siebtel entsprechen unserem Unbewussten. Doch hier, unter Wasser, bewegen sich die Meeresströmungen, die den Eisberg steuern. Gleichgültig, ob der Wind oberhalb des Meeresspiegels von Ost nach West weht, der Eisberg wird sich nicht von Ost nach West bewegen, wenn die Unterwasserströmung eine andere Richtung vorgibt. Er wird sich immer in die Richtung bewegen, die der Unterwasserströmung folgt. Auf unser Beispiel übertragen bedeutet das: Wir bewegen uns immer dorthin, wo die Strömungen unseres Unbewussten uns hinlenken. (Im Kapitel „Kabbala" werden wir das noch konkreter betrachten.) Tests unter Hypnose bestätigen dies und wer Tiefenentspannung, Meditations- oder Trancetechniken praktiziert, hat sicher ebenfalls die Erfahrung gemacht, dass unsere Motive in

Bereichen ihren Ursprung haben, auf die unser gewohntes Tagesbewusstsein wenig Zugriff hat. Die Bilder des Tarots jedoch stehen mit genau diesem unbewussten Potenzial in Verbindung und machen es sichtbar für uns.

Wenn wir die „Unterwasserströmungen" unseres Unbewussten erkennen wollen, wenn wir also unser Leben proaktiv, bewusst und schöpferisch gestalten wollen, müssen wir die Schatz- und Schattenkammern des Unbewussten entdecken. Diese Stück für Stück zu heben, um sie in unser Tagesbewusstsein zu integrieren, ist tatsächlich das hintergründige Ziel vieler unserer Erlebnisse. Je mehr wir uns auf diese Einstellung dem Leben gegenüber einlassen, desto weniger werden wir unserer Umwelt ausgeliefert sein. Wir entdecken unsere noch unbewussten inneren Kräfte und erweitern unsere Möglichkeiten. Das Leben ist kein Zufall und der Intellekt, der das obere Siebtel des Eisberges beherrscht, ist ein hervorragender Diener. Als Herrscher ist er jedoch völlig ungeeignet.

Die Quantenphysik sagt uns, dass Energie stets der Aufmerksamkeit folgt. Wenn wir diesen wissenschaftlichen Gedanken konsequent bis zum Ende verfolgen, heißt das, dass wir letztlich unsere Situationen und unsere Lebensumstände selbst erschaffen. „Mensch, erkenne dich selbst und du wirst die Gottheit in dir erkennen", stand über dem Eingangstor des Apollon-Orakels von Delphi. „Mensch, mach dein Unbewusstes bewusst", wäre eine moderne Übersetzung für dieses Zitat. Die Beschäftigung mit dem Tarot lenkt unsere Aufmerksamkeit auf unser bislang ungenutztes Potenzial. Manche Praktizierende sind sogar der Ansicht, dass es sich bei Tarot um den Königsweg des Westens handelt.

Die Tarot-Karten, die wir ziehen und vor uns auslegen, sind ein Spiegel, der uns auf seine Art das gleiche Bild zeigt und uns in seiner Sprache die exakt gleichen Botschaften übermittelt, die uns auch unser aktueller Lebensspiegel vorhält. Diesen „Spiegel des Lebens" betrachten wir uns jetzt noch etwas genauer.

Schon immer sah der Mensch, dass auf der Oberfläche des Wassers ein Bild erscheint, wenn er dort hineinblickt. Im Gegensatz zur restlichen Tierwelt jedoch erkannte der Mensch irgendwann, dass dieses Bild kein fremder Mensch, sondern dass die Gestalt, die ihn aus dem Wasser heraus anblickte, eine Spiegelung seiner selbst war. Der Mensch begriff, dass er gerade sich selbst und keinen anderen Menschen reflektierte, als er das Bild im Wasser betrachtete.

Heute, Jahrtausende später, lächeln wir uns im Glasspiegel unseres Badezimmerschranks an und wissen, ob unsere Zunge belegt ist oder ob uns die neue Frisur steht. Wenn wir das Gesicht, das uns aus dem Spiegel heraus ansieht, als unfreundlich, grimmig oder provokant empfinden, würde es für uns keinen Sinn ergeben, sauer auf den Spiegel zu sein, der uns da so grimmig ansieht. Wir wissen: Das Gesicht, das uns da aus dem Glasspiegel heraus ansieht, das ist unser eigenes.

Ein Wellensittich weiß das nicht. Er begreift noch nicht, dass der andere Wellensittich im Glasspiegel er selbst ist und ihm immer genau das reflektiert, was er selbst gerade macht. Er sucht hinter dem Spiegel einen anderen Wellensittich. Er hat den nötigen Bewusstseinsschritt noch nicht vollzogen, um zu wissen: Der Andere, das bin ich lediglich selbst.

Doch was ist mit den Bereichen, die sich noch im Unbewussten befinden? Wo spiegeln sich die sechs Siebtel von unterhalb der Wasseroberfläche und wo können wir diese erkennen?

Die anfangs oft ganz leicht nachvollziehbare Antwort lautet: In unserer Umwelt! Die Umwelt, die wir Tag für Tag erleben, ist der gigantische Spiegel, den wir selbst erzeugen und der immer nur uns selbst abbildet. Dort, wo wir Vorurteile mit uns herumtragen, kommt unsere Umwelt urteilend auf uns zu. Dort, wo wir kreatives, vielleicht noch unbewusstes Potenzial in uns bergen, kommt uns die Umwelt in ihrer Kreativität entgegen und bietet uns Möglichkeiten der kreativen Entfaltung an.

Wie ein Barometer zeigen uns all jene Charaktereigenschaften, Verhaltensweisen und Situationen, die uns in der Außenwelt am stärksten emotional aufwühlen, genau jene Aspekte in uns selbst an, die wir am dringendsten als zu uns gehörig erkennen, sie integrieren und letztlich transformieren können. Unsere Umwelt und ebenso die Tarot-Bilder führen uns genau dieses Potenzial vor Augen. Anhand der entsprechenden Hinweise in unseren Auslagen erhalten wir das Handwerkszeug, das uns so manche - unangenehme oder angenehme - Begegnung besser verstehen lässt, um uns zukünftig zu konstruktiveren Ergebnissen zu führen. Wir erzeugen ein anderes Spiegelbild, wenn wir auf dessen Ursache, und zwar uns selbst, bewussten Einfluss nehmen.

Gewaltbereitschaft beispielsweise ist nichts anderes als fehlgeleitete Durchsetzungskraft und kann uns, wenn wir diese Kraft transformieren, zu gesunder Selbstbehauptung verhelfen. Wir müssen lediglich einen kreativen und natürlichen Kanal für diese Energie finden. Schnelles Beleidigtsein und die häufig anzutreffende Opferrolle können wir, wenn sie ans Licht gebracht werden, in hohe Sensibilität und menschliches Einfühlungsvermögen umwandeln. Der ewige Nörgler, der alles und jeden heruntermacht und seine Umgebung durch sein Verhalten laufend erniedrigt, kann als konstruktiver Kritiker unsere Vorhaben enorm bereichern, weil er die Fähigkeit besitzt, Schwachstellen zu entdecken und diese in Stärken umzuwandeln usw.

Wenn wir immer und immer wieder in die gleichen als nervig empfundenen Situationen hineintappen, wenn wir, mehr als uns lieb ist, an Personen geraten, die uns durch ihr unliebsames Verhalten enttäuschen, dann sollten wir ganz sicher nicht sagen: „Ich hab' doch gleich gewusst, dass ich niemandem trauen darf!", und unsere Mauern noch etwas höher ziehen.

Wir sollten stattdessen unsere Muster aufbrechen und erkennen, dass uns genau diese Situationen und Personen als Erfüllungsgehilfen dienen, um uns selbst besser zu erkennen und uns unserer Schattenseiten, unseres schlummernden Potenzials bewusst zu werden. In genau diesen Lebensabschnitten und Begegnungen steckt die große Chance zu seelischem Wachstum. Tarot führt uns an die blinden Stellen unseres Spiegels, die erkannt werden wollen. Wie in einem Unterseeboot tauchen wir unter die Wasseroberfläche und erhalten Einsicht in jene Bereiche des Eisbergs, die uns noch verborgen sind.

Dies gilt selbstverständlich auch für unsere Stärken, unsere Kreativität und für die Leuchtkraft, die wir uns nur allzu oft nicht zu leben und zu zeigen trauen. Wenn wir die Botschaften der Tarot-Karten verstehen, können wir damit unser Energiepotenzial enorm erweitern, weil bislang brachliegende Wesensanteile aus ihrem Dornröschenschlaf erweckt werden.

Die Karten decken auf, welche Lernschritte hinter den Ereignissen stecken. Unsere neue Sichtweise ermöglicht uns ein breiter gefächertes Entscheidungsspektrum und mehr Wahlmöglichkeiten in unseren alltäglichen Interaktionen. Das tiefere Erkennen unseres „Senders" macht es möglich, rechtzeitig bestimmte Justierungen und Weichenstellungen vorzunehmen, die sich dann vorteilhaft auswirken.

Wenn wir das Besprochene auf Herrn Streng übertragen, können wir durchaus weitere Zusammenhänge erkennen, die zu dem für ihn unangenehmen Zusammentreffen von Kopf und Dachziegel führten:

Nehmen wir einmal an, Herr Streng hätte gegenwärtig die Jahreskarte* des Eremiten am Laufen oder der Wachstumsschritt, den der Eremit uns lehren will, stünde aus anderen Gründen momentan für ihn an. Die Karte „Der Eremit" oder, wie Trumpf IX auch bezeichnet wird, „Der Einsiedler" steht komprimiert gedeutet für mehr Unabhängigkeit von Äußerlichkeiten und eine Zeit der Selbstgenügsamkeit. Wenn wir mit dem Energiefeld des Eremiten in Kontakt treten, sollten wir innehalten, um Ruhe und Kraft in uns selbst zu finden. Als Folge davon werden wir dann äußere und innere Werte neu einordnen.

Nehmen wir weiterhin an, Herr Streng wäre Mitte dreißig und im gehobenen Management tätig. Der Bungalow, den er mit seiner Frau und seiner Tochter bewohnt, ist zur Hälfte abbezahlt. Mit den Ratenzahlungen hatte er in letzter Zeit leichte Schwierigkeiten. Das schnelle Auto, ebenfalls erst zu einem Drittel finanziert, fährt er nicht deshalb, weil er so gerne schnelle Autos fährt, sondern weil dieses Auto halt „was hermacht". Gleiches gilt für seine Frau. Sie stammt aus gutem Hause, brachte ordentlich Geld mit in die Ehe und eignet sich hervorragend, bei Geschäftsessen und ähnlichen Anlässen als Begleitung aufzutreten. Das zweite Kind ist eigentlich längst eingeplant, man hat dies aber auf unbestimmte Zeit verschoben, denn er hat ja schon für seine eine Tochter kaum Zeit. Stattdessen finanziert er sich in der Nachbarstadt eine Geliebte.

Kurzum, oberflächlich betrachtet ist Herr Streng ein erfolgreicher Zeitgenosse und bis jetzt ging es ihm eigentlich recht gut. Wenn da nicht seit ein paar Monaten das Leben und die unbewussten sechs Eisbergsiebtel Herrn Streng etwas zeigen wollten. Die Karte „Der Eremit" symbolisiert diese anstehende Horizonterweiterung.

Ihren Anfang nahm diese Lektion, als sich Herr Streng innerhalb weniger Wochen das linke Handgelenk beim Tennisspielen unglücklich verdrehte, einen Geschäftsabschluss, der ihm sehr am Herzen lag, nicht unter Dach und Fach bekam, beim Einparken einen Pfosten übersah und einen heftigen Disput mit seiner Frau hatte, die ihm vorhielt, er kümmere sich zu wenig um seine Tochter, von ihr selbst ganz zu schweigen.

Außerdem teilt ihm ein Freund unter der Dusche im Tennisclub mit, dass er eine neue Geliebte in der Nachbarstadt habe und bei der Beschreibung derselben fallen Herrn Streng gewisse Gemeinsamkeiten mit seiner eigenen Affäre auf, die ihm ein mulmiges Gefühl in der Magengegend verursachen. Um diesem Gefühl auf den Grund zu gehen, beauftragt er einen anderen Freund, vor einem gewissen Appartement zu parken und die Augen offen zu halten. Dieser präsentiert Herrn Streng nicht nur ein Foto seines Tennisfreundes, sondern teilt ihm außerdem mit, dass seine Mätresse einen jungen, durchtrainierten Lebenspartner habe, mit dem sie sein – Herrn Strengs – Geld und das des Tennisfreundes ausgebe.

Herr Streng stellt seine Freundin zur Rede, worauf diese ihm damit droht, sich mit seiner Frau in Verbindung zu setzen. Spätestens zu diesem Zeitpunkt – das mulmige Gefühl in der Magengegend nimmt weiterhin stetig zu – sollte Herr Streng sich doch einmal fragen, ob all diese äußeren Widrigkeiten vielleicht etwas mit ihm und seiner Lebenseinstellung zu tun haben. Er sollte vielleicht darüber nachdenken, ob all diese scheinbar völlig voneinander unabhängig ablaufenden Ereignisse eine gemeinsame Wurzel haben könnten. Doch Herr Streng reagiert auf sein sich langsam verdichtendes Unwohlsein nur, indem er die Korken noch lauter und häufiger knallen lässt.

Dann der Auffahrunfall. Wie kann der Blödmann vor ihm wegen nichts und wieder nichts so plötzlich auf die Bremse latschen, dass Herr Streng, ohnehin gedanklich nicht ganz bei der Sache, die Situation zu spät erkennt und ihm hinten drauf fährt? Analog betrachtet, wollte die leise Stimme des Eremiten ihm nur mitteilen: „Halt, mach Pause! Geh in dich!" Herr Streng jedoch realisiert nur, dass die Geschichte mit den Ratenzahlungen jetzt noch etwas unbequemer wird. Doch ein Gespräch mit der Hausbank wird hoffentlich wieder Ruhe in die Angelegenheit bringen.

Inzwischen haben die Diskussionen mit seiner Frau an Häufigkeit und Schärfe zugenommen und im Hause Streng herrscht mittlerweile ziemlich dicke Luft. Nur kurze Zeit später fängt sich Herr Streng eine fiebrige Erkältung ein, die ihn ans Bett fesselt, was seinen Vorgesetzten nicht gerade zu Freudensprüngen hinreißt. Doch Herr Streng verspricht, das Allernötigste per Laptop vom Bett aus zu regeln. Er hat da gute Beziehungen zu einem Apotheker, der ihm schon das richtige Mittel vorbeibringen wird, um nicht ganz außer Gefecht gesetzt zu sein. Herr Streng fragt sich nicht, ob er selbst mit all diesen Unannehmlichkeiten etwas zu tun hat. Er will sich auch gar nichts fragen, denn dazu hat er nicht die Zeit und vielleicht auch nicht den

Mut. Auf jeden Fall hat er dazu noch nicht das erforderliche Bewusstsein. Lieber glaubt er fest daran, dass ihm jede Menge dummer Zufälle widerfahren sind und als er wenige Wochen nach seiner Genesung von A nach B läuft, beginnen zwei Straßenkreuzungen weiter gerade die Arbeiten mit dem Presslufthammer – den Rest der Geschichte kennen wir bereits.

Nicht der dumme Zufall, nicht das böse Schicksal oder die schlimme Kindheit sind schuld an unseren Lebensumständen, sondern jedes Erlebnis bietet uns eine Chance des Wachstums. Aufmerksamkeit und Achtsamkeit sind die Zaubermittel, um sich seiner Bestimmung anzunähern und die Gelegenheiten in unser Leben einzuladen, die uns weitere Chancen zur Entfaltung bieten. Die nahezu unbegrenzten Kombinationsmöglichkeiten, die beim Auslegen der Tarot-Karten entstehen, zeigen uns die Hintergründe unserer Begegnungen und unserer Lebensumstände mit all ihren Chancen auf. Wir wollen lernen, die Bildersprache der Karten zu verstehen, um die Möglichkeiten, die das Leben uns anbietet, wahrzunehmen. Ob uns diese in Form von unglücklichen oder von glücklichen „Zufällen" begegnen, es handelt sich immer um Gelegenheiten, den Eisberg ein wenig anzuheben und unser Leben zu bereichern.

WOHER KOMMT TAROT?

Die Wurzeln des Tarots verlieren sich hinter dem Schleier der Geschichte. Es gibt viele unterschiedliche Hypothesen, woher die Karten ursprünglich stammen, doch historisch belegte Beweise ihrer konkreten Herkunft gibt es keine. Woher kommen die Mythen, Sagen und Märchen dieser Welt und wer war es, der das Feuer entdeckte?

In Europa werden Tarot-Karten erstmals 1377 offiziell erwähnt. Interessanterweise handelt es sich dabei um ein Verbot. Ein Edikt eines italienischen Fürstentums untersagte damals dem gemeinen Volke, sich mit den „tarocchi" zu beschäftigen. Aber auch damals schon wurde mit Verboten aller Art häufig genau das Gegenteil erreicht. So auch mit diesem Verbot, denn während der nächsten 30 Jahre verbreiten sich die Karten in ganz Westeuropa, was zahlreiche schriftliche Zeugnisse aus jener Zeit belegen. Die Erfindung des Buchdrucks durch Johannes Gutenberg (ca. 1400 – 1468) nur wenige Jahrzehnte später trägt dann ihr Übriges zur Verbreitung der Karten bei.

Man unterscheidet zwischen den exoterischen Spielkarten, mit denen man einfach Karten spielt, und dem esoterischen Tarot, den man zum Wahrsagen zu Rate zieht. Analogien dieser beiden Pole haben sich bis in unsere Tage herein erhalten. So drängt sich der Bezug vom Narren* zum Joker auf und die Ähnlichkeit der Hofkarten* zu Bube, Dame, König usw. liegt auf der Hand. Gleiches gilt für die Zahlenkarten* vom Ass bis zur Zehn.

Während der folgenden Jahrhunderte kommt der Tarot dann hauptsächlich in esoterischen Geheimgesellschaften zur Geltung, wo sein Wert als Einweihungsweg oder Meditationshilfe zum Zweck der Weissagung und als Pforte zu den Bereichen des Unbewussten sehr geschätzt wird.

Ende des 19. Jahrhunderts erwacht der Tarot in der Öffentlichkeit zu neuem Leben. 1887 wird in England The Hermetic Order Of The Golden Dawn (Hermetischer Orden der Goldenen Dämmerung) gegründet, der das magisch-mystische Wissen der westlichen Welt bis in die Gegenwart herein ganz entscheidend beeinflusst. Der Tarot - wie auch seine esoterische Wurzel, die Kabbala - findet dort größte Beachtung. In der Folge werden die Karten dann auch für die breite Allgemeinheit immer interessanter.

Einen Boom erlebt der Tarot seit der Hippie-Bewegung in den sechziger Jahren des letzten Jahrhunderts und gegenwärtig hat sich Tarot wohl auch im Kollektivbewusstsein schon etabliert. Um zur Frage nach den Ursprüngen des Tarots zurückzukommen: Gehen wir doch einfach mal davon aus, dass der Tarot schon immer da war.

Obwohl es im Golden Dawn nicht wenige Persönlichkeiten gab, die bis heute größten Einfluss auf das Wissen über den Tarot und die Kabbala haben, heben wir im Zusammenhang mit diesem Lehrgang lediglich zwei seiner Mitglieder speziell heraus, nämlich den gebürtigen Amerikaner Arthur Edward Waite (1857–1942) und die in Jamaica aufgewachsene Künstlerin Pamela „Pixie" Coleman Smith (1878–1951). Erst seit den Veränderungen, die diese beiden Menschen an den vorher gebräuchlichen Tarot-Karten vornahmen, ist es auch für Nicht-Eingeweihte möglich, die Karten zu lesen und zu übersetzen. Pamela Coleman Smith malte die Bilder nach den Vorgaben von Edward Waite. Der Aussagewert der alten Versionen wurde dabei nicht verfälscht, sondern verständlich in Bilder übersetzt.

Waren auf den alten Tarot-Decks bis dato beispielsweise auf der Karte „Drei Münzen" lediglich drei Münzen abgebildet oder auf der Karte „Sechs Stäbe" dementsprechend sechs Stäbe, so sind auf den neuen Karten bildhafte Szenen mit Personen zu sehen, welche mit den unterschiedlichsten Handlungen beschäftigt sind.

MARSEILLE TAROT

RIDER WAITE TAROT

Selbstverständlich lässt sich eine Situation mit handelnden Menschen wesentlich leichter und intensiver nachempfinden und deuten als ein Bild mit ausschließlich drei Münzen oder sechs Stäben als einzige Interpretationsmöglichkeit. Anhand der abgebildeten Szenen fällt es uns nun viel leichter, die Aussagekraft einer solchen Situation und die dahintersteckenden Botschaften miteinander in Bezug zu bringen. Durch die abgebildeten Handlungen können die energetischen Botschaften erheblich einfacher in unser Tagesbewusstsein transportiert werden. Dies ist auch deshalb so, weil es eine Eigenschaft unserer Intuition ist, dass sie sich gerne in Bildern ausdrückt. Erst seit dem Waite-Smith-Tarot sind die Botschaften der Karten sowohl unserem intellektuellen als auch für unser intuitives Verstehen gleichermaßen zugänglich. Nicht zuletzt deshalb konnten seit dieser Zeit auch Tausende anderer Tarot-Gestalter dem Weg von Waite und Smith folgen.

Die Aussage der alten Tarot-Karten wurde durch die neue Art der Gestaltung von Waite und Smith nicht verfälscht, weil sie, ebenso wie auch die älteren Tarot-Bilder vor ihnen, streng von kabbalistischen* Vorgaben ausgingen. Die Botschaften der Karten, die vor dieser Zeit noch nie in Handlungen übersetzt und in Bildern zum Ausdruck gebracht worden waren, konnten nun auf neue Art erfasst und verstanden werden. Die eigentlichen Aussagen, die in der Kabbala wurzeln, blieben jedoch voll erhalten.

Die Kabbala ist eine esoterische Wissenschaft, die sich auf die alten Hebräer zurückführen lässt. Sie sagt uns, dass unser gesamtes Universum aus Energie und Leben besteht und dass diese Energie aus einer göttlichen Quelle stammt. Ähnlich der Quanten- und der Atomphysik geht auch die Kabbala davon aus, dass Materie immer das Produkt von Energie ist, die sich so stark verdichtet hat, dass sie schließlich in unserer greifbaren Welt grobstofflich erscheint. Die meisten feinstofflichen Energieformen sind für uns kaum oder gar nicht wahrnehmbar, weil sie für unsere gewöhnlichen Sinne schlichtweg zu durchlässig sind und zu schnell vibrieren. Die Kabbala jedoch kennt die unterschiedlichen Abstufungen und Dichtegrade von Energie sehr genau. Sie beschreibt die Stationen feinstofflicher Energie, bis sie am Ende schließlich für uns sicht- und greifbar wird. Die Kabbala weiß, dass Energie auch dann großen Einfluss auf unser Leben ausübt, wenn wir sie nicht wahrnehmen können. Kabbala zeigt uns, wie wir uns Energie gegenüber konstruktiv verhalten können. Dies gilt insbesondere für die Situationen, die wir in der Außenwelt erleben und an denen wir durch die Kraft unserer Gedanken viel stärker beteiligt sind, als wir uns gemeinhin bewusst sind. Der Tarot wiederum ist ein Weisheitsbuch, das diese Aspekte der Kabbala in Bildern beschreibt. Näheres hierzu in Lehrgangsstufe III.

Das große Werk von Edward Waite und Pamela Coleman Smith ist, dass sie die von der Kabbala beschriebenen Energiefrequenzen zum ersten Mal anhand ihrer Kartenbilder in für uns nachvollziehbare Situationen übersetzt haben. Wir können diese sozusagen bildlich miterleben und dadurch natürlich wesentlich einfacher deuten, als dies bei den alten Karten mit Zeichnungen von nur drei Münzen oder sechs Stäben möglich war.

Edward Waite wurde als wandelndes Lexikon bezeichnet. Er war Kabbalist und praktizierender Mystiker. Sein Tarot spricht dementsprechend die mystische Ebene in uns an. Auf den kürzesten Nenner gebracht, will uns die Mystik lehren, wie wir uns bewusster für die feinstofflichen und auch höheren Energiefelder dieser Welt öffnen können, um diese in unsere individuelle Wirklichkeit mit einzubeziehen. Über das große Wissen von Waite hinaus sollte man aber den Einfluss von Pamela Coleman Smith auf die Energie der Bilder keineswegs unterschätzen. Ihrer hohen Intuition ist es zu verdanken, dass allein das Betrachten der Karten bereits positive Auswirkungen auf unsere Alltagshandlungen hat, wenn wir es so wünschen.

Offiziell wird zwar behauptet, dass die 78 neuen Kartenbilder ausschließlich nach den Vorgaben Waites entstanden und Smith sie lediglich gemalt haben soll. Vieles lässt jedoch darauf schließen, dass dies lediglich für das Große Arkanum gilt, während die Bilder des Kleinen Arkanums eher die alleinige Kreation von Coleman Smith sind. 1910 wurde dieser Tarot dann der Öffentlichkeit präsentiert und gilt seitdem als der weltweit bekannteste.

Häufig wird er unter der Bezeichnung „Rider-Tarot" geführt, weil der Verleger dieser Tarot-Version William Rider hieß.

Nachdem der Tarot von Waite und Smith uns einen relativ einfachen Einstieg in die Welt des Tarots anbietet, wird dieser Tarot uns auch während unseres Studiums primär begleiten. Die abgebildeten Situationen können uns auf direktem Wege zur Deutung der Karten führen. Hinzu kommt, dass das Energiefeld der Karten auf uns wirkt und unsere bewusste Handlungsebene erreicht, wenn wir uns auf die jeweilige Szenerie einlassen. Je intensiver wir diese innerlich oder auch äußerlich nachstellen, umso deutlicher wird die Wirkung sein. Das reelle Resultat unserer Tarot-Erfahrung werden wir allerdings immer erst im Alltag umfassend und praktisch erleben können. Weitere Infos dazu im Kapitel „Tarot-Meditation".

Den bewusst sehr kurz gehaltenen Abriss der Tarot-Geschichte wollen wir mit einem Ausspruch von Aleister Crowley, einem anderen Mitglied des Golden Dawn und dem Initiator der wohl tiefsten Tarot-Ausgabe aller Zeiten, abrunden: „Wenn der Tarot ins Leben springt, bringt dich seine Richtigkeit fast um den Verstand..."

Ja, das stimmt, die Betonung liegt jedoch auf dem Wörtchen „fast".

✦

XIX

LEHRGANGSSTUFE II

PRAKTISCHE ÜBUNGEN I

DAS GROSSE ARKANUM

DAS INTERMEZZO MIT DER VIII UND DER XI

ERRECHENBARE KARTEN

DIE LEBENSKARTE
DIE JAHRESKARTE

DER NARR / DER MAGIER / DIE HOHEPRIESTERIN /
DIE HERRSCHERIN / DER HERRSCHER / DER HIEROPHANT /
DIE LIEBENDEN / DER WAGEN / GERECHTIGKEIT / DER EREMIT

RAD DES SCHICKSALS / KRAFT /DER GEHÄNGTE / TOD /
MÄSSIGKEIT / DER TEUFEL / DER TURM / DER STERN /
DER MOND / DIE SONNE / GERICHT / DIE WELT

PRAKTISCHE ÜBUNGEN II

PRAKTISCHE ÜBUNGEN I

Es ist jetzt an der Zeit, deine Karten in die Hände zu nehmen und dabei deinen Spürsinn zu aktivieren. Blättere sie, auch wenn du sie schon gut kennen solltest, eine Weile völlig absichtslos durch. Die Bilder, die du gerade betrachtest, bringen eine ausbalancierte und neutrale Energie zum Ausdruck, die sie dir objektiv und unverfälscht zeigen.

Egal ob du Anfänger bist oder ob du den Tarot schon lange kennst, nimm dir jetzt die Zeit und lass die Bilder möglichst unvoreingenommen auf dich wirken. Sammle dabei Eindrücke. Beobachte die abgebildeten Personen bei dem, was sie gerade tun. Versetze dich in sie hinein, wenn du magst. Was könnten sie als nächstes vorhaben und wie geht es ihnen dabei? Wie sind sie gekleidet? Lass auch die Farben auf dich wirken und beobachte dich selbst dabei, ob du sie magst oder eher nicht. Erkunde die Landschaft und die Symbole. Am besten machst du das im Zustand einer Art ruhiger Konzentration, ohne viel dabei nachzudenken. Nimm dir eine Auszeit von deinen alltäglichen Notwendigkeiten. Allein diese Pause deiner gewohnten gedanklichen Aktivitäten wird sich förderlich auf dein Befinden auswirken.

Lass alle Gedanken, die dich von deiner momentanen Beschäftigung ablenken wollen, für den Moment einfach weiterziehen. Gib ihnen nicht die sonstige Aufmerksamkeit und Energie, sondern schenke stattdessen deine Achtsamkeit den Bildern, die du gerade vor dir hast. Im Augenblick sind die Tarot-Karten dein ganz persönlicher Spiegel. Solltest du ein Neuling auf diesem Gebiet sein, dann versuche, den Karten mit dem Staunen eines Kindes zu begegnen. Wenn du im Umgang mit den Karten schon geübt bist, betrachte sie jetzt für eine Weile wieder als etwas völlig Neues. Lass sie auf dich wirken, so wie du es früher getan hast, als du die Aussagen der einzelnen Bilder noch nicht auswendig parat hattest. Nur allzu gerne übernimmt im Laufe der Jahre unsere Gewohnheit das Ruder und wir können nicht mehr die ganze Bandbreite unserer Eindrücke unvoreingenommen aufnehmen. Wenn wir schon länger – vielleicht sogar schon viele Jahre – im Umgang mit Tarot geübt sind, haben wir uns einen gewissen Erfahrungswert angesammelt, was uns natürlich große Vorteile beim Deuten verschafft. Doch kann man immer wieder beobachten, dass sich mit zunehmender Erfahrung im Umgang mit Tarot gerne auch eine gewisse „Betriebsblindheit" einstellt. Diese vermeiden wir, indem wir unsere Karten von Zeit zu Zeit bewusst wieder wie völlige Neulinge betrachten.

Mit dem Deck von Waite und Smith hast du Ausschnitte aus Szenen des Lebens vor dir, wie Fotografien, die die Menschen in ihren Bewegungen festhalten. Manche der Personen wissen wohl, dass sie gerade fotografiert werden, andere wiederum kommen sich völlig unbeobachtet vor. Wie sehen die festgehaltenen Bewegungen wohl in Echtzeit aus? Wie wirkt die Ausstrahlung der Menschen auf dich? Jedes der Bilder erzählt uns seine eigene Geschichte. Diese ist sehr vielschichtig und wenn du dich unvoreingenommen darauf einlässt, wirst du immer wieder neue Einzelheiten entdecken.

In gewisser Hinsicht sind deine Tarot-Karten 78 Freunde, sehr ehrliche Freunde. Ehrlich in dem Sinne, dass ihre Aussagen schon mal bis zur Schmerzgrenze gehen können, jedoch niemals darüber hinaus. Genauso wie ein guter Freund wollen die Karten dich nicht heruntermachen oder dir gar Angst einjagen. Vielmehr wollen sie dich zum Nachdenken und Empfinden anregen, dadurch letztlich aufbauen und zu Aktionen anregen. Vor allem werden sie deinen bisherigen Rahmen in vieler Hinsicht permanent erweitern.

Behandle deine Karten so, wie du deine Freunde behandeln solltest, achtsam und würdevoll! Dies ist der sicherste und schnellste Weg, in Austausch mit den Karten zu kommen. Übertriebener Respekt oder gar Ängstlichkeit sind nicht nötig, was umgekehrt allerdings auch für Respektlosigkeit den Karten gegenüber gilt. Nur so im Vorbeigehen mal eine Karte zu ziehen und das, was sie uns zu sagen hat, nicht weiter zu beachten, ist nicht förderlich. Du selbst willst ja auch nicht ständig an eine Wand reden, wenn du um Rat gefragt wirst. Sinnvoll ist, deine Auslagen zu notieren und die Notizen in bestimmten Zeitabständen nachzulesen bzw. erneut auszulegen. Dies erweitert zum einen deine Kenntnisse, weil du die erhaltenen Aussagen mit dem tatsächlichen Verlauf deines Lebens vergleichen und wichtige Rückschlüsse daraus ziehen kannst. Zudem kommst du dann nicht so leicht in Versuchung, deine Karten mit dem stets gleichen Thema um Rat zu fragen, anstatt erkannte Herausforderungen wirklich konkret zu lösen. Tarot soll nicht deinen gesunden Menschenverstand ersetzen, sondern diesen schärfen!

Der Dialog mit den Karten soll uns in erster Linie Spaß machen. Pflege den Kontakt mit den Karten, so wie du mit deinen sonstigen Freunden den Kontakt pflegst. Auch hier gilt: Nur die Praxis zählt! Unsere Karten können sich nicht durch Worte verständlich machen, also findet die Verständigung in anderer Form statt. Mit zunehmender Häufigkeit unseres Dialogs mit unseren neuen Freunden werden wir auch ihre „Sprache" besser verstehen.

Gleich zu Anfang ein Hinweis: Richte dein Leben nicht ausschließlich nach den Karten ein! Was am Ende ausschließlich zählt, ist die reelle Umsetzung. Zum Hintergrund und zur Motivation, die zu dieser Umsetzung führte, gehören meistens viele Einflüsse und der Einfluss der Karten kann unser Bewusstsein enorm erweitern. Die Handelnden sind am Ende jedoch immer wir selbst und niemand sonst.

Es macht keinen Sinn, den Karten zum x-ten Male dieselbe Frage zu stellen, ohne in der Zwischenzeit etwas unternommen zu haben. Immer wenn du – im Inneren wie im Äußeren – etwas in Bewegung gebracht hast und dies auch erkennen kannst, sei es durch äußere Vorkommnisse oder durch eine deutlich spürbare Änderung deiner Einstellung, kann die Zeit reif sein für eine weitere Kartenbefragung. Die Quantität der verstrichenen Zeit spielt dabei keine Rolle, entscheidend ist immer die Qualität der Zeit und was du damit angefangen hast. Deine Alltagslektionen und die damit verbundenen Handlungsschritte werden auch Tarot dir nicht ersparen können. Vielmehr werden die Karten dir dabei behilflich sein, durch ihre unvoreingenommene Sichtweise deine Perspektive zu erweitern und dir aufzuzeigen, welche deiner Aktionen Sinn ergeben.

Sie werden eventuelle Korrekturen vorschlagen, falls diese nötig sind. Sie werden darauf eingehen, ob man bei bestimmten Vorhaben noch etwas warten sollte oder ob es besser ist, jetzt Gas zu geben. Außerdem können die Karten dabei helfen, Zweifel zu überwinden, deine Selbstsicherheit zu erhöhen und deine Zielstrebigkeit zu verstärken, wenn nötig. Mit zunehmender Beschäftigung werden die Aussagen immer lebendiger werden und es ist echt verblüffend, mit welcher Genauigkeit, Konsequenz und auch mit welcher unkomplizierten Schlichtheit sie unsere Fragen beantworten.

Im Laufe der Zeit wirst du die Aussagen der Karten auch immer intuitiver erfassen können. Das kommt daher, dass die Beschäftigung mit ihnen unsere Intuition immer stärker aktiviert, denn unsere Seele spricht in Bildern, sodass das häufige Betrachten der Kartenbilder natürlich entsprechende Auswirkungen haben wird. Allerdings kommt um das nötige Grundwissen auf intellektueller Basis und um die notwendige Erfahrung niemand herum. Du bewahrst deine Karten am besten in einem Tuch auf. Seide ist optimal, weil sie die Eigenschaft hat, Fremdeinflüsse abzuweisen. Eine schöne Schatulle ist ebenfalls ein geeigneter Aufbewahrungsort für Tarot-Karten. Ein schöner Aufbewahrungsort ist ein Zeichen deiner Wertschätzung ihnen gegenüber, wie schon zuvor thematisiert wurde.

21 der Karten tragen eine Zahl und zusätzlich eine Bezeichnung. Wahrscheinlich sind diese 21 Karten sogar geordnet, falls es sich um ein neu erworbenes Deck handelt. Eine Karte mit der arabischen Ziffer Null – der Narr – ist ebenfalls vorhanden und befindet sich in Gesellschaft der anderen 21 Karten. Suche dir diese Karten plus die Karte Null nun heraus (die Null ist ein runder Kreis!). Auf diesen Karten scheinen die meisten Darsteller

zu wissen, dass sie gerade fotografiert werden. Lege den verbleibenden Rest für den Moment zur Seite, denn mit diesen 22 Karten werden wir uns für eine Weile ausschließlich beschäftigen. Ordne sie in der aufsteigenden Reihenfolge ihres Zahlenwertes. Beginne mit der Karte 0, dann I, dann II, III, usw.

Betrachte diese 22 Karten jetzt noch einmal eine nach der anderen genau. Die Bilder erzählen dir eine Geschichte. Jede der Karten ist Teil eines Buches mit 22 Kapiteln, wobei jedes Kapitel mit allen anderen Kapiteln in Beziehung steht und sich aus den vorhergehenden Kapiteln heraus entfaltet. Trotzdem ist jeder der einzelnen Abschnitte in sich selbst abgeschlossen und rund. Welche Geschichte könnte dir die jeweilige Karte erzählen und welche Zusammenhänge mit anderen Karten kannst du vielleicht entdecken? Fallen dir Märchen oder Sagen dazu ein? Oder wirst du an Begebenheiten oder Personen aus deiner Vergangenheit und Gegenwart erinnert? Lass dir Zeit, denn du hast dich auf eine Schatzsuche begeben! Wiederhole diese Beschäftigung in der nächsten Zeit des Öfteren, denn du erzeugst dadurch eine feine Resonanz zu den Karten, die sich sowohl auf diese als auch auf dich selbst auswirkt.

Es ist möglich, dass dir analoge Zusammenhänge in deinen Träumen begegnen oder du dich in Situationen wiederfinden wirst, die mit einzelnen Bildern in Zusammenhang stehen. Auch könntest du in der nächsten Zeit auf Farben, Formen oder Symbole stoßen, die bei dir eine Art Eingebung hervorrufen, die sich in Verbindung mit den Karten bringen lässt. Dies ist alles natürlich eine Frage der Wahrnehmung – wenn du einen neuen Wagen der Marke XY fährst, fällt dir auch plötzlich auf, wie viele XYs sich auf den Straßen deiner Stadt finden lassen.

Bevor wir die 22 Großen Trümpfe einzeln besprechen, wollen wir sie uns zuerst als eine zusammenhängende Ganzheit betrachten. Es handelt sich bei dieser Ganzheit um eine Geschichte, die uns als die Reise des Helden überliefert ist. Bei der Beschreibung der einzelnen Karten werde ich der jeweiligen Station, auf der sich die Heldin während ihrer Reise gerade befindet, einen kurzen Abschnitt widmen. Der Grund hierfür ist, dass wir in der Heldenreise den wohl wichtigsten Schlüssel zum Verständnis der Großen Trümpfe in ihrer Verbindung zueinander finden. Die Reise des Helden erzählt uns eine geschlossene, in sich runde Geschichte, in der jedes Große Arkanum als Etappe einer Reise enthalten ist. Wir können anhand dieser Reise sehr gut nachvollziehen, wie eine Karte aus der anderen heraus hervorgeht und natürlich auch, auf welcher Etappe wir uns selbst gerade befinden.

DAS GROSSE ARKANUM

Wie du bereits weißt, besteht jedes herkömmliche Tarot-Deck aus 78 Karten. 22 dieser Karten werden als die Großen Trümpfe, die Großen Arkana (arcana) bezeichnet. Arcanum ist lateinisch und bedeutet Geheimnis. Das Wissen der Arkanen, ihr innewohnendes Potenzial, erschließt sich niemals rein intellektuell, sondern nur jenen Suchenden, die ihren Blick nach innen wenden. Das Wesen der Karten zeigt sich dann langsam, Schicht für Schicht, wir er-innern uns sozusagen an die innere Essenz unseres Wesens, an das Wesen-tliche. Wir müssen uns mit den Karten beschäftigen, damit sie uns ihr Geheimnis verraten (Geh-heim!). Durch die Aufmerksamkeit, die wir den Arkanen entgegenbringen, öffnen sich Kanäle zu unserem Unbewussten, sodass – wie bei im Wasser nach oben steigenden Sauerstoffbläschen – sein Energiefeld Verbindung mit unserem Tagesbewusstsein aufnimmt.

Der Tiefenpsychologe Carl Gustav Jung (1875–1961) war es, der den Begriff des kollektiven Unbewussten prägte. Die moderne Psychologie steckte während dieser Zeit noch in den Kinderschuhen. Sigmund Freud hatte bahnbrechende Pionierarbeit geleistet und C. G. Jung, ein Schüler Freuds, begann nun damit, die neuen Erkenntnisse umzustrukturieren und zu erweitern, insbesondere jene, die mit unseren Träumen zu tun haben.

C. G. Jung ging an seine Forschungen sehr aufgeschlossen heran. So beschäftigte er sich mit den germanischen und keltischen Runen, mit dem chinesischen Weisheitsorakel I-Ging und auch mit Tarot. Er versuchte, Verbindungen zwischen den Aussagen der alten Weisheitsschulen und den Entdeckungen der noch jungen Wissenschaft der Psychologie herzustellen. Dabei erkannte er, dass die Stufen, welche die Schüler der alten Mysterienschulen auf ihrem Einweihungsweg zu beschreiten hatten, und die Etappen, die der moderne Mensch auf dem Weg zum psychisch und seelisch reifen, souveränen Erwachsenen zurücklegt, identisch sind! (Erwachsen hat etwas mit Erwachen zu tun.) Jung erkannte den tieferen Zusammenhang der Etappen, die jeder Mensch auf dem Wege seiner Bewusstwerdung durchquert, wenn er oder sie den Weg der Selbstbegegnung beschreitet. Er nannte die einzelnen Stationen des menschlichen Entwicklungsweges Archetypen. Die Archetypen sind allgemeingültiges Potenzial des Menschheitsgeistes. Ähnlich wie etwa die Wetterverhältnisse wirken sie völlig unabhängig davon, ob sie nun individuell erkannt werden und man sie beachtet oder auch nicht.

Jeder einzelne Mensch trägt die Archetypen in sich. Sie sind Teil des kollektiven Unbewussten der Menschheit, unser aller zeitloses Gesamtgut. Beispielsweise kann ein Kind von einem Engel träumen, ohne jemals zuvor einen Engel gesehen oder auch nur von ihm gehört zu haben. Auch als Erwachsene begegnen uns Engel normalerweise nicht im Bewussten. Trotzdem erscheinen vielen Menschen in ihren Träumen bisweilen Engel – oder auch ihre weniger freundlich gestimmten dunklen Gegenspieler. Man könnte also formulieren, dass es sich bei Engeln und den Archetypen ganz allgemein um das mitgebrachte Wissen unserer Seele handelt. Und eben dieses Wissen ist die Grundlage der Großen Arkanen des Tarots.

Die Reihenfolge, in der die einzelnen Archetypen von uns ins Bewusstsein integriert werden wollen, entspricht den Einweihungsstufen der Schüler in den alten Mysterienschulen. Wenn man die Mythen und Sagen der Völker aller Kulturen rund um den Erdball dementsprechend interpretiert, findet sich dieser Einweihungsweg dort ebenfalls symbolisch verschlüsselt wieder. Als allgemeingültiger Entwicklungsweg des Menschen wird er auch als die Reise des Helden – der Heldin – oder kurz als die Heldenreise bezeichnet. Gleichgültig, ob wir die Parzival-Legende, das Gilgamesch-Epos oder die altägyptischen Mythen des Osiris aus dieser Perspektive betrachten, wir stoßen immer auf die Heldenreise oder auf Etappen davon. Auch in den Märchen aller Völker, sogar in der Bibel taucht sie auf und raunt uns stets dasselbe zu: Werde bewusst und erkenne dich selbst – so kannst du die Göttlichkeit deines Herzens erkennen.

In Bildern ist uns die Heldenreise in ihrer Gesamtheit nur einmal überliefert, nämlich in den Großen Arkanen des Tarots. Als bildhafte Symbole für die Archetypen stehen die Großen Trümpfe für die Lektionen, die Bewusstseinsschritte und deren Herausforderungen, die wir im Laufe unseres Lebens zu lernen und zu bestehen haben. (Das Kleine Arkanum beschreibt die Situationen und Personen unseres Lebens.) Spätestens beim Berechnen der Jahreskarte wird die Kenntnis der einzelnen Stationen während der Heldenreise von großer Bedeutung für uns.

Die Vorlage für den Reiseweg der Heldin ist der Lauf der Sonne um die Erde. Zwar weiß man heute, dass sich astronomisch gesehen die Erde um die Sonne bewegt, doch aus astrologischer Sicht und auch für unsere Sinne wandert die Sonne nach wie vor um die Erde. Sie erscheint morgens am Horizont, erreicht ihren Höhepunkt gegen Mittag am Zenit und geht jeden Abend auf der anderen Seite des Himmels unter, nur um am nächsten Morgen wiederum auf der gegenüberliegenden Seite neu geboren zu werden. Den Alten war vermutlich unklar, wo die Sonne sich während der Nacht aufhielt. Dass sie während dieser Zeit auf der anderen Hälfte der Erdkugel sichtbar war und dieser Leben spendete, wussten die Menschen früherer Zeiten nicht. Klar war nur, dass die Sonne morgens auf der Seite des Horizontes aufging, die der Seite gegenüber lag, auf welcher sie am vorherigen Abend hinabgestiegen war.

So entstanden die Mythen der Reise durch die Unterwelt, die das Sonnengestirn jede Nacht durchläuft, um am nächsten Morgen verjüngt und mit frischer Kraft erneut ihre Tagesreise zu beginnen. Analog zu diesem kosmischen Geschehen, das wir Tag für Tag und Nacht für Nacht miterleben, sind uns die Sagen, Mythen und Märchen der Völker überliefert, die uns die Geschichte der Helden erzählen, welche den gleichen Weg beschreiten wie die Sonne. Und analog zu diesen Überlieferungen verhält es sich mit den fortlaufenden Großen Trümpfen des Tarots.

Der Held zieht morgens unschuldig und naiv los, um die Welt kennen zu lernen, Kraft zu gewinnen und Siege zu erringen. Doch wenn er nachts in die Unterwelt hinabsteigt, wird er all seine bisher gesammelten Trophäen wieder abgeben müssen. Er wird seine Waffen ablegen und von seinen bisherigen Motiven loslassen. Seine Aufgabe ist nun, sich einer höheren Führung unterzuordnen. Erst dadurch findet er seine ursprüngliche Kraft, ohne die er seinem weiteren für ihn vorgesehenen Lebensweg nicht folgen könnte. Die Stufen des Bewusstwerdens auf diesem Weg sind für jeden Menschen identisch. Sie sind allgemeingültig und sie haben in den Großen Arkanen des Tarots ihren Niederschlag als Bilder gefunden.

Selbstverständlich ist dieser Entwicklungsweg für Frauen wie Männer letztlich der gleiche. In den Mythen der Sumerer ist es die Tagesgöttin Inanna, die in die Unterwelt hinabsteigen muss, um dort ähnliche Aufgaben zu lösen, wie in späteren Kulturen die männlichen Helden. Der Narr, der den Helden am Anfang des Weges symbolisiert, ist ohnehin als geschlechtslos zu betrachten und auf alten Tarot-Gestaltungen finden wir die Figur auf Arkanum XXI, welche das große Ziel der langen Reise symbolisiert, als Hermaphrodit, als ein Wesen mit zwei Geschlechtern dargestellt.

Für unsere menschliche Entfaltung ist Voraussetzung, dass wir uns zuerst ein starkes Ich, sprich Tagesbewusstsein, aufbauen und an Stärke hinzugewinnen. Nur dann können wir anschließend unser Ego an den ihm zustehenden Platz stellen. Und erst dann werden Höhere Mächte zunehmend die Führung übernehmen und bewusst unser Leben leiten. Allerdings werden wir ohne ein zuvor gestärktes Selbstbewusstsein, ohne einen starken menschlichen und irdischen Willen, in der Unterwelt, dem Unbewussten, in das wir zwangsläufig hinabsteigen müssen, keine Chance haben. Wir würden, wie uns die Mythen erzählen, von den dort ihr Dasein fristenden Ungeheuern, unseren Schattenanteilen, gefressen und besiegt.

Wenn wir jedoch im Vorfeld einen starken Willen entwickelt und unsere Erfahrungen bewusst gesammelt und integriert haben, sind wir gefestigt genug und haben den erforderlichen Mut, diesen Willen in der Folge loszulassen. Erst dann kann uns der kosmische, der göttliche Wille, unser Höheres Selbst zeigen, wo unsere Bestimmung liegt und wohin „Es" uns führen will. Der Weg der bewussten Willensstärkung und des Erringens der weltlichen Trophäen wird durch die Großen Trümpfe I bis IX symbolisiert, in welchen der Held seine Stärken und auch Schwächen entdeckt und sich diese zugänglich macht, sich er-innert. Die Heldin selbst, die naiv und gänzlich unerfahren loszieht, um die Welt und dadurch sich selbst kennenzulernen, wird im Tarot durch den Narren (Trumpf 0) symbolisiert. Das Ende des Weges durch die einstelligen Trümpfe wird in Arkanum IX „Der Eremit" erreicht, bei dem der Held völlig auf sich selbst gestellt erkennen muss, dass es da einen anderen, größeren Willen gibt, der stärker und machtvoller ist.

Innerhalb der zweistelligen Trümpfe, die mit Arkanum X „Lebens- oder Schicksalsrad" ihren Anfang haben, wird er lernen, dass sein Ego nicht mehr länger in der Lage ist, den Lauf seines Lebens eigenmächtig zu steuern. Fortan wird es für ihn darum gehen, den Willen der Höheren Mächte zu erkennen und diesem zu folgen. Dies entspricht unserem Unbewussten mit den Strömungen, die den Eisberg steuern.

DER NARR 0

Neubeginn kündigt sich an. Wenn du bereit dafür bist, wird sich dieser Neubeginn auf mehrere, manchmal auch auf alle Belange deines Lebens auswirken. Das Schicksal hat den Würfelbecher geschüttelt und die Würfel sind am Rollen. Wenn du das Ergebnis ihrer Landung als Zugewinn erleben willst, sollte deine Einstellung zur befragten Angelegenheit auf Überraschungen aller Art vorbereitet sein: Der Narr sprengt alle bisherigen Konventionen. Die Begegnung mit dem Narren als Chaos oder unliebsames Erwachen erleben zu müssen, ist die weniger angenehme Variante. Offenheit ist die Einstellung, die uns seine Geschenke optimal nutzen lässt.

Das Bild zeigt uns einen Wanderer, der auf einen Abgrund zuläuft. Damit ist nicht gemeint, dass wir abstürzen und zerschellen müssen, um neuen Boden unter die Füße zu bekommen. Vielmehr erhalten wir die Chance, unsere Flügel auszubreiten und das Fliegen zu lernen. Der Vergleich mit einem Vogelküken, das aus dem Nest springt, ist durchaus treffend, wenn wir den Narren ziehen. Auch in einigen schamanischen Schulen wird auf einen Sprung in den Abgrund hingewiesen, den der Lehrling zu einem bestimmten Zeitpunkt erleben wird. Dies ist natürlich symbolisch gemeint, doch kann die Begegnung mit dem Narren schon mit einem Sprung ins Bodenlose verglichen werden, denn altgewohnte und konventionelle Kontrollmechanismen solltest du jetzt schleunigst loslassen.

In welchen Bereichen du den angekündigten Neubeginn konkret erleben wirst, hängt von der genauen Fragestellung ab. Hat man während des Mischens der Karten an die Liebe gedacht, wird sich dort sicherlich bald etwas bewegen. Haben wir uns auf unsere berufliche Situation konzentriert, betrifft der angekündigte Neuanfang diese. Haben wir nach nichts Bestimmtem gefragt, wird in unserem Leben allgemein bald Änderung eintreten.

Der Narr ist flüchtig. Er erscheint spontan und unerwartet in unserer Welt und ehe wir ihn so richtig bemerkt haben, ist er meistens auch schon wieder verschwunden. Dies bedeutet, dass du dich auf Situationen vorbereiten solltest, die du nicht erwartet hast. Doch die sich bietende Chance solltest du schnell ergreifen, wenn sie dann auftaucht. Für langes Abwägen wird keine Zeit sein. Deshalb ist es von Vorteil, im Vorfeld schon alles erledigt zu haben, was dich ablenken oder behindern könnte. Dann brauchst du nur noch zu reagieren, was spontan und ohne zu zögern geschehen sollte. Die Umstände haben sich in der Vergangenheit bis zu diesem Punkt hin entwickelt, jetzt kommt etwas Neues in die Welt. Deine materiellen Umstände, deine Emotionen und auch deine Spiritualität sind in diesen Neubeginn mit eingebunden und stimmig, denn der Narr ist, so wie ein Neugeborenes, mit dem Kosmos in Kontakt.

Alle überflüssigen Gedanken sind unter den gegebenen Umständen eher kontraproduktiv. Deine Stärke liegt vielmehr in der Spontaneität und Kreativität. Optimal wäre, selbst zur Überraschung zu werden, indem du auf neue, bisher ungewohnte Art mit deinen Gelegenheiten umgehst. Vielleicht wirst du einige alte Ängste überwinden müssen, doch diese sind jetzt tatsächlich überflüssig. Der Hund, der den Narren begleitet, symbolisiert die animalischen, instinktiven Kräfte, die dich warnen würden, wenn es bei deiner Angelegenheit gefährliche Haken gäbe.

Das Päckchen, das der Narr über der Schulter trägt, wird als das Päckchen des ungenutzten Wissens bezeichnet und ist ein Symbol dafür, dass du alles hast, was du benötigst, um dein kreatives Potenzial voll auszuschöpfen. Die Erfahrungen, die du mit deinem neuen, bislang ungewohnten Verhalten machen wirst, sollten deine zukünftigen Möglichkeiten in vielerlei Hinsicht erweitern und dir Mut machen, zukünftig spontaner zu sein als bisher.

Auf der Heldenreise ist der Narr der unschuldige, naive Held, der loszieht, um seine Erfahrungen zu sammeln und die Welt kennenzulernen. Seine rationale Unwissenheit und seine Naivität sind dabei seine größten Stärken. Parzival zog im Narrengewand los, um schließlich den Heiligen Gral zu finden. Er tat dies, weil er ehrlich und unschuldig suchte, ohne dabei persönliche Vorteile anzupeilen. Im Hintergrund sind auch schon die Schneegipfel zu sehen, auf denen wir ihn als den Eremiten wieder treffen werden.

Reagiere auf die neuen Lebensumstände, die der Narr mit sich bringt, nicht mit Grübelei und Starre. Trau deinen Instinkten! Oft ist es nicht gerade leicht, alte Gewohnheiten und gut strukturierte Strategien über Bord zu werfen, doch du lässt dich gerade auf ein Abenteuer ein. Deine befragte Angelegenheit wird auf längere Sicht zufriedenstellend verlaufen, wenn du diese Karte ziehst und ihrem Rat folgst. Irgendwann in der Zukunft wirst du zurückblicken und aus vollem Herzen sagen können: „Es war damals zu meinem Besten!"

KURZFORMEL:
ICH BIN OFFEN FÜR NEUES.

DER MAGIER I

Das Symbol für die Energie des Magiers ist der römische Gott Merkur (griechisch Hermes), der als Götterbote den Menschen die Beschlüsse der höheren Mächte überbringt und im Gegenzug auch die Anliegen der Menschen an die Götter weiterleitet. Dabei ist er allerdings nicht selten auch auf seinen eigenen Vorteil bedacht und setzt seine listigen Tricks ein, um diesen wahrzunehmen. Hermes ist die Inspirationskraft der Kaufleute - und auch der Diebe.

Die Karte ist Ausdruck einer nicht zu unterschätzenden Gratwanderung zwischen Licht und Finsternis. Du stehst gerade zwischen Manipulation und göttlicher Führung und solltest deshalb in deiner Sache sehr genau darauf achten, deine Macht nicht zu missbrauchen. Über diese Macht verfügst du beim Ziehen der Karte, auch wenn dir dies nicht bewusst sein sollte. Deine Möglichkeiten manipulativ einzusetzen, ist allerdings nicht empfehlenswert, weil der Bumerang schon bald zu dir zurückkehren würde.

Der Magier steht vor einem quadratischen Tisch. Die Vier, das Quadrat, steht für unsere Welt der Materie. Er hat die Symbole der vier Elemente* vor sich ausgebreitet, um sie nun zum Einsatz zu bringen. Sein Körper bildet die Zahl 1, was durch den Stab in seiner Rechten unterstrichen wird. Für unsere Sache bedeutet dies: Wenn wir jetzt alles einsetzen, was wir zur Verfügung haben, wenn wir uns geschickt und taktisch klug verhalten, dann können wir unser Ziel erreichen. Wir haben es selbst in der

Hand, den Wunsch, nach dem wir Tarot befragten, zur Erfüllung zu bringen. Ein wenig Strategie und Taktik sind zum Erreichen des gesteckten Zieles nicht von Nachteil. Nimm das Einsetzen deiner Möglichkeiten jetzt gezielt vor.

Über dem Kopf des Magiers sehen wir die Lemniskate, eine liegende Acht, das Zeichen der Unendlichkeit. In älteren Tarot-Decks ist die Lemniskate im Hut des Magiers verborgen, der die Form einer Acht hat. Stets wird durch diese Symbolik darauf hingewiesen, dass wir die weitere Entwicklung unserer Sache selbst in der Hand haben und höhere Unterstützung erhalten, wenn wir ehrlich und integer sind. Lass dich jetzt keinesfalls dazu verleiten, zum billigen Trickser oder Gaukler zu mutieren. Magie und Macht stammen vom selben Wortstamm ab.

Der Magier steht für Neuanfang und Initiative, doch im Gegensatz zum Narren bist du diesmal zur proaktiven Teilnahme an deiner Sache aufgefordert. Unternimm jetzt die notwendigen Schritte auf dein Ziel hin zu. Vielleicht fällt dir ein Ritual ein, mit dem du deinem Wunsch Nachdruck verleihen könntest oder du nutzt die Macht des Wortes für dich, denn ein weiteres Attribut der angesprochenen Gottheit ist ihre Gewandtheit in jeder Form von Kommunikation. Zeige dich!

Doch auch wenn du deine Worte nicht rituell gebrauchst, ist der Magier eine Aufforderung zur Kontaktaufnahme, womit Gespräche ebenso gemeint sein können wie eine Annonce, Mail oder sonstige Formen des Gedankenaustausches. Geh auf deine Angelegenheit oder die betreffenden Personen aktiv zu und trete in Dialog. Mach dir bewusst, dass du die schöpferische Macht besitzt, dein angestrebtes Ziel zu erreichen. Setze dabei deine Originalität ein!

Umgekehrt kann die Karte aber auch auf einen starken Menschen hindeuten, der die Fäden in der Hand hält. Dann dürfen wir uns nicht wie eine Marionette verhalten, denn wir wissen nicht unbedingt, ob diese Person mit ihren Möglichkeiten liebevoll oder manipulativ umgeht. Die benachbarten

Karten und natürlich unsere individuelle Wahrnehmung werden uns konkret zeigen, wie vertrauensvoll wir mit der angezeigten Außenwelt umgehen können.

Auf der Heldenreise steht der Magier für unsere aktiven Qualitäten, für unser Tun und unsere Initiative.

KURZFORMEL:
ICH ERGREIFE JETZT DIE INITIATIVE UND VERHALTE MICH DABEI TAKTISCH KLUG.

DIE HOHEPRIESTERIN II

Die Hohepriesterin steht für den Gegenpol des Magiers, was auch eines der Stichworte für diese Karte ist: Gegensätzliche Pole miteinander zu verbinden und Widersprüche zu überwinden. Die Hohepriesterin thront zwischen den beiden Säulen Boas und Jachin von Salomons Tempel, die für eben diese Polarität stehen. Erst durch das Öffnen des Schleiers hinter ihr erhalten wir das kosmische Wissen, das keinen scheinbaren Gegensätzen unterworfen ist. Mit dieser Symbolik ist gemeint, dass wir aktuell noch nicht über genügend Hintergrundinformationen zu unserer Frage verfügen, obwohl es diese durchaus gibt. Doch werden wir diese nicht durch eigene Anstrengungen erhalten, sondern erst, wenn es an der Zeit ist.

Erst wenn wir unser Anliegen nicht mehr als „gut" oder „schlecht" interpretieren, werden uns die Gelegenheiten „zufallen" und sich die Möglichkeiten für uns eröffnen, auf die wir gerade warten. Nicht unser Tun bringt uns gerade weiter, sondern nur unser Lassen.

Die Hohepriesterin repräsentiert die weibliche, intuitive Seite in uns, die Geheimnisse des Lebens, die unser Verstand nicht erfassen kann. Unsere aktuelle Situation hat ihren tieferen Sinn und die Dinge benötigen Zeit, um sich zu entwickeln. Je stärker wir jetzt unserer Intuition vertrauen und ihr folgen, umso schneller ist der Zeitpunkt der Reifung, der Ernte erreicht.

Durch gezielte Handlungen können wir gerade nichts in Bewegung bringen. Deshalb sollten wir so lange von unserer Angelegenheit loslassen, bis wir Hinweise erhalten, wieder aktiv zu werden. Nichts ist verloren bei unserem Vorhaben, aber wir werden erst in einiger Zeit die Früchte bisheriger Bemühungen einfahren können. Wir befinden uns durchaus auf dem richtigen Weg, doch wir durchleben gerade eine Phase des Nicht-Tuns, während der wir nicht wirklich zur Beschleunigung unseres Vorhabens beitragen können – außer unser Abwarten zu akzeptieren.

Manchmal taucht diese Karte auch auf, wenn das, was wir uns wünschen, nicht im Einklang mit unserem tieferen Wesen steht. In diesem Falle könnte das Ergebnis sogar besser ausfallen, als wir uns dies im Moment ausmalen. Doch auch dann hält sich die Lösung unseres Themas noch bedeckt. Wenn unsere Frage im Zusammenhang mit Personen gestellt wurde, müssen diese im Augenblick selbst noch ihren anstehenden Entwicklungsschritt vollziehen.

Der Mond, der das Haupt der Priesterin krönt und dem diese Karte zugeordnet ist, verhält sich flüchtig und zeigt sich uns jede Nacht in einer anderen Gestalt. Er ist für uns nicht greifbar und erlaubt uns keine rationale Konstante. Hier kommt unser Urvertrauen ins Spiel, das weiß, dass nach dem Neumond, der die Welt um uns herum im Dunkeln lässt, auch wieder der helle Vollmond scheinen wird, der uns

Licht spendet und für die „fetten" Zeiten unseres Lebens steht.

Stets kündigt uns diese Karte Heilung an, insbesondere im emotionalen Bereich. Selbst wenn wir uns gerade auf einer Durststrecke, einem dornigen Weg mit schwierigen Strapazen befinden, sollten wir uns nur an unserer Intuition orientieren. Wir können auch auf eine ätherisch, mystisch wirkende reife Frau hingewiesen werden, die unter Umständen heilende Fähigkeiten besitzt, bis hin zu unserer Ärztin oder Therapeutin. Dem Spiegelgesetz entsprechend können die angesprochenen Eigenschaften auch als latentes Potenzial in uns selbst ruhen und nun stärker ins Dasein drängen. Auch die Großmutter kann gemeint sein.

Auf der Heldenreise steht die Hohepriesterin zusammen mit dem Magier für die kosmische Herkunft des Helden. Dies sind die beiden Urpole des Tuns und des Lassens, die zu vereinen das Ziel der Reise sein wird. Die Hohepriesterin steht für alle Eigenschaften unserer rechten Gehirnhälfte, unsere annehmend-rezeptiven, intuitiven Fähigkeiten. Im Lebensrhythmus, der stets zwischen Tun und Lassen hin und her pendelt, zeigt uns die Hohepriesterin die Phasen des (Los-) Lassens an.

KURZFORMEL: ICH LASSE DIE DINGE GESCHEHEN, WEIL ICH WEISS, DASS ALLES ZUR RECHTEN ZEIT KOMMT.

DIE HERRSCHERIN III

Während die Karten I und II die beiden Urpole des Tuns und des Lassens anzeigen, mythologisch als unsere kosmischen Eltern bezeichnet, stehen Herrscherin und Herrscher für die irdischen Eltern. Die Herrscherin ist dabei das Symbol der Mütterlichkeit und repräsentiert die vier weiblichen Mysterien, nämlich die Aufnahme, die Formung und Bewahrung, das Nähren und zuletzt die Wandlung und Geburt.

Schwangerschaft im weitesten Sinne ist ein Stichwort. Deine Angelegenheit reift gerade heran und bedarf deiner Pflege. Die „Luft ist geschwängert" und die Geburt im Sinne von Materialisierung steht kurz bevor. Unser angesteuertes Ergebnis wächst zurzeit heran und steht im Begriff, bald in unserem Blickfeld aufzutauchen. Das Ei wird gerade ausgebrütet. Eine reell physische Schwangerschaft könnte dann gemeint sein, wenn auch die Neun Münzen und der Münzen Bube in derselben Auslage erscheinen.

In jedem Fall ist die Pflege unserer Sinnlichkeit angesprochen, was uns dazu auffordert, im Moment das Leben so zu genießen, wie es sich uns anbietet. Die Karte ist der Göttin Venus zugehörig, deren Symbol wir auf dem Herzen neben ihr sehen. Anstatt dir den Kopf über Dinge zu zerbrechen, die sich gerade entwickeln, könntest du deine Aufmerksamkeit lieber verstärkt darauf richten, dir etwas Gutes zu gönnen. Pflege deine Sinnlichkeit, gehe in die Natur, zünde dir während der Mahlzeit eine Kerze an, tue etwas für deine Sinne. Die Karte steht in jedem Fall für natürliches Wachstum und die Zeit der Reifung. Überbrücke deine Wartezeit mit den schönen Dingen des Lebens. Wenn du laufend an dein erhofftes Ergebnis denkst, wird dieses auch nicht früher bei dir sein – eher später!

Die leibliche Mutter des Fragestellers kann ebenfalls gemeint sein. In jedem Fall ist, wenn die Herrscherin eine Person symbolisieren will, eine Mutterfigur angesprochen, eine starke, mütterliche Frau. In psychologischer Hinsicht sollte man sich jetzt von Mutterprägungen befreien. Denn auch die dunkle, verschlingende Seite der Weiblichkeit kommt hier zum Tragen. Die Mutter, die ihr Kind nicht loslassen will und lebenslag als einzige genau weiß, was das Beste für uns ist.

Als Kleinkinder mussten wir uns bestimmte Verhaltensmuster angewöhnen, um versorgt zu werden, um kundzutun, dass wir Hunger haben oder um Zuwendung in sonstiger Form zu erhalten. Damals hatten wir in der Tat keine andere Möglichkeit der Energiebeschaffung, doch häufig haben sich diese seinerzeit überlebensnotwendigen Konzepte verselbständigt und wir greifen als Erwachsene immer noch darauf zurück.

Die Karte will uns zeigen, dass wir nun anders auf unsere Bedürfnisse aufmerksam machen können. Inwieweit versuchen wir auch heute noch auf dieselbe Art, Aufmerksamkeit und Energie zu erlangen, wie wir es seinerzeit bei unserer Mutter bzw. unseren Mutterfiguren angestellt haben? Jetzt solche Prägungen zu erkennen und aufzulösen, um als Erwachsene selbst für unsere Bedürfnisse zu sorgen, ist sehr oft der Hinweis, der beim Ziehen von Trumpf III angesprochen wird. Umgekehrt kann die Frage natürlich auch lauten: Wo bemuttern wir jemanden oder etwas zu sehr? („Ich meine es ja nur gut mit dir.“) Dann ist der Rat der Herrscherin natürlich, unser Umfeld jetzt loszulassen, damit sich die Dinge von selbst entwickeln können. Nur wer seine Hände öffnet, ist in der Lage, etwas Neues anzunehmen.

Auf der Heldenreise steht diese Karte für die leibliche Mutter des Helden. Als Parzival aus seiner Idylle heraus aufbricht und die Welt kennenlernen will, zieht ihm seine Mutter ein buntes Flickengewand an, um ihn so vor den unangenehmen Erfahrungen, die seine Reise zwangsläufig mit sich bringen wird, zu schützen.

Ihr Motiv ist die Liebe zu ihrem Sohn, doch kann keine Mutter der Welt ihr Kind ein Leben lang für sich behalten, um dieses vor Gefahren zu schützen.

KURZFORMEL: IN MEINEM LEBEN HERRSCHT FÜLLE UND GROSSZÜGIGKEIT.

DER HERRSCHER IV

„Ein Herrscher sollte der oberste Diener seines Volkes sein", ist der Schlüsselsatz, um die Botschaft dieser Karte von Grund auf zu verstehen. Immer wird eine gewisse Demut - nicht Demütigung! - unseres Verhaltens verlangt, wenn wir den Herrscher ziehen. Nur so erreichen wir die natürliche Autorität, zu der uns diese Karte ermutigt. Wenn wir uns als der Diener unseres „Volkes" verhalten und bei der Eroberung des jetzt anstehenden Neulandes das Wohl des Ganzen nicht außer Acht lassen, verspricht uns diese Karte, dass wir unseren Tatendrang ausleben und in Aktion geraten dürfen. Wenn wir uns nicht

von niederen Motiven wie Machttrieb oder Kontrollzwang leiten lassen, sondern an höhere Quellen angebunden sind, wird unsere

Angelegenheit siegreich verlaufen und wir werden Zugewinn erzielen.

Psychologisch und reell bietet sich als Deutung unser leiblicher Vater, Vaterfiguren oder unsere eigene Vaterschaft bzw. die väterliche Rolle in uns an. (Ein Hinweis, der für Frauen gleichermaßen gilt, denn wir alle tragen das innere Gegengeschlecht als Anima bzw. Animus mit uns; ebenso können Männer Mutterrollen einnehmen.) Diese väterliche Rolle steht in erster Linie im Zusammenhang mit der Erweiterung, zumindest Festigung unserer bestehenden Verhältnisse.

Die Analogie der Karte reicht von Vater bis zu zum Vater Staat, denn wir können positiv wie negativ mit dem Gesetz in Berührung kommen. In jedem Falle werden wir mit inneren oder äußeren festen, oft auch starren Strukturen konfrontiert, die es aufzuweichen gilt, was in der Folge jedoch unseren Einflussbereich vergrößern sollte. Wir stoßen auf bestimmte Rahmenbedingungen unserer Sache und sollten prüfen, inwieweit wir diese erweitern können oder auch nicht.

Als Kinder haben wir den Vater nachgeahmt, weil er unsere Orientierungsperson war. Er war groß und stark, strahlte Autorität aus. Was haben wir als Kind vom Vater übernommen und projizieren dies weiter bis in unsere Gegenwart? Wo treten uns weiterhin unsere Vaterfiguren gegenüber, deren Autorität wir niemals in Frage stellen, sondern denen wir uns ohne weiteres Hinterfragen einfach unterordnen? Wo folgst du blind irgendwelchen Regeln, ohne sie zu hinterfragen?

Etwas später haben wir dann vielleicht erkannt, dass unser Vater auch nur ein Mensch mit Schwächen und Fehlern ist. Wir beschlossen in einem bestimmten Alter, dass der Vater ja mit seinem Leben völlig falsch umgeht und wir es so wie er ganz bestimmt nie haben wollen. Wir gingen in trotziges Protestverhalten über und machten ab sofort das strikte Gegenteil von allem, was den Werten des Vaters entsprach. Irgendwann war das Verhalten von Autoritäten nur noch prinzipiell falsch. Dies hat für den Staat und seine Repräsentanten natürlich ebenfalls zu gelten wie auch für alle Personen, die sich ihre Größe zu zeigen trauen. (Trotzprogramm).

Die Lösung liegt wie stets in der goldenen Mitte. Wer sich aus der kindlichen Nachahmung und auch aus ihrem Gegenpol, dem pubertären Trotz oder auch der Elternrolle gelöst hat, muss sein inneres Vaterbild nicht mehr auf die Menschen der Gegenwart projizieren. Erst dieses Bewusstsein führt zur Freiheit des Erwachsenen.

Der Herrscher kann auch einen direkten Vorgesetzten oder sonstige Autoritätspersonen symbolisieren, die oft ebenfalls in Analogie zum Vaterbild stehen. Jemand, der im übertragenen Sinne eine Uniform trägt oder vielleicht zum Schubladendenken neigt, kann angesprochen sein oder selbstverständlich auch unsere eigene „Uniform" und unsere starren Denkmuster. Uniform ist, ebenso wie auch Fundament, ein konkretes und abstraktes Stichwort für diese Karte.

Macht und der oft damit einhergehende Machtmissbrauch ist ein weiterer Deutungsansatz und will dich auf die Gefahr einer Fremdherrschaft von dir oder über dich hinweisen. Verfolge auf alle Fälle dein Ziel nicht mit Rücksichtslosigkeit und Härte. Halte dir stets vor Augen, dass deine Vorstellungen von dem, was dir guttut, nicht automatisch mit den Vorstellungen anderer Beteiligter übereinstimmen müssen. Übertriebenes Kontrollverhalten wäre jetzt pures Gift für deine Angelegenheit! Doch wer mit wachem Blick darauf achtet, dass seine Einstellung zum befragten Thema nicht verhärtet, wird den angestrebten Zuwachs erhalten.

Dein Vorgehen sollte (selbst-)diszipliniert stattfinden. Machtspiele um ihrer selbst willen werden dich nun keinesfalls weiterbringen. Stattdessen solltest du dich von Großmut leiten lassen und bereit dafür sein, in größeren Zusammenhängen zu denken und zu handeln. In geschäftlichen Angelegenheiten sollte man beachten, dass bei einem guten Geschäft alle Beteiligten zufrieden sind. Auch in Liebesangelegenheiten darf es jetzt nicht darum gehen, wer denn nun der oder die Stärkere ist. Dieses Verhalten würde langfristig zu einer Niederlage führen, die man sich jedoch ersparen kann, wenn man einer Orientierung von Toleranz und Wohlwollen folgt. Frauen, die diese Karte bei Liebesangelegenheiten ziehen, sollten hinterfragen, wo sie im Kontakt mit Männern unbewusst das Leit- oder das Gegenbild des Vaters als Maßstab ansetzen. Auf der Heldenreise symbolisiert der Herrscher natürlich den leiblichen Vater des Helden.

KURZFORMEL: ICH ERWEITERE MEINEN EINFLUSSBEREICH, INDEM ICH DEM GANZEN DIENE.

DER HIEROPHANT V

Die Ziffer Fünf wird oft durch den Punkt in der Mitte eines Quadrats symbolisiert. Wird dieser Mittelpunkt erhöht, entsteht die Figur der Pyramide. Auf deren Spitze stand in alten Zeiten der Hohepriester mit ausgebreiteten Armen, um Himmel und Erde miteinander zu verbinden. Auf der Heldenreise ist der Hierophant der Lehrer, der den noch jungen Helden die moralischen und spirituellen Gesetze seiner Stammesgemeinschaft und seiner Kultur lehrt. Er führt ihn zur Quintessenz (Quintus=5) der vier Elemente und macht ihn mit jenen Kräften vertraut, welche hinter der Welt der Materie wirken und diese lenken. Auch er ruht zwischen den Säulen der Polarität, um deren Verbindung herzustellen und dadurch bisher getrennte Lebensaspekte zueinander zu führen. Die drei Querbalken seines Kreuzes weisen uns darauf hin, dass eins plus eins drei ergibt, wenn zwischen zwei Polen

neue Energie fließt. Unsere inneren und äußeren Kräfte in Harmonie zu bringen, ist die Aufforderung des Hohepriesters. Die Bundeslade, die vor ihm steht, bewahrt das zeitlose, neutrale Wissen, das der Hierophant dir übermitteln will.

Der Hierophant steht für die Brücke und Verbindung von Innen und Außen. Er kennt die in beiden Welten geltenden Gesetze und lehrt uns diese. Das Ziehen der Karte besagt, dass du deine angefragte Thematik aus der Vogelperspektive heraus betrachten solltest. Regle deine Dinge im Sinne einer höheren Ordnung, denke und handle groß!

Als männliches Gegenüber der Hohepriesterin vermittelt er uns die Wahrheit und die Quintessenz, gleichgültig, ob uns diese nun besonders schmeckt oder nicht. Er ist der Medizinmann oder Schamane des Stammes (Großvater), der die moralischen und ethischen Gesetze der Gemeinschaft übermittelt. Er kann bei der Deutung als Arzt, Therapeut, Heiler oder auch allgemein als Therapie, Kur oder Krankenhaus auftreten, der äußere und innere Heiler, der weiß, was für deine Gesundung auf allen Ebenen notwendig ist.

Eine Person, die dir wichtige Informationen erteilt oder dir Lehren vermittelt, die du zur Lösung deines Anliegens bestens brauchen kannst, kann mit dir in Verbindung treten und dir weiterhelfen. Bei Auslagen, die mit Kindern zu tun haben, könnte er den Lehrer symbolisieren. Oder auch einen Kurs, ein Buch oder eine Lehre, die dich weiterbringt und der du dich widmen könntest. Lass dich gegebenenfalls in deiner Angelegenheit beraten. Wer in deinem Umfeld könnte dein aktueller Hierophant sein?

In jedem Falle sollten wir die Essenz der Angelegenheit begreifen, denn dadurch wird Heilung ermöglicht. Wir werden darauf hingewiesen, dass wir unsere Welt gerade bewegen können, wenn wir uns und unserer Wahrheit treu bleiben, gleichgültig, ob unser Umfeld mit dieser Wahrheit einverstanden ist oder auch nicht. Doch werde dabei keinesfalls dogmatisch!

Der Hohepriester ist oft eine Aufforderung zur Meditation oder einer ähnlichen spirituellen Technik, die dein Bewusstsein erweitert. Beziehe bei deinen Handlungen deine moralischen Vorstellungen und Werte unbedingt mit ein und handle entsprechend. Bleib bei der Sache, vertrete unbedingt deine Wahrheit und verzettle dich nicht unnötig.

Lernen und Lehren ist ein weiteres Stichwort für Arkanum V. Dies bedeutet, dass du einerseits aufgefordert bist, etwas hinzuzulernen, doch kann es für dich andererseits auch von Vorteil sein, deine Erfahrungen an andere weiterzugeben. Möglich, dass jemand gerade deinen Rat benötigt, doch erteile diesen nicht ungefragt. Erläutere den Menschen in deiner Umgebung deine Wahrheit und achte dabei aufmerksam auf Botschaften, die du empfangen und vor allem umsetzen kannst. Höre insbesondere auf das, was zwischen den Zeilen gesprochen wird.

Bei Unstimmigkeiten aller Art fordert der Hierophant dich auf, deine momentane Perspektive zu erweitern und von der Theorie zur Praxis zu kommen. Setz dich gedanklich auf die Spitze der Pyramide und betrachte deine Angelegenheit aus dieser höheren Position heraus, denn sie will dir zu mehr Gelassenheit, Souveränität und Reife verhelfen. Du wirst das jetzt Erlernte noch für zukünftige Lebensumstände benötigen, in denen du ehemals voreingenommen oder unbeherrscht reagiert hättest. Die Schlüsse, die du aus deinen Umständen gerade ziehst, mögen vielleicht äußerst unkonventionell sein, doch ändert das nichts an deiner Wahrheit, die nicht mit den Vorgaben der Allgemeinheit übereinstimmen muss. Vertrete diese und lass dich nicht beirren!

KURZFORMEL: ICH BIN EHRLICH UND BLEIBE MEINER WAHRHEIT TREU.

Früher wurde Trumpf VI „Entscheidung" genannt, was die primäre Aussage der Karte treffend beim Namen nennt. Auf dem Marseille-Tarot und vielen anderen der alten Kartengestaltungen sehen wir als Hauptfigur einen jungen Mann, der von zwei Frauen gleichzeitig berührt wird. Die ältere, eher mütterliche, symbolisiert den bekannten, gewohnten Weg, der uns Sicherheit bietet, aber unsere Abenteuerlust und unseren Drang nach Wachstum nicht mehr befriedigen kann. Die junge, verführerische Frau ist seine Versuchung, seine Reise ins Ungewisse. Er wird eine Herzensentscheidung treffen müssen, ob er will oder nicht. Du wirst dem Ruf des Abenteuers folgen müssen – Ausgang ungewiss, denn Garantie gibt es keine!

Auf dem Bild unseres Tarots sehen wir Adam und Eva noch vor ihrer Vertreibung aus dem Paradies. Der Erzengel Gabriel hält beschützend seine Hände über die beiden Unschuldigen. Doch im Baum der Erkenntnis schlängelt sich die Schlange bereits empor und wie wir wissen, werden die beiden Paradiesbewohner der Versuchung nicht widerstehen können und bald ihre Unschuld verlieren. Im Zuge von Trumpf XV „Der Teufel" werden wir den beiden Darstellern erneut begegnen, doch dann gefangen in schier auswegloser Situation.

Beim Ziehen von Trumpf VI sehen wir uns immer vor Entscheidungen gestellt, die entsprechende Folgen mit sich bringen werden – häufig in Liebesangelegenheiten, doch keineswegs zwingend. Wir haben die Wahl zwischen dem alten, gewohnten, sicheren Weg und einer neuen, ungewissen Richtung, die unserer Abenteuerlust und unserem Drang nach Neuem folgt. Wir sind zwischen unserem Kopf und seiner Rationalität und gleichzeitig unserem Bauchgefühl hin und her gerissen. Welchem sollen wir nun folgen?

Wir glauben beim Ziehen dieser Karte immer, vor einem Entweder-oder zu stehen! Dies ist deshalb so, weil wir unsere angefragte Sache zu einseitig einschätzen und sie vielleicht sogar in Gut und Böse einordnen. Genau hier kommt die Umbenennung der Karte in „Die Liebenden" ins Spiel, denn die wahre Lösung unseres Problems lautet: Sowohl als auch! Nimm deine bisherigen Erfahrungen mit und mach dich auf in das Abenteuer. Lass das bisher Gelernte nicht außer Acht und geh dennoch ein Risiko ein. Jede Ausgrenzung, die auf einem Entweder-oder basiert, ist jetzt fehl am Platz.

Genau so wird deine Angelegenheit gelingen und die unterschiedlichsten Gegensätze werden in dir und deiner Welt Hochzeit halten können. Erweitere deinen bisherigen, gewohnten Rahmen und lass dabei den Boden unter deinen Füßen keinesfalls aus den Augen! Geh alle Argumente des Für und Wider noch einmal mit Kopf und Bauch durch. Beleuchte deine bisherigen Erfahrungen und auch deine Risikobereitschaft, um beides zu relativieren und auf einen gemeinsamen Nenner zu bringen. Entscheide dich dann aus dem Herzen heraus (kalkuliertes Risiko). Schreite zur Tat mit einer Intensität, die man als kontrollierte Offensive bezeichnen könnte. So kann sich der Erfolg längerfristig einstellen.

Auf der Heldenreise ist dies für den Helden die Zeit der Entscheidung. Er wird sich von Mutter und Vater, von seiner Heimat trennen und seine Kindheit hinter sich lassen müssen, die er nur im Herzen mit sich nehmen kann. Doch die Welt ruft! Die Vögel zwitschern ihm zu, dass jeder Tag ein neuer ist und letztlich immer für ihn gesorgt ist.

KURZFORMEL: ICH ENTSCHEIDE MICH AUS MEINEM HERZEN HERAUS.

In eine lockere Rüstung gekleidet, wartet der junge Wagenlenker darauf, dass sich seine beiden „Zugtiere" in Bewegung setzen und er seine Reise beginnen kann. Der Wagen befindet sich bereits vor der Stadt, doch immer noch könnte er ihn problemlos zurücklenken und sein gewohntes Leben wieder aufnehmen. Die beiden Sphingen, die den Wagen bewegen werden, sind unsere gemischten Gefühle, wenn wir diese Karte ziehen. Sie unterscheiden sich durch die weiße und schwarze Farbanordnung stark voneinander und blicken auch in unterschiedliche Richtungen. Doch sie sollten unbedingt Einheitlichkeit erreichen, bevor wir in Bewegung geraten. Unsere hintergründigen Motive sind noch nicht integriert, was für die Reise des Wagenlenkers jedoch dringend erforderlich sein wird. Was konkret sind deine Motive?

Die Botschaft der Karte ist eindeutig: Würde sich unser Wagenenergie genau jetzt in Bewegung setzen, wären dies entgegengesetzte Richtungen, was für den Wagenlenker katastrophale Folgen nach sich ziehen würde. Der entsprechende zweistellige Trumpf XVI „Der Turm" wird uns genau dieses Szenario präsentieren. Das bedeutet, dass sich der Wagen völlig zu Recht noch in Ruhestellung befindet. Dass er sich, also unsere angefragte Sache, bald in Bewegung setzen wird, ist jedoch sicher. (Der Titel der Karte lautet schließlich nicht „das Sofa"!)

Für den Moment jedoch ist der Wagenlenker noch genügend damit beschäftigt, konzentriert auf seine innersten Gefühle zu achten: „Was genau treibt mich an? Wie genau geht es mir dabei?" Erst diese neue Art der Aufmerksamkeit wird zur Folge haben, dass all seine vorhandenen Kräfte, insbesondere seine dunklen Aspekte, nun angenommen, integriert und dadurch transformiert werden können. Auch Gier, Angst, Neid usw. sind Kräfte, die noch in ihm wirken. Sie müssen jetzt ans Licht kommen und erkannt werden, wenn sie nicht im weiteren Verlauf der Entwicklung Schaden anrichten sollen. Nur Kräfte, die klar erkannt werden, können in der Folge „am gleichen Strang ziehen", sodass sich der Wagen zum Triumphwagen erhebt.

Bevor die Wagenfahrt die Reise beginnen kann, haben wir eine Art Zerreißprobe zu bestehen, denn wir müssen uns gerade von überflüssigen und hinderlichen emotionalen Verbindungen, genauer Verstrickungen, lösen. Unsere Richtung muss völlig von uns selbst gewählt und darf keinesfalls fremdbestimmt sein. (7=3+4; Mutter- und Vaterprägungen, Herrscherin und Herrscher werden abgelegt). Der Sternzeichengürtel und auch die Krone des Wagenlenkers wollen dir zeigen, dass du alle Möglichkeiten zur Verfügung hast, wenn du wirklich aus dir selbst heraus schöpfst. Deine Gefühle sind gerade deine maßgebliche Motivation und dürfen, aus welchen Gründen auch immer, nicht übergangen werden, wenn deine Reise ganzheitlich verlaufen soll.

Nimm dir öfter für einen kurzen Moment Auszeit, um in dich zu gehen. Deine aktuelle Frage an Tarot kann dein Gefühl besser beantworten als der Verstand. Doch wirst du diese leise Stimme nur dann verstehen, wenn du für äußere und auch gedankliche Stille sorgst. Lenke nicht von dir selbst ab, vermeide aktuell vor allem Hektik und Stress. Wenn du deine aufsteigenden Gefühle als negativ empfinden solltest, schiebe sie keinesfalls zur Seite, sondern akzeptiere sie als zu dir gehörig. Aufgestaute Wut beispielsweise ist eine tickende Zeitbombe, während sinnvoll ausagierte Wut unser dahinter sitzendes Offensivpotenzial freilegt. Du wirst Klarheit benötigen, denn die Dinge werden in Bewegung geraten und du wirst noch deine allerhöchste Konzentration benötigen, um sie zu bewältigen.

Sorge in deinen bestehenden Umständen für saubere Verhältnisse. Dies gilt für innere wie auch äußere Räume. Unterstützt wirst du von deiner Umgebung gerade wahrscheinlich nicht besonders. Es geht ausschließlich um deine Gefühle, die niemand anderer miterleben kann. Allerdings solltest du unbedingt auch solche Gefühle mit einbeziehen, die du vielleicht für unsauber oder niedrig hältst, denn genau diese sind es, die dein Kraftpotenzial erweitern und zu deinem Vorhaben fördernd beitragen können. Gestehe dir ein, wenn du mal auf jemanden neidisch bist oder eine ordentliche Wut im Bauch hast. Verdränge diese Energie nicht, denn auch sie gehört zum Gefühlsleben, das du erst transformieren kannst, wenn du dich selbst voll angenommen hast.

Wenn die Reise dann in Gang gesetzt wurde, werden wir vor jeder Form des Leichtsinns gewarnt. Die Geschichten von Helden, die sich ihre Flügel verbrannten, weil sie zu nahe an die Sonne gerieten und deswegen böse zu Fall kamen, sind deutliche Warnungen.

Der Wagen kann tatsächlich das Auto – der Wagen – vor der Haustür sein. Eine Reise könnte anstehen oder wir erhalten die Aufforderung, öfter an die frische Luft zu gehen, kleine Reisen zu machen oder Unternehmungen zu tätigen, die mit Bewegung zu tun haben.

Auf der Heldenreise ist dies der Moment, wenn die Heldin Vater und Mutter endgültig verlässt und die Heimat hinter ihr zurückbleibt.

KURZFORMEL: ICH STEHE ZU ABSOLUT ALL MEINEN GEFÜHLEN, WEIL SIE ZU MIR GEHÖREN.

DAS INTERMEZZO MIT DER VIII UND DER XI

Bevor wir Arkanum VIII besprechen, müssen wir ein Thema ansprechen, auf das jede Karteninteressierte stößt, die sich mit mehreren Decks beschäftigt. Es handelt sich um die Umstellung der beiden Arkanen VIII und XI, wie sie vom Golden Dawn, insbesondere von Edward Waite, also bei unserem Tarot, vorgenommen wurde. Arkanum Nr. VIII trägt in allen älteren Tarot-Decks die Bezeichnung „Gerechtigkeit" und ist mit der entsprechenden Bildsymbolik ausgestattet, die mit dem Erhalt des ersten magischen Werkzeugs, des Schwerts, zu tun hat.

Trumpf XI wurde stets „Kraft" genannt und hat die Bändigung des inneren Tieres, meist in Form eines Löwen, zum Thema. Der Golden Dawn wollte unbedingt eine stimmige astrologogische Reihenfolge der Großen Arkanen herstellen und stellte die Trümpfe deshalb so um, dass sie der Reihenfolge der astrologischen Sternzeichen entspricht. Das Sternzeichen Löwe ist im Jahreslauf vor der Waage an der Reihe. Eben diese beiden Zeichen sind die primären Attribute der beiden Karten VIII und XI, wie man auf den Bildern leicht erkennt.

Edward Waite hat die vom Golden Dawn abgeänderte Folge der Arkanen in seinem Tarot übernommen, ohne diese tiefgreifende Umstellung allerdings irgendwo genauer zu argumentieren. Er bezeichnete die neue Reihenfolge lediglich lapidar als „berichtigten Tarot" und das war's dann. Aufgrund meiner praktischen Erfahrungen kann ich, wie auch andere Tarocchis, dieser Umstellung jedoch nicht folgen.

Der Tarot des Golden Dawn ist relativ wenig in Gebrauch, der von Waite und Smith jedoch umso mehr. Solange du deine Karten lediglich ziehst und auslegst, spielt die Umstellung der Arkanen VIII und XI ja auch keine große Rolle. Sobald du jedoch, wie du es bald lernen wirst, Quersummen und Jahres- bzw. Lebenskarten in deine Deutungen mit einbeziehst, spielt die Nummerierung der Trümpfe durchaus eine Rolle.

Ich empfehle dir diese „berichtigte" Nummerierung jedenfalls nicht. Nicht nur aufgrund meiner Erfahrungen, sondern auch weil sie der Waite'schen Umstellung der Heldenreise widerspricht. Im Zuge von Trumpf VIII „Gerechtigkeit" erhält der Held sein erstes magisches Werkzeug, das Schwert, welches symbolisch für die Macht der Gedanken steht.

Ob es sich um den jugendlichen König Artus, um den jungen Siegfried oder um die Ausbildung griechischer Helden bei Chiron handelt, immer findet die Übergabe der symbolisierten Gedankenenergie zu einer Zeit statt, die der Energie des Triumphwagens direkt nachfolgt, was die alte Tarot-Zählfolge voll bestätigt. Die Zähmung des Tieres, die das Thema von Arkanum XI sein wird, findet erst an späterer Stelle statt. Zum jetzigen Zeitpunkt hätte die Auseinandersetzung mit dem inneren Tier noch katastrophale Auswirkungen auf die Heldin.

Man muss sich nur einmal vorstellen, was passieren würde, wenn alles, was wir uns so denken, sofort in unser Leben treten würde! Der Held hat auf dieser Etappe noch keine Kontrolle über seine Gedanken, es fehlt ihm einfach noch an Erfahrung. Erst im Zuge von Arkanum VIII erhält er das Bewusstsein, die Kraft seine Gedanken zu kontrollieren. Hierfür steht das magische Elementarwerkzeug des Schwertes. Der Held wird sich fortan immer mehr darüber klar, was er anhand seiner Gedankenkraft alles heraufbeschwört. Deshalb ist die saubere Kontrolle der Gedanken im weitesten Sinne Thema von Trumpf VIII.

✦

Mittelpunkt des Bildes ist eine Frau mit dem Schwert in der rechten (Ge-Recht-igkeit) und der Waage in der linken Hand. Es handelt sich um die Göttin der Gerechtigkeit, Justitia. Ihr Schwert ist das Symbol für unsere Gedankenkraft.

Trumpf VIII teilt dir mit, dass du dir gerade der Kraft deiner Gedanken bewusst werden kannst. Diese entstehen in deinem Inneren und wollen sich dann im Äußeren manifestieren. Einen Schritt weiter gedacht bedeutet dies, dass jeder Mensch das Produkt dessen ist, was er sich bewusst und auch unbewusst denkt! Deshalb solltest du deinen Gedanken ab jetzt mehr Konzentration schenken. Als Folge davon wirst du dein Leben bewusster und schöpferischer gestalten können als jemals zuvor.

Das Recht, das Justitia spricht, geht über die menschliche Rechtsprechung in den Gerichtssälen weit hinaus. Es wäre ja auch viel zu einfach, nur davon auszugehen, dass man sich halt nicht erwischen lassen sollte, wenn man anderen Wesen Unrecht tut. Auf der seelischen Ebene verwirklicht sich unser Denken, Sprechen und Tun als unser Karma, das uns immer früher oder später erreichen wird. Wenn wir uns zu verantwortungsvollen Mitschöpfern unseres Lebens entwickeln wollen, müssen wir das Bewusstsein entwickeln, dass das Leben uns immer nur das zurückbringen kann, was wir ausgesendet haben! Alles, was wir in Bewegung bringen, kommt wie ein Echo zu uns zurück. Deshalb rät uns die

Karte, jetzt keine faulen Kompromisse einzugehen, sondern uns unbedingt ehrlich zu verhalten. Fadenscheinige Ausreden und künstliche Alibis helfen bei der gestellten Frage nicht weiter und wären zum Scheitern verurteilt.

Beziehungen und Partnerschaften, welche wir in der Gerechtigkeitsfrequenz eingehen, stehen oftmals unter dem Vorzeichen, dass wir unerledigte Angelegenheiten aus unserer Vergangenheit bis hin zu früheren Inkarnationen jetzt bereinigen können. Doch auch in einem engeren Rahmen bekommen wir jetzt die Auswirkungen vergangener Taten zu spüren, negativ wie positiv. Oft können wir karmische Verstrickungen aus längst vergangenen Zeiten jetzt erkennen und auflösen, wenn wir diese Karte ziehen.

Auch auf einen Rechtsstreit kann die Karte hinweisen (in Verbindung mit „Zwei Schwertern" wird es wohl zu einem Vergleich kommen), bei dem wir unbedingt ehrlich bleiben sollten. In jedem Fall sollten wir unser Thema mit objektivem Blick betrachten und uns keinesfalls von unseren Emotionen überschwemmen und dadurch zu unüberlegten Aktionen hinreißen lassen. Nur kluges Vorgehen, das auf kühlem Kopf beruht, wird uns jetzt voranbringen. Dies kann durchaus eine gewisse Zeit benötigen. Doch handelt es sich beim Ziehen dieser Karte auch nie um die Art von Entscheidung, die wir durch überstürzte Manöver fällen. Das, wofür wir uns jetzt gerade einsetzen, wird mit Sicherheit längerfristige Auswirkungen haben. Geh an dein Thema mit dem höchsten Verantwortungsbewusstsein heran, zu dem du fähig bist. Behandle deine Umwelt so, wie du selbst gerne behandelt werden möchtest.

Mache jetzt deine persönliche Inventur und schließ ab, was noch unerledigt ist, damit dein Hinterkopf frei wird. Beginne gegebenenfalls mit kleinen Aufräumungsarbeiten, die mit deinem angefragten Thema oberflächlich gesehen nicht viel zu tun haben. Wirf alten Ballast – beispielsweise aus deinem Kleiderschrank – über Bord, erledige den Anruf, den du schon seit Monaten auf die lange Bank schiebst. Durch diese Alltagshandlungen bringst du Energie in Bewegung, die sich förderlich auf deine sonstigen Umstände auswirken wird. Die Karte Gerechtigkeit hat immer mit konkreten Fakten zu tun, die wir bereits kennen und jetzt bereinigen bzw. zum Abschluss bringen sollten. Dies sind nicht die sprühenden Ideen des Narren, sondern das Verbinden von realistischen, bereits vorhandenen Umständen und unseren daraus resultierenden Erkenntnissen und Folgen. Übersieh den Wald vor lauter Bäumen nicht!

Auf der Reise des Helden ist dies der Moment, wenn ihm das erste magische Werkzeug, das Schwert, überreicht wird. Er wird sozusagen zum Ritter geschlagen. War er vorher mit Werkzeugen wie etwa Knüppel oder Steinschleuder bewaffnet, was für seinen ungehobelten Übermut und natürlich auch für seine Naivität stand, so lernt er ab jetzt, Verantwortung für seine Gedanken und Taten zu übernehmen. „Alles, was du losschickst, kommt früher oder später als Antwort zu dir zurück", ist das Gesetz, welches er jetzt kennenlernt und das er in Zukunft im Umgang mit seiner Umwelt respektieren wird.

KURZFORMEL: ICH KANN IMMER NUR DAS EMPFANGEN, WAS ICH SENDE.

Das zweite Elementarwerk, das dem Helden überreicht wird, ist der Stab. Der Stab entspricht dem Willen. Der Mann im Umhang stützt sich auf seinen Stab, was uns die verschlüsselte Botschaft übermittelt, unseren irdischen Willen an den kosmischen Willen anzugleichen. „Nicht mein Wille geschehe, sondern der deine, denn dein Wille ist der meine" oder um die Worte von Aleister Crowley zu zitieren: „Liebe sei das einzige Gesetz – Liebe unter Willen", womit natürlich der kosmische Wille gemeint ist und nicht der Wille unseres Egos.

Wir befinden uns mit Trumpf IX am Ende der einstelligen Zahlenreihe, die den Aufbau eines starken Selbstbewusstseins zum Ziel hat. Aus diesem Grunde werden dem Helden zuerst die beiden aktiven, dynamischen Werkzeuge überreicht, also Schwert und Stab. Erst dann kann er die beiden anderen Werkzeuge in Form von Münze und Kelch, also Erde und Wasser in Empfang nehmen.

Als Vorbereitung für den zweiten Abschnitt der Reise, der den Abstieg in die Unterwelt zum Thema hat, trifft er auf den Eremiten und lernt die Lektion, die dieser ihm zu vermitteln hat. Der Stab, auf den der Eremit sich stützt, ist auch zur Abgrenzung zu gebrauchen – wahre Unabhängigkeit ist das Thema von Arkanum IX.

Um den irdischen Willen mit dem Willen unseres inneren Selbst in Einklang zu bringen, müssen wir in erster Linie unabhängig sein. In der abgeschiedenen Kargheit einer Eiswüste ist keinerlei äußere Ablenkung mehr möglich und dort ist der Narr auf seinem Weg angekommen und niemand hilft ihm, niemand löst seine Aufgaben für ihn. Er erhält wahrscheinlich nicht das, was er gerne will. Doch sagt die Karte aus, dass er sehr wohl alles erhält, was er wirklich braucht. Dies zu erkennen und dadurch Vertrauen in die höhere Führung zu erlangen, ist die Thematik von Trumpf IX.

Die Kapuze und der Umhang betonen die Unabhängigkeit und auch gleichzeitig den Schutz, den wir auf dieser Etappe des Weges so notwendig benötigen und auch erhalten. Sowohl der gelockte Bart des Eremiten als auch das Laternenlicht, das für unser höheres, unser inneres Licht steht und dem Eremiten den Weg erhellt, drücken die Weisheit aus, die uns hier zuteilwerden kann, wenn wir aus uns selbst heraus dieses Licht suchen und finden. Äußerlichkeiten helfen dir jetzt ganz bestimmt nicht weiter, denn es ist die Hilfe zur Selbsthilfe, um die es jetzt für dich geht. Diese wirst du mit absoluter Sicherheit erhalten.

„Du bist nicht einsam, sondern du bist allein", lehrt der Eremit. All-Ein, also eins mit dem All.

Es ist möglich, dass beim Ziehen dieser Karte eine Person in unser Leben tritt, von der wir sehr viel lernen können, die sehr unabhängig lebt und auch uns nicht von sich abhängig machen will. In jedem Fall bist du gerade aufgefordert, nach innen zu blicken und verschiedene Abhängigkeiten von Dingen und Personen aufzugeben. Je schneller du jetzt erkennst, dass mit althergebrachten äußerlichen Sicherheiten nichts mehr auszurichten ist und diese bewusst verlässt, desto schneller wird die Neuerung erscheinen können. Dass dein Leben Neuerungen braucht, ahnst du bestimmt schon. Jetzt ist es Zeit, tief in dich hineinzufühlen und herauszufinden, was in deinem Leben du nun wirklich brauchst und was nicht mehr.

Wenn wir an dieser Stelle im Sinne einer höheren Ordnung, also weise handeln, kann uns alles gelingen, aber eben nur dann. Es ist möglich, dass uns die eine oder andere Brücke gebaut wird, doch überqueren müssen wir diese selbst – und zwar allein, ohne fremde Hilfe. Wenn du dich weiterhin an den falschen, sprich überflüssigen Dingen, Aktivitäten oder Personen festkrallst, werden sie dir gnadenlos weggenommen. Umgekehrt musst du natürlich lernen, niemanden zu manipulieren, um ihn an dich zu binden. So kann der Eremit eine der aufregendsten und fruchtbarsten Lektionen deines Lebens darstellen, wenn du sie nur annimmst – im umgekehrten Falle, wenn du ablenken oder festhalten willst, ist er in der Lage, dir seinen Stab ins Herz zu rammen.

Zügle deine Ungeduld und gib deine Erwartungen auf: Vertraue darauf, dass sich zum richtigen Zeitpunkt die günstigste Gelegenheit für dein Tun, für den gezielten Einsatz deines Willens ergeben wird.

Der Held verläuft sich während seiner Reise im Wald oder in der Wüste. Völlig auf sich allein gestellt, trifft er auf einen weisen Lehrer, der ihn zu sich in Schulung nimmt (Christus ging für vierzig Tage in die Wüste). In der Einsiedelei erfährt er seinen wahren Namen und erhält ein Objekt der Kraft. Dieses „Sesam öffne dich" lässt ihn im weiteren Verlauf der Reise so manche Pforte öffnen – in unserem Fall die Pforte zu den zweistelligen Großen Arkana.

KURZFORMEL: ICH BIN VÖLLIG UNABHÄNGIG.

ERRECHENBARE KARTEN

Wer die einstelligen Großen Arcana kennt, kann die Lebens- und Jahreskarten für sich und andere Menschen berechnen und durch diese Übung direkt mit praktischem Tarot Erfahrungen sammeln.

1) DIE LEBENSKARTE

Die Lebenskarte will uns lebenslang als Orientierung und Landkarte dienen. Sie sagt uns, aus welchem Holz wir geschnitzt sind und welche Eigenschaften in unserem Inneren darauf warten, entdeckt und ausgelebt zu werden. Sie zeigt die Fähigkeiten auf, die wir entwickeln und wie wir unseren persönlichen Charakter verwirklichen können. Die Lebenskarte zeigt uns die Mittel, mit denen wir die Aufgaben des Lebens optimal lösen können.

Es macht einen großen Unterschied, wie ein Mensch mit dem Naturell des Eremiten das Leben wahrnimmt oder wie sich ein Wagen-Typus auslebt. Ebenso wie das astrologische Sternzeichen, erzählt uns auch die Lebenskarte etwas über das Wesen eines Menschen. Sie zeigt unsere Stärken und Schwächen auf und wie wir damit unsere Selbstverwirklichung unterstützen können. Wenn du dich von München aus nach Hamburg auf die Reise begibst und auf dem Weg dorthin immer wieder auf einen Wegweiser „nach Hamburg" stößt, dann wäre dies eine Analogie zur Lebenskarte, die uns die Richtung anzeigen will. Die Lebenskarte gibt uns eine Orientierung, wie wir uns im Leben behaupten und dem Ruf unserer Seelenpersönlichkeit folgen können.

Du kannst die Kenntnis deiner Lebenskarte bei der Lösung vieler Wachstumsaufgaben mit einbeziehen, denn hinter dem Schleier der greifbaren Realität steht die Integration der Lebenskarte als Orientierung bereit, um dir wertvolle Ratschläge darüber zu geben, wer du wirklich bist und wie du dich entsprechend ausleben kannst. Selbstverständlich ist die Kenntnis der Lebenskarte anderer Personen eine wichtige Brücke, um Verbindung zu diesen Personen aufzunehmen und ein besseres Verständnis für das Verhalten unserer Mitmenschen zu entwickeln.

Du errechnest die Lebenskarte, indem du aus dem Geburtsdatum die Quersumme bildest und die erhaltene Quersumme so lange immer weiter herunter reduzierst, bis du eine einstellige Zahl, also einen einstelligen Großen Trumpf erhältst.

BEISPIEL:
Herr Schuster ist am 26.03.1961 geboren. Wir zählen jetzt jede Ziffer seines Geburtsdatums zusammen, also 2+6+0+3+1+9+6+1 und erhalten die Zahl 28. Diese reduzieren wir erneut, indem wir 2+8 addieren und die Summe 10 erhalten. Du könntest auch 26+3+1961 rechnen und die erhaltene Summe 1990 erneut zusammenzählen, sodass du die Zahl 19 erhältst. Aus 19 bildest du dann erneut die Quersumme: 1+9=10. Das Ergebnis ist bei den unterschiedlichen Methoden, die Quersumme des Geburtstages auszurechnen, immer dasselbe, in unserem Beispiel 10.

Im Moment reduzieren wir die Zahl 10 noch einmal, um eine einstellige Ziffer zu erhalten, also 10=1+0=1. Dies bedeutet, Herr Schuster hat als Lebenskarte den Magier. Natürlich hat er ebenfalls die 10, das Lebensrad, als zweistellige Lebenskarte, doch diese wird uns erst nach Besprechen des zweiten Teils der Großen Arkanen interessieren.

Zahlen oberhalb von 18 sind als Lebens- und Jahreskarte weniger geeignet, weil diese Karten für das Ziel der Heldenreise stehen, die Lebenskarte aber primär unsere noch anstehenden Bewusstseinsschritte aufzeigt. Diese sind durch die Arkanen unterhalb der 19 viel greifbarer, als wenn wir schon am Ziel der Reise angekommen wären. Als Orientierung und „Belohnung" sind die Trümpfe XIX, XX, und XXI jederzeit erstrebenswert und Erfahrungen dieser Art dürfen wir auch immer wieder erleben. Die entsprechenden Karten in unseren Auslagen ermutigen uns auch dazu. Doch als Energie eines ganzen Jahres oder sogar lebenslang sind wir alle mit den Stufen unserer Leiter beschäftigt und noch nicht am Gipfel angekommen. Zumindest die allermeisten von uns.

Für Herrn Schuster ist der Magier eine Orientierungshilfe, die ihm rät, wie er die Herausforderungen seines Lebens am besten bewältigt. Rückblickend kann er wichtige Hintergrundinformationen über seine Siege und Niederlagen während seiner bisherigen Lebensreise offenlegen, wenn er seine Lebenskarte erfährt. Wenn er empfänglich für die entsprechenden Hintergründe ist, wird er so manches Ereignis seiner Vergangenheit jetzt besser einordnen können. In der Zukunft wird er im Idealfall – als Person mit dieser Lebenskarte – früher erkennen, dass er manche Situationen viel mehr in der Hand hat, als er dies bisher annahm und früher ins Handeln geraten. Er könnte erkennen, dass er ein guter Kommunikator ist, dass er aber auch ganz gerne mal manipuliert und kontrolliert, anstatt vorsichtig und ehrlich für klare Verhältnisse zu sorgen. Wenn er diese Informationen hat, kann das ein Schritt hin zu größerer Freiheit für ihn und sein Leben sein!

2) DIE JAHRESKARTE

Die Jahreskarte drückt unseren primären inneren und äußeren Wachstumsschritt während eines laufenden Jahres aus. Viele unterschiedliche Begebenheiten unseres Lebens, deren gemeinsamen Nenner wir nicht so ohne weiteres erkennen können, sind durch die Kenntnis der jeweils laufenden Jahreskarte besser nachvollziehbar, weil sie unsere Lebenssituationen unter einem gemeinsamen Blickwinkel beleuchtet. Dadurch ersparen wir uns oft das Verzetteln unserer Energie und setzen diese gezielter ein.

Die Jahreskarte wechselt jährlich von Geburtstag zu Geburtstag in chronologischer Reihenfolge. So wie der Wechsel von Tag und Nacht die Dämmerung braucht, so wie die Jahreszeiten fließend ineinander übergehen, so gehen auch die Schwingungen der entsprechenden Jahreskarten langsam ineinander über.

Sie ändert sich also nicht an unserem Geburtstag auf einen Schlag, sondern bewegt sich in einem fließenden Wechsel. Die Erfahrung zeigt, dass sich die ersten Anzeichen der kommenden Jahreskarte durchaus schon vier Wochen vor dem Geburtstag bemerkbar machen können. Etwa ein halbes Jahr nach dem Geburtstag, also zum Zenit unseres gerade laufenden Lebensjahres, ist die Energie unserer aktuellen Jahreskarte am stärksten.

In sogenannten Krisenzeiten ist die Ursache oft darin zu suchen, dass über viele Jahre hinweg den anstehenden Lektionen keinerlei Aufmerksamkeit geschenkt wurde. Jetzt ist der Moment, vielleicht in Übereinstimmung mit einem astrologischen Saturn- oder Plutotransit, wenn sich alle Energien gleichzeitig Geltung verschaffen wollen. In einem Kartenbild macht sich dies dadurch bemerkbar, dass übermäßig viele Große Arkanen gleichzeitig gezogen werden. Bei einem ausgewogenen Kartenbild sollte das Verhältnis Große Trümpfe – Andere etwa 1:3 betragen. Wenn in einem Keltenkreuz, das mit zehn Karten gelegt wird, mehr als drei Große Arkanen auftauchen, ist dies ein Hinweis darauf, dass nun mehrere Lektionen gleichzeitig gelernt werden wollen – die entsprechenden Chancen natürlich auch. Herr Streng wäre wohl ein solcher Fall.

Die Jahreskarte erhältst du durch das Errechnen der Quersumme von Tag und Monat der Geburt plus des laufenden Jahres. Verschiedene Autoren verwenden unterschiedliche Zählarten, um zur Jahreskarte zu gelangen. Bei Besprechung der zweistelligen Karten wirst du sehen, dass mit der hier angeführten Zählweise alle Möglichkeiten abgedeckt sind.

ERSTES BEISPIEL:
Wir schreiben heute den 01.07.2001. Der junge Bruno ist geboren am 11.03.1992. Wenn wir nun Tag und Monat seiner Geburtsdaten, also 11+3, und dazu noch das Jahr seiner letzten Geburtstagsfeier, also 2001, zusammenzählen, erhalten wir 11+3+2+0+0+1=17. Im Moment interessiert uns dies noch nicht weiter, denn wir wollen ja bei einer einstelligen Zahl landen. So bilden wir aus der 17 erneut die Quersumme durch das Zusammenzählen von 1+7, was 8 ergibt – Gerechtigkeit.

Nun kannst du Bruno einiges über die Leitenergie seines momentanen Lebensjahres, das vom 11.03.2001 bis zum 11.03.2002 andauert (plus/minus vier Wochen) erzählen.

ZWEITES BEISPIEL:
Lissy hat Geburtstag am 13.12.1969. Wir schreiben immer noch den 01.07.2001. Sie hatte in diesem Jahr noch nicht Geburtstag, weil sie als Dezembergeborene ihren Geburtstag für dieses Jahr noch vor sich hat und ihre Jahreskarte erst dann wechseln wird. Also zählen wir ihren Tag und Monat – 13+12 – mit der Jahreszahl 2000 zusammen, was dem Jahr ihrer letzten Geburtstagsfeier entspricht, um die benötigte Quersumme zu erhalten: 1+3+1+2+2 (die letzte 2 steht für 2000, die Nullen haben keinen Wert).

WICHTIG: Beachte, dass individuelle Jahreskarten nicht an Silvester wechseln, sondern an unserem Geburtstag. Wir erhalten für Lissy die Quersumme 9, was bedeutet, dass der Eremit gerade läuft. Ihr Hauptthema ist also die Loslösung von Abhängigkeiten und alles weiter oben Besprochene, was wir über die Schwingung des Eremiten wissen.

Die praktischen Übungen, mit denen du ab sofort experimentieren und arbeiten kannst, liegen auf der Hand: Errechne deine eigene aktuelle Jahres- und natürlich auch deine Lebenskarte. Stelle die Verbindung her zwischen deinem alltäglichen Leben und diesen Karten. Errechne auch vergangene Jahreskarten und praktiziere das gleiche. Stelle den Bezug zu einschneidenden Erlebnissen und der damals aktuellen Jahreskarte her.

Rechne die Jahres- und Lebenskarten von Personen aus, an deren Lebensweg du Interesse hast und deren Vergangenheit und Gegenwart du kennst. Wenn möglich, geh mit diesen Menschen in Dialog. Einer der Vorteile, die der Tarot uns bringt, ist eine neue Qualität der Gesprächsführung, die weit unterhalb der Oberfläche der alltäglichen Realität stattfindet. Natürlich dürfen wir hierbei unsere neuen Erkentnisse anderen Menschen niemals aufdrängen. Doch die Zahl derer, die an sich selbst interessiert sind, ist höher als erwartet. So kann Herzenskontakt mit Menschen stattfinden, der über die herkömmliche Verbindung hinausreicht. Und du kannst auf diesem Wege natürlich ungeheuer viel über den Tarot lernen und umfassendes Wissen erhalten.

Wir steigen jetzt in die Unterwelt hinab, um bisher unerforschte Segmente unserer Seele zu erkennen, die sehr viel mit der Thematik des Schattens, doch ebenfalls mit unserer höheren Führung zu tun haben.

NOTIZEN

RAD DES SCHICKSALS X

Trumpf X ist der Wendepunkt unserer Reise. Die rotierende Drehbewegung unseres Schicksalsrades bringt das, was bisher oben war, nach unten, während das, was bisher unten war, jetzt nach oben gelangt. Das Blatt wendet sich, unsere Einstellung dem Leben gegenüber verlagert sich ab dieser Etappe des Weges. Wir lernen die bislang verborgenen Unterwasserbereiche unseres Eisbergs kennen und unsere Motive werden zunehmend von inneren Werten gesteuert, während die Äußerlichkeiten des Lebens zurücktreten.

Die Figuren, die das Lebensrad in Bewegung halten, sind uns fremd. Das bedeutet, dass nicht wir es sind es, die das Rad unseres Schicksals drehen, sondern die Kräfte des Unbewussten. Doch wo ist unser eigener Einfluss als Mitschöpfer geblieben? Wie können wir unser Schicksal selbst lenken? Vom inneren Zentrum unseres Wesens aus, der Mittelpunkt des Rades ist der Platz, von wo wir unser Leben dirigieren können!

Wie bei einer Windhose oder einem Wasserwirbel ist der sicherste Aufenthaltsort für uns im Zentrum der Naturgewalt. Nur von unserer inneren Mitte aus können wir unser äußeres Leben regeln und genießen. Denn immer dann, wenn wir zur falschen Zeit von innen nach außen treten, schleudert uns die Zentrifugalkraft des wirbelnden Schicksalsrades noch weiter hinaus. Und genau dann geraten wir mit den Herausforderungen des Lebens in Schwierigkeiten. Immer wieder gilt es, den Kontakt und die Verbindung zur Mitte – unserer Mitte – herzustellen.

Trumpf X ist innerhalb der Großen Arkanen die Zeitkarte. Wenn wir zu ungeduldig sind, sollten wir jetzt lernen, geduldiger zu werden. (Ich will alles und zwar sofort!). Und wenn wir wiederum anstehende Angelegenheiten zu lange vor uns herschieben, steht beim Ziehen der Karte an, in Aktion zu treten und diese Angelegenheiten endlich anzupacken. Unsere Trägheit hat, wie auch die andere Seite der Medaille, die Ungeduld, ihren Ursprung in unserem übermächtigen, nur nach außen orientierten Ego. Dieses an den Platz zu verweisen, der ihm zusteht, ist das Ziel aller zweistelligen Trümpfe. Der erste maßgebliche Schritt, die Dinge aus unserem inneren Zentrum heraus zu arrangieren, ist unser Gefühl für den rechten Zeitpunkt. Wenn wir es verstehen, zur rechten Zeit zu handeln, gelingen uns viele Dinge auf magische Art wie von selbst.

Hier findet der direkte Bezug zu Trumpf I „Der Magier" statt, welcher durch die Quersumme mit dem Schicksalsrad verbunden ist (10=1+0=1). Auch bei allen anderen nun folgenden zweistelligen Großen Arkanen wirst du durch Errechnen der Quersumme den entsprechenden einstelligen Trumpf finden. Die beiden jeweiligen Karten korrespondieren miteinander und stehen in enger Beziehung.

Auch die Verbindung der Ziffern I und 0, also „Der Magier" und „Der Narr", bestätigt uns die Aussage des zehnten Arkanums, dass zum richtigen Zeitpunkt unerwartete Möglichkeiten in unser Leben treten werden, die wir ergreifen können – immer dann, wenn diese etwas mit unserer Mitte zu tun haben. Wir können nach Außen treten und uns die Belohnung für die Anpassung an die natürlichen Rhythmen abholen, um uns dann bereichert wieder dem Fluss des Lebens, der Geschwindigkeit des Schicksalsrades hinzugeben.

Die Karte fordert uns dazu auf, geduldig auf die Gelegenheit zu warten, die wir zum richtigen Zeitpunkt ganz sicher erhalten werden. In der Frequenz dieser Karte geht es für uns stets darum, uns zu sammeln, anstatt unsere Kräfte durch voreiliges Handeln zu verpuffen. Der Moment, auf den wir warten, wird sich ergeben. Wir werden die

Gelegenheit erhalten, die Initiative zu ergreifen. Wir müssen diese lediglich realistisch erkennen und dazu benötigen wir unsere gespeicherte Energie und alle unsere Sinne. Achte auf äußere Zeichen und innere Impulse, die dir zeigen, wann die Zeit für die befragte Angelegenheit reif ist und greif dann mit aller Konsequenz nach ihr. Du wirst für deine Achtsamkeit und für deine Geduld reich belohnt werden.

Mit hoher Wahrscheinlichkeit wird dich die sich bietende Gelegenheit vor eine hohe Herausforderung stellen. Deshalb ist es ja von so herausragender Bedeutung, deine Kräfte nicht sinnlos zu verschleudern, nur weil du ungeduldig bist. Halte dich bereit und lass keine überflüssige Zeit verstreichen, wenn es soweit ist. Du würdest ansonsten eine Gelegenheit verpassen und das Lebensrad wird sich weiterdrehen. Angst vor Blamage oder Zurückweisung beispielsweise ist kein guter Ratgeber für dich und diesen Stimmen solltest du keinerlei Aufmerksamkeit schenken.

Altgewohnte Verhaltensmuster würden dich bei deiner Sache lediglich hindern (Was oben war, gerät nach unten). Du wirst neue Stärken, die du vielleicht schon lange in dir ahnst, jedoch selten oder nie bewusst zum Einsatz gebracht hast, jetzt aktivieren können (Was unten war, gerät nach oben). In der Zukunft wirst du diese neuen Stärken immer selbstverständlicher als zu dir gehörig betrachten, was deine Möglichkeiten enorm bereichern wird. Diese Stärken solltest du für deine weiteren Lebensumstände nutzen können.

Du wirst eine gezielte Handlung vollbringen können, die für jeden anderen so aussieht, als würde dir etwas regelrecht in den Schoß fallen (Crowley nennt diese Karte „Glück"!). Andere Menschen werden vielleicht den Eindruck haben, dass du, ohne etwas dafür zu tun, gerade großes Glück hast. Doch die Vorleistungen, die du für dieses Glück erbracht hast, waren deine Geduld und dein Gespür für den richtigen Moment.

Dem Helden wird auf dieser Etappe seiner Reise das dritte magische Werkzeug, das Pentakel übergeben. Es handelt sich um ein rezeptives, aufnehmendes Element, welches die Erde symbolisiert. Die Erde ist bereit, alle anderen Elemente in sich aufzunehmen. Der Magier (Quersumme) lernt, dem Spiel mit den Elementen das Wissen über den richtigen Zeitpunkt beizufügen. So kann er durch Kenntnis der Lebensrhythmen erreichen, was immer der Kosmos an Geschenken für ihn bereithält.

KURZFORMEL: ICH EILE NICHT, WENN ICH GEDULDIG SEIN SOLLTE UND ICH BIN NICHT GEDULDIG, WENN ICH EILEN SOLLTE.

KRAFT XI

Mit dieser Karte stoßen wir erneut auf die Vertauschung der Arkanen VIII und XI, mit der wir uns bei der Besprechung von Trumpf VIII bereits ausführlich befasst haben.

Das Überreichen des vierten magischen Werkzeuges findet an dieser Stelle statt und innerhalb der zweistelligen Trümpfe kann es sich zwangsläufig nur um ein aufnehmendes rezeptives Instrument, den Kelch, handeln. Dieser symbolisiert das Wasserelement, welches unsere Gefühle und Empfindungen vertritt.

Die Lemniskate, die oberhalb der Frau schwebt, ist in alten Decks erneut im Hut verborgen und weist uns auf den starken Bezug hin, den Arkanum XI zum Magier, Arkanum I, hat. Die Zahl Elf ergibt sich aus zwei Einsen, die hintereinander stehen.

Als zentrales Thema der Karte sehen wir eine Frau, die einem Löwen ins Maul fasst – doch an einen Biss oder gar Angriff des Tieres ist nicht zu denken. Der Löwe schmiegt sich fast zärtlich an die Frau an. Er ist ihr gezähmtes inneres (Kraft-)Tier. Die Karte stellt uns stets vor die Aufgabe, unser inneres Tier kennenzulernen, uns mit ihm anzufreunden und es zu zähmen und zu integrieren. Unsere tierischen Aspekte stehen nicht zuletzt für unsere Erd- und Triebkraft, deren Verdrängung unsere An-Triebs-Federn abspalten würde. In diesem Fall sind wir unserer Kreativität beraubt und im weiteren Verlauf der Heldenreise hätte dies negative Folgen für uns. Viele Helden scheitern auf genau dieser Etappe ihrer Reise, weil sie das Tier töten, anstatt es zu zähmen.

Das Sprengen unserer aufgesetzten Zwänge ist das Thema von Arkanum XI, das uns sagt: „Lebe deine Wildheit, deine Emotionen aus. Die einzige Ordnung, der du dich zu unterwerfen hast, ist die natürliche, die kosmische Ordnung!" Wenn wir diesem Rat folgen, setzen wir ein enorm wirkungsvolles Kraftpotenzial frei, das sich durch hohe Kreativität, große (Lebens-) Lust und auch animalischen Spürsinn bemerkbar macht. Bei der Meditation mit dieser Karte kannst du deinem inneren Krafttier begegnen, was der schamanischen Herangehensweise entspricht, wenn man andere, feinstoffliche Welten betreten möchte. Doch auch ohne die animistische Sichtweise hat uns das Animalische viel zu lehren, was wir uns im täglichen „Überlebenskampf" und beim Ausleben unserer Kreativität zunutze machen können.

Ein begnadeter Künstler z.B. stellt sich als Kanal zur Verfügung und lässt seiner Kreativität mit voller Hingabe (ein weiteres Stichwort dieser Karte) freien Lauf. Er öffnet sich für seine Eingebungen, empfängt diese ohne störendes Hinterfragen und vollbringt seine Schöpfung.

Das Ziehen der Karte rät uns stets, uns zu einem Kanal für unsere Eingebungen und Instinkte zu machen und alle überholten Moralvorstellungen jetzt abzuschalten. Das Ziel ist immer, gesellschaftliche Vorgaben zu sprengen und durch das Annehmen unserer animalischen Herkunft Lebenslust und Freude zu erhalten und das uns innewohnende Kreativpotenzial zu entfalten. Lerne deinem „Wittern", deinem Spürsinn zu folgen. Damit ist selbstverständlich nicht gemeint, wieder auf die Stufe eines Tieres zurückzufallen, was nur passieren kann, wenn die Bewusstseinsstufe von Arkanum VIII noch nicht erreicht wurde. Wir sollen uns vielmehr als Mensch zum Beherrscher unserer animalischen Triebe entwickeln, ohne diese zu verdrängen oder zu verleugnen.

Ideen in ihrer vielfältigsten Ausdrucksform können dir jetzt zufliegen, die du nicht durch gewohnte Verhaltensnormen und intellektuelle Kopflastigkeit an ihrer Realisierung hindern solltest. „Brainstorming" ist eine Ausdrucksform von Arkanum XI. Die Karte trägt auch eine starke sexuelle Komponente, die deine Beziehung auf eine neue Ebene stellen könnte, wenn du jetzt deine Fantasien und Wünsche äußerst und einbringst.

Auf der Heldenreise findet an dieser Stelle der Kampf mit dem Lindwurm oder ähnlichen „Monstern" statt. Helden, die die Schönheit des „Monsters" erkennen und ihm das Leben schenken, nachdem sie es besiegt haben, erhalten einen Freund, der ihnen später noch wichtige Ratschläge und auch tatkräftige Hilfe zuteilwerden lässt. Durch die Analogie zu Trumpf II „Die Hohepriesterin" lüftet sich jetzt deren Schleier langsam und wir werden erkennen, dass die Gegensätze von Schwarz und Weiß nur in unserem Kopf entstehen. Mystik und Magie wollen am Ende dasselbe: Sich miteinander verbinden und uns zu einer Spiritualität führen, die unsere Lebensfreude nicht unterbindet, sondern diese erhöht.

KURZFORMEL: ICH BIN VOLLER LUST UND LEIDENSCHAFT.

DER GEHÄNGTE XII

Schlüssel zum Verständnis der Karte sind die Ziffern Vier und Drei (4x3=12). Wir erkennen diese Symbolik in der Bein- und Armhaltung des Gehängten, der die Beine in Form einer Vier verschränkt hat (Beachte den eckig und quadratisch wirkenden Thron des Herrschers auf Arkanum IV). Die Zahl Vier ist ein Symbol für die Welt der Materie. Wenn man imaginär die Ellenbogen des Gehängten mit seinem Scheitel verbindet, ergibt dies ein Dreieck, welches die Zahl Drei, Symbol für die Dreiheit des Geistes, darstellt. Die Weltsicht des Gehängten steht auf dem Kopf, weil er die Materie über den Geist erhebt und ihr den Vorzug einräumt. In anderen Worten stellt er gerade sein Ego über das höhere Selbst.

Vergleiche die Karte mit Arkanum XX „(jüngstes) Gericht". Einige Figuren dort halten ihre Arme als Dreieck empor und haben ihre Gesichter nach oben gewendet, um sich den Eingebungen des Geistes zu öffnen. Auch die Tanzende auf Arkanum XXI zeigt uns diese Symbolik, nun mit dem Dreieck oben und dem Viereck unten. Bei den beiden Karten XII und XXI ist die Ziffernfolge vertauscht. Das 1-2 der 12 ist zu 2-1 bei der 21 geworden. Dies bedeutet, dass ab dem Gehängten die Wendung unserer Perspektive, eine Wandlung unseres Weltbildes stattfinden will, die sich zwei Karten zuvor bereits zeigte, nun jedoch nicht mehr zu verdrängen ist. Eine grundsätzliche Vorgabe dieses Weltbildes lautet, dass der Geist es ist, der die Materie erschafft. Es ist ein Trugschluss, dass die Materie den Geist beherrschen könnte.

Die Symbolik des Wachstums, das dem aktuellen Stillstand folgen will, finden wir auch bei den Blättern an den Enden des TAU-Kreuzes, an welchem der Mann hängt. Zudem trägt er bereits den Schein seiner Erleuchtung um den Kopf: Neue Ideen und Ein-Fälle werden ihn genau dann erreichen, wenn er seine natürliche Körperhaltung wieder erlangt hat. Die Karte, das Blatt wird sich genau dann wenden, wenn wir unsere Einstellung unserer Sache gegenüber ändern. Wenn man umgekehrt aufgehängt ist, fällt der Inhalt der Taschen heraus. Als Vorspiel zu Trumpf XIII „Tod" ist es nützlich, schon jetzt alles Überflüssige, insbesondere die Dominanz des menschlichen Wollens, freiwillig abzugeben. Eine Karte später werden wir ohnehin kompromisslos auf uns selbst reduziert. Abgeben und Aufgeben ist das zentrale Thema des Gehängten.

Das Ziehen der Karte zeigt an, dass man sich in einer Sackgasse befindet, aus der keiner der bekannten Wege herausführt. Tatsächlich kannst du jetzt nichts anderes tun, als deine Situation so zu akzeptieren, wie sie nun einmal ist. Wenn der Fragesteller beispielsweise auf Stellensuche ist, kann er so viele Bewerbungen abschicken, wie er will, er wird entweder Absagen erhalten oder an einen Arbeitsplatz geraten, bei dem er den gleichen Erkenntnissen begegnen wird wie auch jetzt schon. Wenn er sich jedoch mit seiner momentanen Arbeitslosigkeit abfindet und das Beste aus ihr macht, kann von völlig unerwarteter Stelle ein Angebot an ihn herangetragen werden, das seine Erwartungen sogar übersteigt.

Geh jetzt keinesfalls durch Eigeninitiative gegen deine derzeitige Situation vor. Dies würde lediglich Zeit verzögern und schmerzhafte Erfahrungen mit sich bringen. Akzeptiere deine momentane Ohnmacht. Die Lage der Dinge wird sich genau dann zu deinem Vorteil ändern, wenn du kapituliert und losgelassen hast. Gib deine scheinbare Kontrolle ab, denn Sicherheitsdenken ist gerade nur hinderlich.

Dann allerdings können plötzlich tiefere Erkenntnisse kommen bzw.

die große Chance steht überraschend vor dir und das Wunder geschieht! Oft ist es hilfreich, ein bewusstes Opfer zu bringen und sich von etwas scheinbar Wichtigem zu trennen. Auf jeden Fall sollten wir unser Vertrauen in die höhere Führung stärken, denn die Karte hat die Eigenschaft, sich zu drehen, allerdings nicht dann und auch nicht dorthin, wo wir es gerne hätten.

Der Held gerät auf dieser Wegstrecke immer in eine Krise und ist verzweifelt und scheinbar hilflos. Er lernt, demütig zu werden und die Führung der höheren Mächte zu akzeptieren. Odin beispielsweise war umgekehrt in der Weltenesche Ygdrassil aufgehängt, bevor ihm die Runen, die magischen Buchstaben (Buchenstäbe) der Germanen zufielen. Er musste ein Auge opfern und transformierte zum Weisheitsgott.

Durch die Quersumme ist der Gehängte mit Trumpf III „Die Herrscherin" in Analogie. Während diese für Fruchtbarkeit, Schwangerschaft und äußeres Wachstum steht, geht es beim Gehängten um inneres Wachstum und das Vordringen in die eigene Tiefe. Während sie weiß, was gerade in ihr heranwächst, muss er seine rationalen Überlegungen über Bord werfen.

KURZFORMEL: ICH AKZEPTIERE MEINE SITUATION, WIE SIE IST.

TOD XIII

Mit dem physischen Tod hat Arkanum XIII so gut wie nie etwas zu tun. Vielmehr trägt der Tod aus Sicht des Tarots grundsätzlich neues Leben in sich, das daraus entsteht, dass wir etwas Vergangenes jetzt zu Grabe tragen. Das, was wir in der Situation des Gehängten nicht freiwillig abgegeben haben, wird uns jetzt kompromisslos weggenommen. Wir können uns dem Prozess des Todes verweigern oder gegen ihn ankämpfen – es wird zu nichts führen.

Als einzige noch stehende Figur finden wir einen Geistlichen, hinter dem wir am Horizont bereits eine neue Sonne aufgehen sehen. Dies ermutigt uns, wenn die Annahme unseres Schicksals die einzige Lösung für uns ist. Nur Vertrauen und Hingabe können jetzt die Schlüssel zur Vermeidung überflüssigen Leidens sein. Wer dem Tod, dem Ende einer Sache ins Auge blickt, öffnet sich zugleich für eine neue Form der lichten Bereiche seines Lebens. Das Aufgeben unseres derzeitigen Kampfes und das Akzeptieren von Kräften, die stärker sind als wir, ist die Aufforderung von Arkanum XIII. Je bewusster wir diesen Prozess des inneren Sterbens vollziehen, desto lebendiger werden wir uns im Nachhinein fühlen, umso leichter und beweglicher werden wir sein, wenn uns Arkanum XIII wieder entlässt.

„Sterbe, bevor du stirbst", heißt es in den alten Traditionen. Der Tod ist der große Gleichmacher; er relativiert unsere Wünsche und reduziert uns auf das, was wir wirklich sind. Wir kommen mit nichts in diese Welt und wir werden auch mit nichts wieder gehen. Das Einzige, was zählt, ist unser Bewusstsein, entstanden aus den Erkenntnissen, die wir aus unseren Siegen und unseren persönlichen Niederlagen gewonnen haben.

Lebe jeden Moment so, als wenn er dein letzter wäre, ist eine Orientierung, die wir aus dieser Karte ziehen können. Der Tod wird zu unserem wertvollsten Ratgeber, denn letztlich ist er der einzig sichere Begleiter, den wir lebenslang zur Seite haben und der uns jederzeit erreichen kann. Er sagt uns, dass wir mit dem Geschenk unseres Lebens nicht so umgehen sollten, als wären wir unsterblich. Arkanum XIII lehrt uns, dass jede Handlung, jede Begegnung unsere letzte sein könnte. Allein schon diese Perspektive gegenüber allem Leben wäre ein Quantensprung im menschlichen Bewusstsein.

Nur durch das Loslassen alter Gewohnheiten und vielleicht lange gehegter Träume und Wünsche kann jetzt der Platz entstehen, den völlig neue, bisher unerkannte Impulse und Gelegenheiten benötigen. Ein volles Glas kann man nur erneut füllen, wenn es zuvor ausgeleert wurde – genau dies geschieht gerade mit einem selbst. Die Raupe stirbt, damit der Schmetterling geboren wird. Wir erwachen aus unserem Traum und ein neuer Anfang wird möglich. Lass deine alten Vorstellungen jetzt radikal los – du wirst beizeiten mit neuen Möglichkeiten belohnt werden.

Gleichgültig, nach welcher Sache wir den Tarot befragten, sollten wir unsere Einstellung dazu jetzt radikal ändern. So muss diese Karte beispielsweise nicht unbedingt das Ende einer Partnerschaft anzeigen, doch das Ende unseres Kontrollverhaltens gegenüber dem Partner - und auch uns selbst – wird durch das Ziehen der Karte sehr wohl angezeigt. Die Auseinandersetzung und insbesondere die Aufgabe der scheinbaren Kontrolle des Themas, nach dem wir die Karten befragt haben, ist die einzige Chance, die wir gerade erhalten!

Auf seiner Reise erlebt der Held immer einen symbolischen Todesstoß. Es ist der Zeitpunkt, an dem er seine so schwer erworbenen magischen Waffen wieder abgeben muss – doch wird ihm stattdessen mit Arkanum XIV „Kunst oder Mäßigkeit" die Unterstützung höherer Mächte zuteilwerden. Seine Waffen werden sich zu Werkzeugen transformieren und erst mit diesen wird es ihm überhaupt erst möglich sein, seine Reise erfolgreich fortzusetzen.

Hatte die Quersumme IV „Der Herrscher" mit Macht und Neueroberung zu tun, erleben wir jetzt unsere Chancenlosigkeit und haben keine andere Wahl, als unsere scheinbare Macht wieder abzugeben.

KURZFORMEL: ICH LEGE ALTES AB, UM PLATZ FÜR NEUES ZU SCHAFFEN..

MÄSSIGKEIT XIV

Zwischen den beiden dunkelsten Karten des Großen Arkanums, zwischen Tod und Teufel, begegnen wir unserem Seelenführer, dem Psychopompos. Er kennt die Reise durch die Unterwelt und stellt uns das Licht zur Verfügung, das wir benötigen, um unseren weiteren Weg zu finden. Auch wenn uns dunkle Kräfte der Angst und der Versuchung vom Ziel ablenken wollen, bleiben wir nicht ohne Hilfe. Wir erhalten die Unterstützung, die wir benötigen. Doch fällt diese meist anders aus, als wir uns vorgestellt haben. Mit Arkanum XIV beginnt innerhalb der Großen Ar-

kanen der eigentliche Initiationsweg, unser Einweihungsweg. Bis zur vorherigen Station, der Todeskarte, kommt jeder Mensch früher oder später einmal, wenn er zum letzten Mal ausatmet. Wer allerdings „stirbt, bevor er stirbt", zeigt damit seine Bereitschaft, seinem Ego die Vorherrschaft zu entziehen und sich dem Licht und der Führung höherer Kräfte anzuvertrauen. Die Zeit wird uns zeigen, dass unsere Bereitschaft zur inneren Führung mit einer beträchtlichen Erweiterung unserer Lebensqualität verbunden sein kann. Praktisch geschieht das dadurch, dass wir scheinbare Gegensätze nicht mehr als Blockade interpretieren, sondern lernen, sie auf einer höheren Ebene zu vereinen. Was wir anhand unserer Beurteilungen bislang als getrennt wahrgenommen und deshalb aus unserem Leben ausgegrenzt haben, erleben wir nun in seiner inneren Essenz.

Aus dieser erweiterten Perspektive heraus können wir gerade unsere gesamten Lebensumstände erhöhen und verbessern, weil wir der Qualität den Vorzug vor der Quantität einräumen. Unser äußeres Leben bereichert sich in genau dem Verhältnis, wie wir die inneren Werte unserer Angelegenheit mit einbeziehen. Unsere äußeren Möglichkeiten erweitern sich proportional zu unseren inneren, menschlichen Fähigkeiten. Aus Haben wird Sein, aus Mut wird Großmut.

Die Karte heißt in anderen Tarot-Ausgaben „Mischung" oder „Kunst". Beide Titel sind eine Anspielung auf die Kunst der Alchemie, die Umwandlung von Blei in Gold. Wahre Alchimisten waren dabei nur oberflächlich an der materiellen Seite dieser Kunst interessiert. Das tatsächliche Ziel der Alchimisten war schon immer das Herausschälen des Wesenskerns des Menschen, symbolisch wird dabei Blei (Saturn) stufenweise in Gold (Sonne) verwandelt. Dabei muss die exakte Dosierung der Zugaben und die Dauer der verschiedenen Umwandlungsprozesse genauestens eingehalten werden. Arkanum XIV lehrt uns die Zeit, das Maß und die Intensität für unsere Sache. Die Karte steht exakt zwischen der Todeskarte, die uns alles Überflüssige und Künstliche wegnimmt, und Arkanum XV „Der Teufel", der das Übermaß repräsentiert.

Du solltest beim Ziehen der Karte darauf achten, das richtige Maß, die richtige Dosierung einzuhalten. Es mag so aussehen, als hättest du jede Menge schwieriger Aufgaben in allen Bereichen zu bewältigen. Doch wenn du diese gelassen in Angriff nimmst, wirst du im Inneren wie im Äußeren großen Zugewinn als Belohnung erhalten, dargestellt durch den Weg, der zu einer gekrönten, goldenen Sonne führt. Samen, die im Verlauf der vorherigen Karten gepflanzt wurden, reifen immer weiter zu „goldenen" Früchten heran. Du kannst durchaus weitere Schritte in Richtung deines Ziels gehen, doch solltest du dabei sehr konzentriert auf das richtige Maß achten. Ein Übermaß an Engagement wäre gerade nicht förderlich für deine Angelegenheit. Gestalte deine angefragte Sache wie ein Ping-Pong-Spiel. Mach einen Schritt auf dein Thema oder die entsprechende Person zu und warte dann ab, was zurückkommt. Beobachte dabei, in welcher Intensität dir der Ball wieder zugespielt wird. Gehe erst dann erneut in Aktion. Halte das Spiel aufrecht, achte darauf, das Tempo oder die Intensität deiner Maßnahmen nur unwesentlich zu erhöhen, gegebenenfalls auch zu verlangsamen, doch bleibe hauptsächlich bei der vorgegebenen Geschwindigkeit.

Wundere dich nicht, wenn dir einige der „zugespielten" Bälle als überraschend erscheinen und sich deine Sache in Richtungen bewegt, die du nicht vorauskalkulieren konntest. Dies ist der essenzielle Grund für das eher maßvolle Tempo, das dir von Arkanum XIV angeraten wird. Übe dich in der Kunst des Wechselspiels zwischen Aktion und Reaktion. Du erhältst gerade eine Lektion im Einhalten der richtigen Dosierung und der Erhöhung deiner bisherigen Lebensqualität.

Trumpf XIV kann auch die Aufforderung beinhalten, zu einem Heilpraktiker zu gehen bzw. homöopathische Mittel zu verwenden. Arsen z.B. ist in seiner Urform für den Menschen absolut tödlich, in homöopathischen Hochpotenzen jedoch ein sehr wirksames Heilmittel. Die Analogie zur richtigen Dosierung, für welche Arkanum XIV steht, liegt auf der Hand.

Während ihrer Reise erhält die Heldin an dieser Stelle unerwartet Hilfe, meist in Gestalt eines Engels oder Seelenführers (inneres Gegengeschlecht). Um dem Dunklen Engel von Arkanum XV ins Auge blicken zu können, wird sie diese Hilfe auch dringend benötigen.

Durch seine Quersumme ist Trumpf XIV mit dem Hierophanten verbunden. War dieser noch der Kanal oder Mittler, der die Gesetze der kosmischen Ordnung zur Erde bringen konnte, so hat unser Weg uns nun dorthin geführt, diese Gesetze selbst anzuwenden.

KURZFORMEL: ICH HALTE DAS RECHTE MASS.

DER TEUFEL XV

Vergleiche Arkanum XV mit seiner Quersumme Arkanum VI „Die Liebenden", wo wir Adam und Eva vor dem Fall in die Welt der Polarität des Guten und des Bösen sehen. Noch herrschen paradiesische Zustände. Doch im Baum der Erkenntnis räkelte sich, wie wir alle wissen, bereits die Versuchung in Gestalt der Schlange.

Auf Trumpf XV finden wir die beiden Liebenden wieder und der Herr der Finsternis thront über ihnen. Das Pentagramm mit der Spitze nach unten, ein Symbol dunkler Magie, ziert seine Stirn (Was ist schwarze Magie eigentlich konkret?). Die beiden Menschen sind an einem Quader (erhöhter Würfel

= Symbol der zu hoch eingestuften Materie), angekettet, auf welchem sich der Teufel niedergelassen hat. Es scheint keinen Ausweg zu geben, Befreiung ist offensichtlich nicht in Sicht! Doch wenn du die Ketten um die Hälse der beiden genau betrachtest, kannst du feststellen, dass diese so locker angelegt sind, dass die Befreiung sehr wohl möglich wäre – man bräuchte nur herauszuschlüpfen!

Man könnte die Karte auch als „Verteufelung" bezeichnen. Der Ausweg aus unserem Dilemma ist schlicht und einfach, unsere Angelegenheit und die dabei mitwirkenden Personen nicht mehr zu verurteilen. Wir werden uns so lange mit „höllischen" Situationen in unserer Außenwelt konfrontiert sehen, bis wir diese nicht mehr verteufeln. Für unsere Angelegenheit heißt das: Sobald wir unsere dramatische, negative Einschätzung der Situation relativieren, werden wir erkennen, dass unsere Widrigkeiten uns lediglich etwas lehren wollen: Unsere verstrickten und verdrängten Seelenanteile müssen sich gerade deshalb im Äußeren manifestieren, weil wir nicht bereit sind, sie als zu uns gehörig zu akzeptieren (Spiegelgesetz). Wir erhalten gerade die Möglichkeit, einen Befreiungsakt der Extraklasse zu vollziehen. Unser Schatten ist es, der uns überhaupt erst ermöglicht, Kräfte zu aktivieren, die wir bislang verdrängten oder verleugneten.

Ein Dämon verhält sich nur so lange fürchterlich (man beachte den Wortstamm Furcht), wie wir ihn verurteilen, verteufeln und uns vor ihm fürchten. Einmal angenommen und in unser Energiesystem integriert, wird er wieder zum ursprünglichen Daimon, zu unserer Erdkraft, die unser Überleben sichern und auch bereichern möchte.

Zur Ganzheit gelangt, wer auch jene Seelenanteile in sein Energiesystem integriert, die er bislang abgelehnt und ausgegrenzt, die er an anderen und sich selbst verurteilt hat. Jene Charakterzüge, die einem peinlich sind und vor welchen einen das Grauen packt. Der Teufel von Arkanum XV deckt unsere Verteufelung auf, die uns den Weg zur Ganzheit versperrt. Die Karte stellt sozusagen die Summe all dessen dar, was wir uns unter keinen Umständen ansehen wollen. Deshalb erscheint uns jetzt das schwarze Ungeheuer und suggeriert uns, wir seien angebunden und gefesselt.

Beim Ziehen von Trumpf XV liegt die Botschaft natürlich auf der Hand. Der Fragesteller befindet sich in einer scheinbar ausweglosen Situation oder Verstrickung. Häufig traut man sich an vermeintlich höher Gestellte nicht heran, denen man mehr Macht zugesteht als sich selbst. In Liebesbeziehungen wagt man seine Wünsche nicht zu äußern und kommt sich gefangen vor oder man stellt sich seinen Problemen ganz allgemein nicht. Humorlos werden die üblen Umstände verurteilt, die uns an unserer Freiheit hindern. Wir wissen genau, wer der verantwortliche Bösewicht für unsere Ausweglosigkeit ist – doch der wahre Hintergrund sind unsere Urteile und in letzter Konsequenz unsere Selbstverurteilung. Die Fragestellerin sollte unbedingt erkennen, dass in ihrer festgefahrenen Situation die größte Chance zur Befreiung wartet, die sie überhaupt erhalten kann. Der Deutungsansatz ist stets dort zu finden, wogegen wir uns am meisten wehren. „Das geht auf gar keinen Fall, das ist völlig unmöglich", ist ein Beispiel für einen Einstieg in konstruktives Vorgehen. Die Trumpf XV ergänzenden Karten geben oft näheren Aufschluss darüber, wo der wunde Punkt sitzt und wie der Hebel anzusetzen ist.

Wir stecken stets in Vorurteilen fest. Innen wie Außen! Unsere Situation wird sich auflösen, wenn wir erkennen, wo genau wir uns und unsere Eigenheiten in irgendeiner Form verteufeln. Was hält uns davon ab, den Weg unserer Befreiung aus der vermeintlichen Verstrickung jetzt zu gehen? Wo genau halten wir uns für schlecht? In Liebesbeziehungen ist jetzt häufig der Zeitpunkt erreicht, wenn sich das erhebende Gefühl des Verliebtseins verflüchtigt hat und wir die Schwächen und unangenehmen Angewohnheiten unseres Gegenübers erkennen müssen. Doch sollte klar sein, dass wir gerade einfach nur den Spiegel vorgehalten bekommen. Wollen wir uns das nächste hübsche Paar suchen, in welchem wir unsere lichten Seiten reflektiert bekommen oder sind wir bereit anzuerkennen, dass niemand perfekt ist, insbesondere nicht wir selbst? Stellen wir diesen Anspruch der Perfektion an unsere Umwelt? Wo Licht ist, erzeugt dieses zwangsläufig auch Schatten, den wir auf Dauer nicht ausgrenzen können.

Schalte dein „Licht" auch jetzt, in der vermeintlichen Finsternis, an und die Dunkelheit wird sich auflösen, weil dies ein Naturgesetz ist, welches immer Gültigkeit hat. Verurteile dich selbst, dein Gegenüber und die angefragte Situation nicht weiterhin, sondern besinne dich auf deine Stärken. Setze diese nicht für Kampf und Krieg ein, sondern zur konstruktiven Befreiung aus deiner festgefahrenen Thematik! Die Fesseln, die dich gefangen halten, werden sich lösen, wenn du erkennst, dass nur du selbst der Wächter bist, der sich zu seinem eigenen Gefangenen macht.

Der Held trifft auf einen Bewacher des schwer zu erringenden Guts (Lebenskraut, Prinzessin, Zauberspruch usw.). Die Verbindung mit der Quersumme Trumpf VI „Die Liebenden" wurde bereits besprochen.

KURZFORMEL: ICH NEHME MEINEN SCHATTEN AN.

Die so lange eingesperrten Seelenanteile treten nun endlich ans Licht. Künstlich aufrecht erhaltene Normen und Konventionen werden gesprengt. Der vereiterte Zahn wird gezogen, damit der gesamte Organismus nicht mehr vergiftet wird und somit heilen kann.

Beim Marseille-Tarot wirft eine Feder, ein Symbol für Göttlichkeit, die Krone der übertriebenen Selbstwerterhöhung vom Turm, der an die Geschichte des Turmbaus zu Babel erinnert. Die beiden Gestalten, die mehr oder weniger hart auf der Erde landen, hatten keine andere Möglichkeit, den Turm zu verlassen als durch die oberen Öffnungen, denn eine Türe fehlt ihm.

Unterhalb der Krone und Feder befinden sich insgesamt zwanzig farbige Kugeln, die den Sephiroth (Energiefelder) durcheinander geratener kabbalistischer Lebensbäume entsprechen. Doch der Boden, auf dem sie landen werden, bietet Pflanzen Wachstum. Es handelt sich also um fruchtbaren Boden.

Die beiden Lebensbäume werden sich wieder neu ordnen, denn ein Turmereignis kann zwar durchaus ein erschütterndes Erlebnis sein, doch steht stets die Absicht dahinter, dir neues Leben zu schenken. Entscheidend ist stets deine Bereitschaft zu Veränderung und Erweiterung. Wir wissen alle, dass niemand auf seinem Lebensweg um Turmerlebnisse herumkommt. Die Erfahrung sollte uns lehren: Je früher und bereitwilliger wir dieses Sprengen der bisherigen Grenzen annehmen, umso schmerzfreier werden sich unsere Angelegenheiten regeln. Je früher wir den schmerzenden Zahn behandeln lassen, desto weniger intensiv wird die zahnärztliche Behandlung sein. Das Ergebnis, die Heilung des Organismus, die Integration bisher brach liegender Schattenregionen, ist das gleiche – und allein dieses Ergebnis ist, was am Ende zählt.

Betrachte diese Karte also nicht automatisch als die Katastrophe, als die sie oberflächlich manchmal gedeutet wird. Akzeptiere, dass deine bisherige Schuhnummer zu klein geworden ist und dich deshalb der Schuh drückt. Finde in aller Ehrlichkeit heraus, wo genau du dich gegen dein anstehendes – in der Regel äußeres – Wachstum wehrst (das innere Wachstum zeigt Arkanum XIII an). Blicke deiner Angelegenheit ins Gesicht und sei dir sicher, dass je früher du deine Grenzen erweiterst, umso schmerzfreier wird dein Befreiungsakt stattfinden können. Trau dich endlich etwas! Ein „Ja, aber" kann es jetzt nicht geben, denn deine Lektion wird dir ganz bestimmt nicht davonlaufen.

So muss in Beziehungsfragen die Turmkarte keinesfalls automatisch zur Trennung führen. Doch teilt uns die Karte mit, dass jetzt beide Beteiligten endlich ihre alten Denkmuster sprengen müssen. Dies ist die einzige Chance für ein Weiterbestehen der Partnerschaft. Wenn du jetzt den ersten Schritt in Richtung Wachstum beschreitest, gibst du auch deiner Umgebung die Chance mitzuziehen. Diese Möglichkeit sollte dir die Zuversicht verleihen, dich jetzt nicht aus falscher Rücksichtnahme zurückzuhalten. Gehe notfalls auch auf den anstehenden Streit zu, doch bleibe dabei konstruktiv. Wenn beide Beteiligten ihren bisherigen Rahmen überwinden, ist auf einer höheren Ebene der Neuanfang durchaus möglich.

Wer die Turmkarte zieht, muss gerade unangenehmen Tatsachen ins Auge blicken und Veränderungen stehen an. Geh mit der größtmöglichen Achtsamkeit an dein Turmthema heran. Klar ist in jedem Fall, dass du dir jetzt Freiräume verschaffen musst, um deinen persönlichen Wachstumsschritt gehen zu können. Sei dein eigener Bildhauer, der alles Überflüssige Gestein wegmeißelt, bis die schon immer im Inneren verborgene Skulptur frei sichtbar ist.

Für den Helden ist dies der Moment, an dem er den Bewacher dessen, wofür er einst aufgebrochen war, besiegt. Er lässt die Gefangenen frei (Analogie unserer eingesperrten Seelenanteile). Er küsst Dornröschen wach oder erobert den verlorenen Schatz zurück.

Durch die Quersumme ist „Der Turm" mit Trumpf VII „Der Wagen" verbunden. Wenn der Wagenlenker nicht gewartet hat, bis alle Zugtiere am gleichen Strang ziehen und Schwarz und Weiß sich verbunden haben, findet er sich im „Turmszenario" wieder. Ansonsten jedoch liegt die Betonung auf Befreiung. Man sieht, eine intensive innerliche Vorbereitung zahlt sich auf lange Sicht auch äußerlich aus. Sollte der Held im Verlauf der Kraftkarte das Monster getötet haben, weil er seine Schönheit nicht erkannt hat, nimmt seine Geschichte jetzt eine eher unerwünschte Wendung.

KURZFORMEL: ICH ERWEITERE MEINEN BISHERIGEN RAHMEN.

DER STERN XVII

Mit Arkanum XVII treten wir in die Trilogie der Himmelskörper innerhalb der Tarot-Karten ein, nämlich Sterne, Mond und Sonne. Dies bedeutet, dass wir „Himmel und Erde verbinden“ können. Jede dieser drei Karten will uns eine Orientierung anbieten, die Vision eines erfüllten „paradiesischen“ Lebens zu verwirklichen. Oben und Unten können sich verbinden. Das Bewusstsein entsteht, dass äußere und innere Welt ein unteilbares Ganzes ergeben.

Wir sehen eine weibliche Person, einen Fuß im Wasser, während der andere auf der Erde ruht, den Inhalt ihrer Krüge ins Wasser und auf das Land gießen. Das Bild will ausdrücken, dass sie sich in Kontakt mit ihrer Intuition (Wasser) befindet und somit Wünsche verwirklichen und Visionen zur Erde (Land) bringen kann. Die Figur ist nackt, was in der Symbolik von Tarot bedeutet, dass sie sich unschuldig und verletzbar präsentiert. Auch du kannst dich beim Ziehen dieser Karte sicher fühlen, denn „Der Stern“ ist die stärkste Hoffnungskarte des Tarots. Es gibt nichts zu befürchten, weil du kosmischen, höheren Schutz genießt. Deine befragte Sache befindet sich im Einklang mit deinem vorbestimmten Weg.

Das Ziehen der Karte zeigt, dass man sich nicht beirren lassen, sondern „seinem Stern folgen“ soll. Deine Wahrnehmung täuscht dich nicht und du brauchst nichts weiter zu tun, als dieser Wahrnehmung zu vertrauen. Stell dich als Kanal zur Verfügung und die anstehenden Ergebnisse werden sich zu deinem

Vorteil entwickeln. Es ist nicht notwendig, zu kämpfen, denn alles Notwendige, was es bis an den Punkt, an dem du jetzt angelangt bist, zu tun gab, ist bereits erledigt. Du kannst dich in die befragte Angelegenheit hineinbegeben bzw. dort verbleiben und brauchst keine Schutzvorkehrungen zu treffen. Dir kann gerade kein Leid zugefügt werden.

„Im Dunkeln kann man die Sterne sehen" ist ein Zitat, welches die Aussage von Arkanum XVII treffend beschreibt. Es ist durchaus möglich, dass wir beim Ziehen dieser Karte gerade „dunkle" Zeiten durchleben oder auch Kräfte der Finsternis wahrnehmen. Doch die Sterne am Himmelszelt sind immer da. Ohne Dunkelheit würden wir sie nicht wahrnehmen können. Die Finsternis ist also ein nötiger Anteil der Schöpfung, der uns dazu ermutigt, unseren Blick zu heben und unser Licht bewusst zu erkennen.

Eine Station nach dem Turm fühlen wir uns unter Umständen erschöpft oder auch verunsichert. Doch zeigt uns der Stern, dass wir bereits Neuland erreicht haben, auch wenn die Nacht noch nicht zu Ende ist und wir den Silberstreif am Horizont noch nicht wirklich erkennen können. Er wird jedoch bald erscheinen, denn ein weiteres Sprichwort sagt uns, dass die Nacht kurz vor der Dämmerung am dunkelsten ist.

Du erhältst gerade die Bestätigung dafür, dass du dich auf dem richtigen Weg befindest. Schieb etwaige Zweifel zur Seite und bleib deiner Richtung treu. Du wirst deine Belohnung erhalten, auch wenn du diese im Moment vielleicht noch nicht erkennen solltest.

Manchmal kann der Stern die Aufforderung enthalten, sich mit Heilsteinen (Kristalle) zu befassen und mit diesen in der Praxis Erfahrungen zu sammeln bzw. Minerale oder Mineralien oder auch Salze zur Behandlung von Symptomen aller Art einzusetzen.

Der Held hat den Rückweg aus der Unterwelt eingeschlagen und erblickt zum ersten Mal seit langer Zeit die Gestirne am Himmel wieder. Die Heimreise kann bald angetreten werden.

Der Bezug zur Quersumme Trumpf VIII „Gerechtigkeit" besagt, dass wir zum jetzigen Zeitpunkt Gefühl, was in transformierter Form Intuition bedeutet, und Verstand, also in Wissen und Weisheit umgesetzte Erfahrung, in Einklang gebracht haben. Unser Balanceakt zahlt sich jetzt aus und die Waage des Schicksals befindet sich in ausgeglichenem Zustand.

KURZFORMEL: ICH VERTRAUE MEINEN EINSICHTEN.

DER MOND XVIII

Arkanum XVIII „Der Mond" zeigt uns die Gefahr, dass wir uns kurz vor dem Ziel noch untreu und somit rückfällig werden könnten. Leichtsinn könnte die Ursache hierfür sein, Ablenkungen und Versuchungen aller Art, denen wir nicht widerstehen können, oder das Thema der Weltflucht ganz allgemein. Arkanum XVIII steht für Suche und Sucht und auch für das sich selbst Verlieren in Träumereien. Suchtverhalten und Ablenkungsmanöver sind gerade ein gefährlicher Stolperstein für uns. Nur mit absolut klarem Blick und ohne Ausflüchte wird unser Weg auch weiterhin zum Ziel führen können. Direktheit ist nicht die größte Stärke der Mondenergie, Vernebelung jedoch nur allzu sehr.

Der Mond wird als Sonnenfinsternis dargestellt, was bedeutet, dass sich gerade etwas zwischen uns und unsere innere Sonne schiebt. Schau bei Interesse in deinem astrologischen Tageshoroskop nach entsprechenden Transiten und

Durchläufen nach! Unser Blick nimmt die Realität nur durch einen Schleier wahr und unsere eigentlichen Ziele könnten außerhalb unseres Blickfeldes verschwinden. Ein Krebs verlässt auf der Abbildung gerade sein angestammtes Element, das Wasser. Krebs und Wasser stehen für unsere Gefühlswelt und auch für den enormen Evolutionsschritt des Lebens, als es sich vom Wasser kommend auf dem Land weiterentwickelte. Geh deinen eingeschlagenen Weg weiter, denn du befindest dich aktuell in einem regelrechten Evolutionssprung, du könntest eine echte Neugeburt erleben, doch Geburtswehen sind dabei inklusive!

Der Weg, den der Krebs zu gehen hat, wird von einem Hund und einem Wolf bewacht, was sowohl für unsere domestizierte als auch für unsere ursprüngliche Wildheit steht. Beide heulen den Mond an und sind durch ihre „Mondsüchtigkeit" abgelenkt. Dadurch hat der Krebs die Möglichkeit, seinen Pfad sicher zu beschreiten, wenn er den notwendigen Mut hierfür aufbringt und mit aller Konsequenz seinem vorgegebenen Weg folgt.

Lass dich jetzt ebenfalls nicht ablenken, bleib dir treu!

Das Ziehen dieser Karte zeigt uns also einerseits, dass wir uns tatsächlich auf dem Weg zur Sonne befinden, uns gerade hellen, lichten Bereichen nähern und sich die Wunscherfüllung des angefragten Themas greifbar nah und direkt vor unseren Augen befindet. Wir werden andererseits aber auch vor Inkonsequenz und faulen Kompromissen gewarnt. Die Karte rät uns in großer Deutlichkeit, keinerlei Fluchtverhalten – meist aus alten Gewohnheiten heraus – zu praktizieren, sondern mit höchster Aufmerksamkeit, Konzentration und Konsequenz die Angelegenheit im Auge zu behalten und weiterhin auf das angestrebte Ziel zuzusteuern. Trumpf XVIII spricht unser inneres Kind auf seiner intuitivsten Ebene an und Neugeburt ist in der Tat ein maßgebliches Stichwort dieser Karte.

Während der Heldenreise legt die Heldin das schwer erworbene Gut für einen Moment aus der Hand, blickt zurück oder isst bzw. trinkt, obwohl sie genau hiervor gewarnt wurde. Dieser kurze Moment der Unaufmerksamkeit genügt, um sie den Kampf am Ende doch noch verlieren zu lassen.

Aus einem Labyrinth findet man bezeichnenderweise nur dann wieder heraus, wenn man sich von Anfang an den Weg markiert hatte oder einen Faden vom Eingang weg abspulte und mit sich trug – und zwar bis zum Wiedererreichen des Ein- bzw. Ausgangs, bis zum Ende des Weges. Oft ist es eine Göttin, die dem Helden diesen wertvollen Ratschlag erteilte, die Heldin erhält wiederum die nötige Unterstützung von ihrem Gegengeschlecht.
Die Lektion der Quersumme „Der Eremit" war, sich selbst zu finden, während die Aufforderung des Mondes lautet, sich selbst nicht zu verlieren.

KURZFORMEL: ICH BLEIBE MIR SELBST UNTER ALLEN UMSTÄNDEN TREU.

DIE SONNE XIX

Die Heldin hat ihre Nachtmeerfahrt erfolgreich hinter sich gebracht, ein neuer Tag bricht an. Sie befindet sich wieder in Verbindung mit ihrem inneren Kind, mit ihrer Verspieltheit, Spontaneität und Offenheit. Sie hat eine deutliche Verjüngung erlebt und wir sehen sie nackt auf einem Pferd sitzen und die Stadtmauern gerade hinter sich lassen. Die Feder, die auf der Todeskarte herabhing, ist nun aufgerichtet und frisch, was uns zeigt, dass die Neugeburt vollbracht ist.

Lebendigkeit ruft, wenn wir diese Karte ziehen.

Für alle Tarot-Versionen gilt, dass wir uns innerhalb der Großen Arkanen mit der Sonnenkarte sehr nahe am Ziel befinden. Die Lektionen der Reise gelten auf Arkanum XIX des Waite-Tarot sogar als weitestgehend gelernt. Doch im Gegensatz zu dieser Version, auf welcher der Held die Stadtmauer bereits hinter sich lässt, ist auf den alten Bildern von Arkanum XIX keineswegs klar ersichtlich, ob die beiden – ebenfalls kindlichen – Figuren die Mauer ihrerseits noch vor oder schon hinter sich haben, woraus sich für uns ein erweiterter Deutungsansatz ergibt. So richtet sich das Bild im Tarot von Aleister Crowley und Frieda Harris beispielsweise stärker an den alten Tarot-Spielen aus und zeigt uns eindeutig: Das Hindernis, das wir noch zu überwinden haben, bis wir uns im Licht und der Wärme der Sonne ohne jede Einschränkung baden können, liegt noch vor uns. Die Überwindung dürfte nicht allzu schwierig sein – doch obwohl wir uns bereits im Licht des Sonnenscheins bewegen, trennt uns immer noch ein Mäuerchen vom Gipfel.

Auf allen Versionen mit zwei Beteiligten ist die Sonne eine sehr starke Beziehungskarte, deren Aussage wir hier deshalb nahtlos auf unseren Tarot übertragen können: Die Verbindung mit unserer inneren Gegengeschlechtlichkeit kann stattfinden, wenn wir das, was Trumpf XVIII „Der Mond" uns lehrte, jetzt konsequent weiter anwenden. Wir sollten jetzt keinesfalls der Versuchung nachgeben und uns am Ende doch noch auf faule Kompromisse einlassen, nur weil unsere Sehnsucht nach dem äußeren Gegenüber so stark ist. Wir wollen leben, wir wollen zeigen, was wir gelernt haben und unsere neue bzw. wieder gewonnene Offenheit zum Ausdruck bringen. Dies ist der Grund, warum wir auf den Kartengestaltungen der alten Tarot-Spiele wie dem Tarot de Marseille auf Arkanum XIX nicht eine, sondern zwei Personen vorfinden. Wir dürfen die Integration unseres inneren Kindes nicht mit kindischem Verhalten verwechseln, im Sinne von: „Sorge du doch bitte für die Befriedigung meiner Bedürfnisse."

Die Sonne steht für das Ausleben unserer Möglichkeiten. Kompromisse können dabei eine nötige Voraussetzung sein, wenn man sich mit anderen Menschen in Kontakt befindet – doch dürfen diese nicht auf Kosten unserer Identität geschlossen werden.

Die Karte hat sehr oft mit Personen in unserer Außenwelt zu tun, häufig mit liebevollen Kontakten. Oft werden wir diese erst in naher Zukunft treffen. Sollten wir die betreffenden Personen bereits kennen, bedeutet dies für uns in der Gegenwart, trotz anderer häufig bereits vorhandener Möglichkeiten, allein über das Mäuerchen zu springen. Wir sollen uns auf beiden Seiten der Mauer bewegen und zwischen beiden Welten reisen können, was uns durch spielerische Offenheit auch mit Sicherheit gelingen wird.

Wer oder was sich auf der anderen Seite der Mauer befindet, lässt die Karte stets offen. Klar ist nur, dass man jemanden treffen wird, der im gleichen Maße unabhängig, kreativ und spielerisch ist wie wir selbst. Innerhalb bereits bestehender Beziehungen befinden wir uns stets in einer Phase, in der wir dem Partner und uns selbst die Freiräume lassen müssen, die wir für unsere momentane Entwicklung selbst benötigen. Bei allen Fragen, die unser Liebesleben betreffen, könnten unsere Erwartungen sogar weit übertroffen werden, denn wer seine innere Gegengeschlechtlichkeit entdeckt und integriert hat, kann sich auch ohne Machtspielchen, zu hohe Erwartungen oder besitzergreifende Manipulationen auf einen Partner einlassen.

Auch andere Bereiche und Ziele unseres Lebens können gemeint sein. Doch unsere Herzensverbindung, die wir mit der angefragten Thematik und eventuell mit ins Spiel kommenden Personen haben, ist stets angesprochen. Klar ist, dass unser Herz frei und ohne Kontrollmechanismen denkt.

Auf seiner Reise ist dies der Moment, in dem der Held zurück ins Licht tritt und sich aufmacht heimzukehren.

KURZFORMEL: ICH TANZE SPONTAN DEN TANZ DES LEBENS.

GERICHT XX

Das Bild von Arkanum XX zeigt uns, wie mehrere Personen von den Toten zu den Lebenden zurückkehren und ihre Auferstehung feiern. Die Reise durch die Unterwelt ist überstanden! Die Särge sind viereckig und mit den Armen bilden die zu neuem Leben erwachten Menschen Dreiecke – der Gehängte hat sich gedreht, seine Lektion ist gelernt. Die unterschiedlichen Facetten unseres Wesens, die vergrabenen Seelenanteile, die wir im Zuge von Trumpf XV der Hölle entreißen mussten, wurden integriert. Der Erzengel Gabriel bläst in seine Posaune und wenn wir deren Hall ertragen, feiern wir unsere Wiederauferstehung.

Arkanum XX ist die vielleicht stärkste Wachstumskarte des Tarots, denn wir vollziehen gerade den Quantensprung, der sich in der Mondenergie ankündigte. Ein großer Schritt vorwärts kann jetzt in vielen Bereichen unseres Lebens stattfinden. Was wir in unserer befragten Angelegenheit bereitwillig lernen, können wir auf alle weiteren Lebensbereiche übertragen und dort ebenfalls in unseren Alltag einbringen. Selbst karmische Gesichtspunkte könnten angesprochen sein, denn die Bezeichnung der Karte stammt aus dem Begriff des jüngsten Gerichts.

Die Karte zeigt uns, dass unsere Wiederauferstehung auf allen Ebenen stattfindet; angefangen bei unserer Triebkraft, der Integration unserer „dunklen" Bereiche, bis hin zu unserem kreativen Potenzial und der Bereinigung unseres Karmas sind hier alle Schichten unseres Wesens angesprochen. Ausgehend davon, dass ab der Station des Gehängten die Herausforderungen angenommen wurden, findet jetzt Heilung statt, je nachdem, welche Angelegenheit befragt wird und noch darüber hinaus. Unsere Heilung ist ganzheitlich, denn unser Wachstum betrifft sowohl die inneren als auch die äußeren Bereiche unseres Lebens. Das rote Kreuz mit gleich langen Schenkeln ist das Symbol, das uns zu dieser Deutung führt.

Unsere Bereitschaft für größere Aufgaben ist die Voraussetzung, um unsere Chancen ganzheitlich zu nutzen. Wir dürfen uns nun größere Ziele setzen, als dies in der Vergangenheit der Fall war. Wir wachsen mit unseren Herausforderungen und diese wiederum wachsen mit uns mit.

Auf der Heldenreise wird hier der Mogler oder Dieb entlarvt, der das schwer erreichbare Gut nicht selbst erobert (Der Mond), sondern sich dieses auf unehrliche Art und Weise ergaunert hat, indem er es etwa dem schlafenden Helden stahl.
Für Menschen, die sich ihr Wissen nur aus unzähligen Büchern angeeignet haben oder schlicht jemandem hinterherplappern, sind die Auswirkungen von Arkanum XX natürlich weniger erfreulich. Sie sind jetzt herausgefordert, ihr Wissen auch in der eigenen Lebenspraxis unter Beweis zu stellen. Die Zeit ist reif, das intellektuell Begriffene nun auch zu leben (Be-Greifen). Aus diesem Grunde hieß Trumpf XX früher „Das Jüngste Gericht", denn wir werden, aus höherer Sicht betrachtet, in dieser Phase geprüft, ob wir unsere guten Vorsätze und all das Gelernte nun auch in die Tat umsetzen. Nicht jeder erträgt den Hall der himmlischen Posaune, die immerhin die Mauern von Jericho zum Einsturz brachte. Doch wenn wir es mit unserer Angelegenheit ehrlich meinen, wird uns niemand an der Umsetzung unseres Vorhabens hindern können. Wir müssen nichts und niemanden fürchten – außer unseren eigenen Begrenzungen!

Welches sind die Pläne, Aufgaben und Herausforderungen, die dir bisher scheinbar eine Schuhnummer zu groß waren? Die Gelegenheiten dazu werden nicht lange auf sich warten lassen. Pack deine Chance beim Schopf und setze deine Erkenntnisse und Erfahrungen in die Tat um! Die Zeichen stehen gerade auf Wachstum.

KURZFORMEL: ICH WACHSE MIT MEINEN AUFGABEN UND DIESE WACHSEN MIT MIR.

DIE WELT XXI

Die weibliche Hauptfigur von Arkanum XXI wird in manchen Tarot-Spielen als Hermaphrodit dargestellt, als ein Wesen, das beide Geschlechter in sich vereinigt. Diese Darstellung ist sehr treffend, denn auf der letzten Station der Großen Arkanen findet die Vereinigung der inneren Frau und des inneren Mannes statt, der wir ja bereits in der Sonnenkarte subtil begegnet sind. Ganz allgemein gesprochen, gelingt uns die Vereinigung der Gegensätze auf einer höheren Ebene.

Die vier Hüter der Elemente, die Cherubim, die an den Eckpunkten des Bildes Trumpf X noch unseren Rahmen festlegten, indem sie uns die Gesetzestexte rezitierten, sind jetzt Teil der Wolken, aus denen uns später die vier Asse des Kleinen Arkanums angeboten werden. Der Weg in neue, bisher nicht zugängliche Bereiche ist für uns gerade frei. Es ist vollbracht! Alles ist jetzt möglich. Nutze die Gunst des Augenblicks, es herrscht jetzt die Zeit der Freiheit für dich!

Das Ziehen der Karte sagt uns, dass wir die befragte Angelegenheit nun ohne zu zögern in Angriff nehmen sollten und dass sie gut ausgehen wird. Oft deutet Arkanum XXI auf eine größere Reise, einen Umzug, Familienzuwachs oder eine erfolgreiche Firmengründung oder Beförderung hin. In jedem Falle sind wir am vorläufigen Ziel unserer Wünsche angekommen und haben eine neue Ebene unserer Lebensumstände im Innen und Außen erreicht.

Die Haltung des Gehängten hat sich nun um 180 Grad gedreht. Wenn wir unsere Sache aus dieser Perspektive regeln, wird diese nicht nur in unserem Sinne verlaufen, sondern unser Vorgehen wird uns im weiteren Verlauf zusätzliche Gelegenheiten eröffnen. Entscheidend ist, dass wir nicht die materielle Komponente unserer Frage überbetonen, sondern darauf achten, Großmut und Wohlwollen walten zu lassen. Wie kann ich dem Ganzen dienen?

Wir sollten in die neuen und freieren Bereiche, die sich uns gerade eröffnen, natürlich auch tatsächlich vordringen. Keine Gelegenheit wartet bis in alle Ewigkeit auf uns, denn der Fluss der Zeit wird in Bewegung bleiben und auch weiterhin fließen. Die Zeiten sind gerade günstig für uns und wir haben uns die Gelegenheiten, die sich uns anbieten wollen, auch redlich verdient. Sätze wie „das traue ich mich nicht; das habe ich nicht verdient" solltest du jetzt besser bei Seite lassen. Es ist nicht zu schön, um wahr zu sein, sondern vor dir steht das Produkt deiner ehrlichen Bemühungen.

Das, wonach wir gefragt hatten bzw. worauf Tarot in unserer Auslage den Schwerpunkt legt, steht nun unter wahrlich günstigen Vorzeichen. Astrologisch entspricht diese Karte Saturn, dem Hüter der Schwelle, dem Herrscher der Zeit, der sich wendet, weil er uns nun günstig gestimmt ist. Chronos speit seine Kinder, die er einst auffraß, nun wieder aus und gibt sie frei.
Der Held, der verlorene Sohn, ist zu Hause angekommen und ihm zu Ehren wird ein großes Freudenfest gefeiert.

KURZFORMEL: ICH WACHSE MIT MEINEN AUFGABEN UND DIESE WACHSEN MIT MIR.

PRAKTISCHE ÜBUNGEN II

Lege nun die 22 Großen Arkanen eine nach der anderen in ihrer natürlichen Reihenfolge aus. Wende das Wissen an, das du über sie hast und übertrage es auf die Heldenreise. Folge dieser und ermittle die einzelnen Etappen nacheinander und zusammenhängend. Welche Gefühle stellen sich während der Betrachtung bei dir ein? Lausche dabei achtsam nach Innen!

Verweile bei jeder Karte zuerst gesondert in ihrem individuellen Energiefeld. Vergleiche sie mit anderen Karten und entdecke Ähnlichkeiten oder auch Unterschiede zwischen ihnen. Wie oft findest du beispielsweise eine Feder, einen Weg oder eine Sonne auf den Bildern? Stelle einzelne Karten dann auch bei ihren „Nachbarn" vor und finde Bezüge untereinander. Wie könnten diese Nachbarn deiner Meinung nach wohl miteinander auskommen, wenn sie alle unter einem Dach wohnen müssten?

Erlebe auch, wie eine Karte aus der anderen heraus entsteht, wie jede Karte sozusagen aus der vorherigen heraus „geboren" wird. Welchen Verwandtschaftsgrad könnten sie untereinander haben? Könnte etwa die Herrscherin die Mutter des Kindes auf der Sonne sein? Oder seine Tante oder Lehrerin?

LEGE JETZT DIE KARTEN SO UNTEREINANDER, DASS DU DIE VERBINDUNG DER ZWEISTELLIGEN ZUR EINSTELLIGEN QUERSUMME ALS BILD VOR DIR HAST:

Lass die senkrechten Reihen auf dich wirken und nimm Ähnlichkeiten und auch Unterschiede in den Bildern wahr. Siehst du z.B., dass manche Karten in der Form sehr ähnlich angelegt sind? Wo findest du die Farben der oberen Karten in den unteren wieder, welche Symbole wiederholen sich wo?

Die Verbindung zwischen der einstelligen Quersumme mit den jeweils zweistelligen Großen Trümpfen ist ein sehr wichtiger Deutungsschlüssel zu den Großen Arkanen. Entwickle ein Gefühl dafür, in welcher Beziehung die betreffenden Karten zueinander stehen und wende dein Wissen der Großen Arkanen ab sofort bei errechenbaren Karten an. Einstellige Lebenskarten zeigen uns die Stärken, die jeder Mensch beim alltäglichen Überleben nutzen kann. Die zweistelligen Karten stehen für unsere Bestimmung, die Verwirklichung unserer Seele in der materiellen Welt. Die Kombination dieser beiden Archetypen macht unsere Ganzheitlichkeit aus, sie verbindet sozusagen Himmel und Erde unseres Daseins.

Hier die einfachste Methode, um aus einem einstelligen Trumpf auch im Kopf schnell sein zweistelliges Pendant abzuleiten: Addiere zur einstelligen Zahl die 9 hinzu. Die Methode ist so einfach, dass sie fast schon genial ist. Sie funktioniert immer!

Beispiel: Frau Lang hat im Moment Trumpf VII „Der Wagen" als Jahreskarte. Du addierst zu 7 also 9 hinzu und erhältst 16. Somit ist die entsprechende zweistellige Jahreskarte von Frau Lang „Der Turm" (16=1+6=7).
Herr Kurz ist derzeit mit Trumpf III „Die Herrscherin" beschäftigt. 3 plus 9 ist 12, „Der Gehängte" (12=1+2=3). Du ersparst dir auf diese Art viel Rechnerei und kannst im Handumdrehen von der einstelligen zur zweistelligen Quersumme gelangen.

Beginne beim Errechnen von Lebens- und Jahreskarten immer zuerst mit der einstelligen Karte. Diese stellt prinzipiell die Grundlektion des Fragestellers dar.

Der umgekehrte Weg, von einer zweistelligen Zahl ihren einstelligen Grundwert zu erreichen, liegt auf der Hand – durch Zusammenzählen.

Das Zusammenspiel der Quersummen bei Jahres- und Lebenskarten ist nur innerhalb der Zahlen von Trumpf I bis Trumpf XVIII sinnvoll. Die Arkanen XIX, XX und XXI sind eigenständige Stationen. Sie beschreiben das Ziel jeder Bewusstwerdungsreise durch die Großen Arkanen, unsere Orientierung auf dem Weg.

Es gibt zwar durchaus Bezüge zwischen den Trümpfen XIX, X und I, ebenso zwischen XX, XI und II usw., doch niemand ist lebenslang mit der Orientierung beschäftigt, die beispielsweise Trumpf XIX „Die Sonne" uns bietet. Gleiches gilt für die Arkanen XX und XXI. Fakt ist jedoch, dass ein Mensch sein ganzes Leben lang die Lektionen von Trumpf X und I lernt und diese immer weiter verfeinert.

Manche Praktizierende teilen die Quersumme 22 dem Narren zu. Ich sehe das nicht so. Der Narr, der nicht ohne Grund den Wert 0 trägt, ist von flüchtiger Natur. Er ist nicht greifbar und so ungeheuer flexibel, dass er sich niemals „festnageln", also auf einen exakten Zahlenwert festlegen lässt. Er spitzelt lieber zwischen den einzelnen Trümpfen heraus und ist an deren Übergang beteiligt. Doch auch dort lässt er sich nur flüchtig blicken und ist dann auch schon wieder weg. Es gehört nun mal zu seinen Eigenschaften, dass er völlig überraschend und unerwartet in unserem Leben auftaucht und ehe wir uns bewusst auf ihn einstellen können, hat er sich schon wieder davon gemacht.

Wenn du bei Geburtsdaten oder Bildung der Quersumme aus Kartenbildern also die Zahl 22 erhältst, rechne diese nochmals zusammen. Du erhältst dann automatisch die IV, welche auch die XIII (4+9) in sich trägt, was zu einer gänzlich anderen Deutung führt als der Narr.

Wir beginnen nun mit dem Auslegen bis drei Karten. Diese Übungen wirst du noch bestens brauchen können, sie sind der Grundstock für deine weitere Tarot-Praxis.

Die folgenden Punkte zur Gestaltung des äußeren Rahmens deiner Kartenbefragung sind lediglich als Anregung zu verstehen. Wende deine eigene Art an, in eine ruhige, entspannte und konzentrierte Stimmung zu kommen, deine individuelle Methode, um dich vorzubereiten.

1. Dämpfe das Licht, zünde eine Kerze an, die du ausschließlich während des Dialoges mit den Karten benutzt, lege entsprechende Musik auf und entzünde ein Räucherstäbchen.
2. Wasche deine Hände mit der Intention, negative Energien über deine Hände in das abfließende Wasser zu geben oder schüttle deine Hände aus, befreie dich von überflüssigen Anhaftungen.
3. Nimm eine bequeme Sitzhaltung ein, atme ruhig, entspanne dich. Finde deine Mitte, komm in Kontakt mit deiner Wesenskraft. Wenn du magst, schließ die Augen.
4. Überlege dir, zu welchem Thema du von den Karten Auskunft zu erhalten wünschst oder zu welcher Angelegenheit du eine genauere Beleuchtung der entsprechenden Hintergründe erfahren möchtest. Manchmal kommt das Thema, welches gerade ansteht, auch von selbst hoch. Vertraue deiner inneren Stimme.
5. Nimm das Päckchen mit den 22 Großen Trümpfen zur Hand und beginne die Karten zu mischen. Dieses Mischen entspricht dem Händeschütteln mit Blickkontakt bei der Begrüßung eines Menschen. Entspann dich während des Mischens weiter.
6. Denke in ruhiger Form an das von dir ausgesuchte Thema, schildere in Worten oder in Gedanken deine Angelegenheit und die dir bekannten Hintergründe. Erzähle, wie es dir geht, in welcher Gemütslage du dich befindest. Bitte die Karten, dir zu mehr Klarheit in der befragten Sache zu verhelfen. Achte auch auf bereits jetzt aufkommende Einfälle.

7. Grundsätzlich gilt, dass deine Stimmung spielerisch-meditativ oder auch entspannt-konzentriert sein sollte, jedoch niemals verbissen oder gar ängstlich und verkrampft. Du bemerkst, dass der Kontakt mit den Karten stattgefunden hat, wenn die Karten „gleiten", also während des Mischvorgangs widerstandslos ineinander fallen. Auch ein Schuss Humor kann nie schaden.
8. Wenn du der Meinung bist, lange genug gemischt zu haben, breite die gemischten Karten in einem Fächer vor dir aus. Nun beginnt der eigentliche Akt des Ziehens. Das Thema deiner Befragung solltest du jetzt aus deinen Gedanken entlassen. Es ist völlig unnötig, ja sogar störend, wenn man sich während des Ziehens weiterhin auf seine Frage konzentriert.
9. Gezogen wird normalerweise, mit der linken Hand, was auch für Linkshänder gilt, doch nicht zwingend ist. Du kannst deine Auswahl treffen, indem du mit deiner Hand darüber gleitest und warten, ob du in den Fingerspitzen oder der Handfläche Wärme oder Impulse verspürst, die sich wie minimale Stromschläge anfühlen. Aber du kannst auch mit den Augen über den Kartenfächer hin- und hergleiten und dich so entscheiden.
10. Warte, bis die entsprechende Karte deine Aufmerksamkeit erregt, dich sozusagen ruft. Die Art, wie der einzelne dieses Rufen registriert, ist unterschiedlich. Es ist unsere innere Stimme, unsere Intuition, die wir hier wahrnehmen und die uns mitteilt, welche Karte wir gerade jetzt und zu diesem Thema brauchen.
11. Ziehe die für dein Legesystem benötigte Anzahl von Karten und lege diese verdeckt, also mit dem Gesicht nach unten, vor dich hin. Mach aus den übrigen Karten wieder ein Päckchen, das du zur Seite legst.
12. Nimm die gezogenen Karten wieder an dich und mische sie erneut, bis es genug ist. Wenn es soweit ist, wirst du das spüren.
13. Nimm nun eine Karte nach der anderen und leg sie, immer noch verdeckt, an die Position, die ihr innerhalb des Legesystems entspricht.

14. Wir unterbrechen diese praktische Anleitung an dieser Stelle, weil ich dich jetzt mit den ersten Legesystemen mit zwei, drei und vier Karten bekanntmache, um dann mit dem Umdrehen der Karten fortzufahren:

LEGESYSTEM MIT ZWEI KARTEN, UM EIN BESTIMMTES THEMA GENAUER ZU BELEUCHTEN:

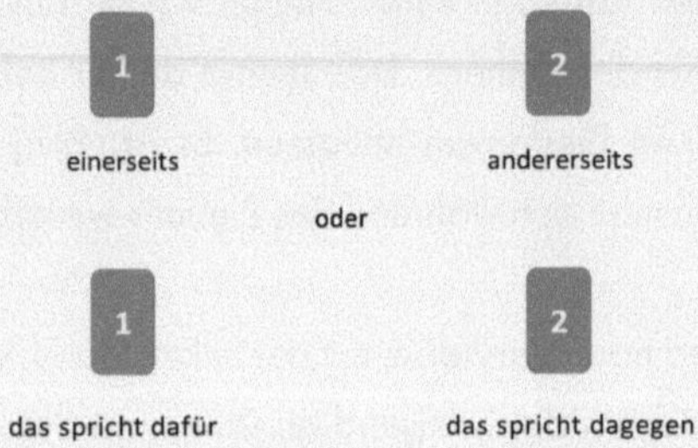

Es gilt für ***alle*** Legesysteme: Wenn auf einer Dafür-Position, also einer positiven Position, eine schwierige, eher dagegensprechende Karte auftaucht, kann das bedeuten, dass wir unser Vorhaben noch einmal sehr genau hinterfragen, gegebenenfalls sogar aufgeben sollten. In jedem Fall sollten wir das Hindernis, die dagegensprechende Blockade, dann genauer beleuchten und nach Möglichkeit auflösen. Gleiches gilt, wenn auf der Dagegen-Position, also der negativen Position eine uns eher ermutigende Karte liegt. Diese will uns dann mitteilen, dass unsere positive Grundstimmung nicht unbedingt zum erwünschten Ergebnis führen wird.

NOCH DEUTLICHER IST DIESES LEGESYSTEM:

LEGESYSTEM MIT DREI KARTEN:

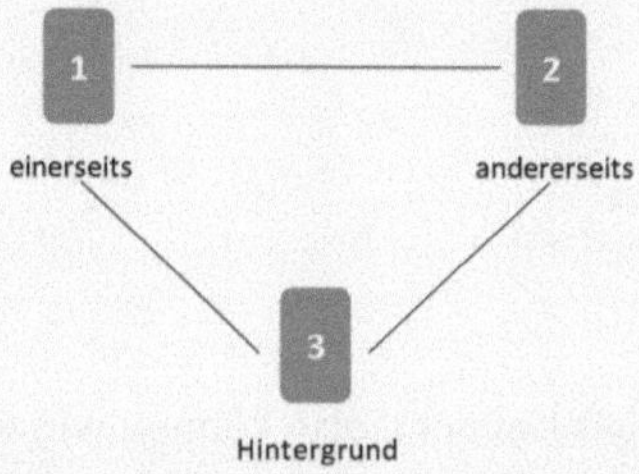

Die Position 3 deckt die Hintergründe des befragten Themas auf. Es handelt sich hierbei entweder um Hintergründe, die ihre Ursache in den äußeren Umständen haben oder die in unseren tieferen Motiven wurzeln. Letztlich haben die äußeren Begebenheiten ohnehin immer in unseren tieferen Motiven ihre Ursache. Wie Innen, so auch Außen.

Dieselbe Erweiterung kannst du jetzt auch bei den anderen beiden Legesystemen vornehmen:

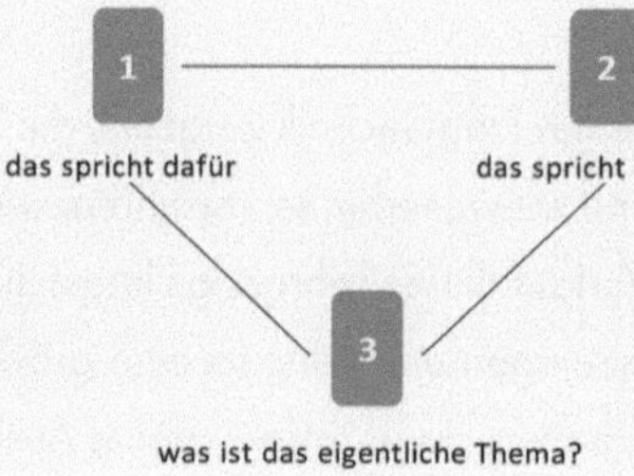

Auch hier gilt für Position 3, dass wir uns jetzt tiefer über unsere eigentliche, hintergründige Motivation bewusst werden. Wenn wir uns über die Hintergründe unserer Aktivitäten im Klaren sind, können wir natürlich wesentlich effektiver handeln bzw. unsere Energie gezielter einsetzen. Dies gilt ebenso, wenn wir Angelegenheiten aufgeben, bei denen wir unsere Energie lediglich verschwenden würden. Wenn wir den hinter der alltäglichen Realität wartenden Lernschritt früher begreifen, ist er genauso verstanden, als wenn wir uns mehrere Male die Finger verbrennen würden, um das Gleiche zu lernen.

UND NUN UNSERE ERSTE ZEITSPUR:

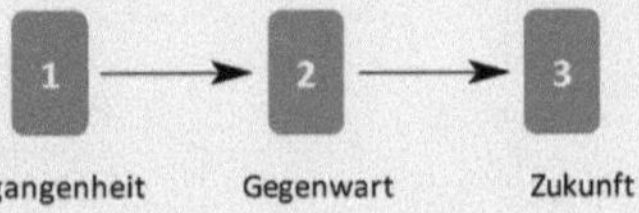

Die Vergangenheit ist uns bekannt, also können wir, wenn wir die Karte auf Position 1 in Bezug zum befragten Thema bringen, die Ebene, die Tiefe der Antwort herausfinden und so die Hintergründe konkreter beleuchten. Diese Tiefe wenden wir bei der Deutung der Gegenwartskarte auf Position 2 dann an und erweitern dadurch unsere Perspektive, was wir wiederum zur Deutung der Zukunftskarte auf Position 3 gut gebrauchen können.

Zukunftskarten zeigen immer ein Potenzial und nie ein feststehendes Ergebnis auf, ganz einfach deshalb, weil du den freien Willen hast und selbst entscheidest, was du aus den gegebenen Umständen machen und welche Entscheidung du treffen wirst.

Im Fall der hier angebotenen Fragetechnik zeigt uns die Zukunftskarte, was herauskommen wird, wenn wir weiterhin so verfahren, wie wir es momentan vorhaben. Im weiteren Verlauf dieses Lehrgangs lernst du noch verschiedene Zukunftsoptionen auszulegen und wirst so eine größere Wahlmöglichkeit für deine Aktionen erhalten. Es ist ratsam, deine Auslagen aufzuschreiben und in gewissen Abständen immer wieder zu überprüfen. Durch das Vergleichen deiner Auslagen mit der tatsächlich eingetroffenen Alltagsrealität erweiterst du im Nachhinein dein Deutungsspektrum der damals gezogenen Karte, was bei erneutem Auftauchen derselben Karte natürlich von Vorteil sein wird.

LEHRGANGSSTUFE III

DIE VIER ELEMENTE

FEUER
WASSER
LUFT
ERDE

KABBALA

KETHER – DIE ASSE
CHOCKMAH – DIE ZWEIER
BINAH – DIE DREIER
CHESED – DIE VIERER
GEBURAH – DIE FÜNFER
TIPHERETH – DIE SECHSER
NEZACH – DIE SIEBENER
HOD – DIE ACHTEN
YESOD – DIE NEUNER
MALKUTH – DIE ZEHNER

DIE VIER ELEMENTE

Bei deiner Betrachtung der restlichen 56 Karten deines Tarot-Spieles, den Kleinen Arkanen, wirst du schnell erkennen, dass auch sie einer bestimmten Struktur folgen. Zum einen gibt es dort insgesamt 16 Karten mit Berufsbeschreibungen, nämlich Bube, Ritter, Königin und König. Andere ähnliche Titel von konkreten Personen, wie etwa Page, Prinz und Prinzessin, findest du auch in allen anderen Tarot-Versionen. Auf jeder dieser sogenannten Hof- oder Personenkarten ist eine Einzelperson mit einer entsprechenden Bezeichnung abgebildet. Jedes Tarot-Deck beinhaltet diese Hofkarten, die keinen bestimmten Zahlenwert haben, sondern lediglich ihren Beruf als Titel tragen.

Alle anderen Karten des Kleinen Arkanums haben einen Zahlenwert. Jeden Zahlenwert von der Eins bis zur Zehn gibt es vier Mal. Du wirst vier Einser (Asse), vier Zweien, vier Dreien usw. bis hin zu vier Zehnern finden. So wie es auch von den Hofkarten jede vier Mal gibt, denn du triffst dort auf jeweils vier Könige, vier Königinnen, vier Ritter, und vier Buben. Das Kleine Arkanum besteht insgesamt aus 56 Karten: 16 Hofkarten und 40 kleine Zahlenkarten. Für ihre Deutung ist primär ausschlaggebend, dass sowohl die Hofkarten wie auch die kleinen Zahlenkarten, also jede Karte des Kleinen Arkanums, zu einer von vier Farbenreihen gehört. Diese Farbenreihen entstehen durch die Zugehörigkeit des Kleinen Arkanums zu den vier Elementen.

Bei den Hof- oder Personenkarten kannst du das jeweilige Element am unteren Kartenrand lesen. Du findest dort Titel wie zum Beispiel „Königin der Stäbe" oder „Ritter der Münzen". Die Hofkarten sind, ebenso wie die 40 Zahlenkarten, in Stäbe, Kelche, Schwerter und Münzen unterteilt. Die Münzen heißen bei anderen Tarot-Karten auch „Scheiben" oder „Pentakel", was auf dasselbe, nämlich auf das Element Erde, hinausläuft. In einigen

Tarot-Spielen findest du außerdem anstatt der Bezeichnung „Kelche" den Begriff „Becher" oder „Pokale". Diese symbolisieren das Wasserelement. Trenne nun die 16 Hofkarten von den anderen 40 Kleinen Trümpfen und lege sie vorerst zur Seite. Wir werden uns zuerst mit den kleinen Zahlenkarten vom Ass bis zur 10 beschäftigen, bevor wir dann zu den Hofkarten übergehen.

Wenn du die Bilder etwas genauer untersuchst, wirst du die Zugehörigkeit zu den vier Elementen bei den 40 kleinen Zahlenkarten auch ohne Bezeichnung leicht finden. Sei es, dass auf allen älteren Tarot-Karten und auch bei Crowley drei Münzen oder Scheiben, zwei Stäbe, sieben Kelche etc. abgebildet sind. Bei neueren Tarot-Gestaltungen, allen voran unserem Tarot von Waite und Smith, ist die Anzahl dieser Symbole in der Szenerie des jeweiligen Kartenbildes mit integriert. Du wirst immer eine bestimmte Menge an Stäben, Kelchen, Schwertern oder Münzen auf jeder einzelnen kleinen Zahlenkarte finden. Außerdem ist der Zahlenwert der Kleinen Arkanen oben auf der Karte aufgedruckt.

Du hast eine exakte Einteilung der Kleinen Zahlentrümpfe in vier Elemente-Reihen, ausgehend vom Stab Eins (= Ass der Stäbe) über Zwei Stäbe, Drei Stäbe und so fort bis Zehn Stäbe. Dasselbe gilt für Ass der Kelche, Zwei Kelche, Drei Kelche usw. bis Zehn Kelche und wiederum die gleiche Reihenfolge findest du bei den Farbenreihen der Schwerter und der Münzen vor. Die Zuordnung der Kleinen Trümpfe in die vier Elemente spielt bei ihrer Deutung eine elementare Rolle. Ganz nebenbei bemerkt haben sich die Farben der exoterischen Kartenspiele aus dieser Zuordnung heraus entwickelt. So wurde aus den Stäben „Eichel" oder „Kreuz", aus den Kelchen „Herz", aus den Schwertern „Laub" oder „Pique" und aus den Münzen „Schell" bzw. „Karo".

Ordne deine Zahlenkarten nun in aufsteigender Reihenfolge von Eins bis Zehn ihrem jeweiligen Element zu. Finde diese numerologische Ordnung nach Möglichkeit eigenständig, auch wenn dies etwas Zeit kosten sollte.

Wie auch bei den Großen Trümpfen trittst du durch diese Beschäftigung in Resonanz zu deinen Karten. Betrachte deine kleinen Zahlenkarten aufmerksam, während du sie ordnest.

Jedes Element symbolisiert eine ganz bestimmte Art von Energie, die von den Assen bis zu den Zehnern immer dichter und „schwerer" wird. Bevor eine Energie als Materie für uns greifbar und erkennbar erscheinen kann, hat sie immer einen Verdichtungsprozess durchlaufen. Alles, was für unsere Sinne erkennbar in der materiellen Welt erscheint, hat einen fest vorgegebenen Weg mit verschiedenen Stationen hinter sich gebracht, bis wir sie schließlich als unsere grobstoffliche Welt wahrnehmen. Die erste Etappe auf diesem Weg sind die Asse, die zweite Etappe sind die Zweier, die dritte die Dreier usw., bis diese Energie in der letzten Station schließlich bei den Zehnern angelangt ist. Beim Ziehen von beispielsweise einer Vier wissen wir, dass sich die Energie gerade auf der vierten Etappe ihres Weges in unsere greifbare materielle Welt befindet.

Die Zuordnung der Energie zu einem bestimmten Element wiederum sagt uns, um welche Art von Energie es sich genau handelt, die da auf uns einwirkt. Dies gilt auch dann, wenn wir sie noch nicht wirklich klar erkennen (Eisberg!). Doch ähnlich wie beim Verkehrsfunk oder Navi können wir schon wissen, was uns auf unserer geplanten Route erwartet, wenn wir ihr weiterhin folgen.

Beim Ziehen der Vier Stäbe z.B. wissen wir, dass sich die Energie der Stäbe, des Feuers, gerade auf ihrer vierten Station befindet. Wir wissen auch, dass auf dieser vierten Station eine ganz bestimmte Atmosphäre herrscht. Dem Weg und der entsprechenden Atmosphäre (z.B. vierte Station) werden wir uns im Abschnitt Kabbala noch eingehend widmen. Zuerst jedoch wollen wir uns das Wesen der vier Elemente (z.B. Stäbe) genauer ansehen. Was genau hat es mit den vier Elementen, in welchen alle Kleinen Arkanen, sowohl die Zahlenkarten als auch die Hofkarten, beheimatet sind, auf sich?

Um eine Ganzheit besser erfassen zu können, war für den Menschen die Unterteilung des Ganzen in seine einzelnen Bestandteile oder Bausteine schon immer sinnvoll und hilfreich. Die vier Elemente sind solche Bausteine. Zugleich sind sie auch die Pforte zwischen der grobstofflichen und der feinstofflichen Welt. In ihrem Zusammenspiel miteinander verbinden und vermischen sie sich und bilden dadurch immer wieder neue Einheiten, die sich stetig verdichten und auch wieder auflösen, um dann wieder zu einer neuen Ganzheit zusammenzufinden. Alles, was uns umgibt und was wir wahrnehmen, besteht aus den vier Elementen und ist aus diesen zusammengesetzt, ist aus einer Verbindung und Mischung von diesen hervorgegangen.

Nach dem ersten hermetischen Gesetz „Wie Oben so auch Unten, wie Unten so auch Oben", lässt eine genaue Untersuchung eines einzelnen Bestandteils, in diesem Fall eines Elementes, analoge Rückschlüsse auf das Ganze zu, was exakt der Gesetzmäßigkeit „Mikrokosmos ist gleich Makrokosmos" entspricht. Atome z.B. sehen so aus und verhalten sich genauso wie Sonnensysteme, nur dass Atome unendlich viel kleiner sind als Sonnen und ihre Planeten.

Für die Deutung der Kleinen Arkanen ist die Kenntnis der vier Elemente von großem Wert. Auch andere Wissensbereiche machen sich diese Kenntnis zunutze. Aufgabe einer Heilerin beispielsweise ist es, ein Ungleichgewicht der Elemente zu erkennen und dem Patienten zu helfen, ihr harmonisches Zusammenspiel wieder herzustellen. Die Homöopathie geht ebenfalls nach diesem Prinzip vor, indem sie fragt: „Was fehlt dir?" und uns das Fehlende als Information zuführt, sodass die Urelemente im menschlichen Körper wieder in Ausgleich geraten und dieser genesen kann.

Die Kleinen Arkanen zeigen uns, mit welchem Element wir es bei unserem Thema zu tun haben. Sie zeigen uns außerdem, welche Dichte eines Elementes in unserer Angelegenheit besteht. Durch das Ziehen der entsprechenden Karte können wir erkennen, wo wir mit einem Mangel oder Überschuss des jeweiligen Elementes zu tun haben. Vereinfacht ausgedrückt sehen wir, ob wir in eine Sache zu viel Gefühl (Wasser und Kelche) einbringen, ob wir zu kopflastig sind (Schwerter), ob wir unseren Willen (Stäbe) entsprechend äußern sollten oder ob uns die Erdung (Münzen) fehlt. Durch die Kombination des jeweiligen Elementes mit dem Zahlenwert einer Karte erhalten wir wie bei einem Koordinatenkreuz eine exakte Standortbestimmung unseres derzeitigen Zustands bzw. unserer Situation. Dabei spielt es keinerlei Rolle, ob dieser Standort bereits materiell für uns sichtbar ist oder wie bewusst wir uns darüber sind.

Außerdem können wir erkennen, auf welcher Ebene und in welchem Elementarbereich wir Situationen ändern können, die uns nicht guttun. Wir erfahren, wie wir günstige Situationen ausbauen und vertiefen bzw. wie wir unser inneres und äußeres Wachstum beschleunigen können. Dies geschieht durch die richtige Dosierung und ein gut abgestimmtes Zusammenspiel unserer elementaren Kräfte.

In den Kleinen Arkanen des Tarots werden die vier Elemente durch diese Symbolik dargestellt:

- **FEUER = STÄBE**
- **LUFT = SCHWERTER**
- **WASSER = KELCHE**
- **ERDE = MÜNZEN**

Kelche und Münzen sind aufnehmender, rezeptiver Natur. Sie werden als negativ und passiv-rezeptiv bezeichnet, was natürlich keinerlei Wertung ist. Der Negativ-Pol des elektrischen Stroms ist nicht schlechter als der Positiv-Pol. Stäbe und Schwerter sind positiv geladen, also ihrer Natur nach expandierend, dynamisch und aktiv.

Für unseren Gemütszustand, die tiefen Motive unserer Handlungen, die Ursachen unserer Situationen und die Hintergründe unserer Fragen an die Karten lässt sich eine Analogie herstellen, die Tarot folgendermaßen zum Ausdruck bringt:

- **STÄBE = WILLE**
- **SCHWERTER = GEDANKEN**
- **KELCHE = GEFÜHLE**
- **MÜNZEN = MATERIE**

Die Kleinen Arkanen zeigen uns Energie in ihrer unterschiedlichen Ausdrucksform an. Durch das Deuten von Kartenbildern kann man die feinstofflichen Hintergründe befragter Themen erkennen. Dadurch wird klar, auf welche Weise der Fragesteller seine Situation auslöst und in sein Leben herein verdichtet. Wir erforschen auf diese Weise den unteren Teil unseres Eisberges. Die Kenntnis bislang unbewusster Hintergründe gibt uns die Möglichkeit, proaktiv in die Geschehnisse einzugreifen und diese schöpferisch mitzugestalten. Dies gilt auch dann, wenn sie sich noch nicht endgültig materialisiert haben.

Wir sehen uns die vier Elemente jetzt einzeln an. Die beschriebenen Eigenschaften der Elemente kannst du direkt auf deine gezogenen Karten übertragen. Bringe den Mangel oder Überfluss der jeweiligen Elemente, soweit es dir möglich ist, in Balance deiner Innen- und Außenwelt. Außerdem empfehle ich dir, von jetzt an im täglichen Leben stärker auf die vier Elemente zu achten. Ein aufmerksames Betrachten der dich umgebenden Natur in ihrer Vielfalt und eine offene Wahrnehmung der Körpersprache deiner Mitmenschen wird dir dabei helfen und viele Erkenntnisse bringen.

DAS ELEMENT FEUER

Das Element Feuer drückt die Energie unseres Willens aus. In der Symbolik des Tarots sind dies die Stäbe. Feuer und somit unser Wille trägt die Eigenschaft der Expansion, der Ausbreitung in sich. Feuer ist ein hungriges, aktives und dynamisches Element.

Zu viel oder auch schlecht dosiertes Feuer kann in seine zerstörerische Form umkippen. Wenn wir glühen, bis uns die Sicherungen durchbrennen, äußert sich Feuer als Aggression. Wenn unser Feuer zu sehr unterdrückt wird, schlägt es in Apathie um oder wendet sich sogar gegen uns selbst, was zu Entzündungen und ähnlichen Beschwerden führen kann.

In seiner gesunden und konstruktiven Form ist das Feuer unsere Offensivkraft, die uns stets vorantreibt, um neue Bereiche kennenzulernen und zu integrieren. Das Element Feuer trägt in sich die Zeugungskraft, die unser aller Überleben sichert.

Feuer äußert sich als Willensimpuls. Wenn der menschliche Wille zu sehr vom Ego dominiert wird und überhandnimmt, wenn wir unsere Ziele mit der Brechstange, ungeduldig und ohne Rücksichtnahme durchsetzen wollen, müssen wir zum eigenen und zum Schutz anderer eingebremst werden. Die Ursache dafür ist immer, dass unser Ego eine zu hohe Position eingenommen hat und dass sich der menschliche Wille nicht in Übereinstimmung mit dem kosmischen, dem Willen unseres höheren Selbst befindet. Beruf und Berufung ist beispielsweise ein vielschichtiger und treffender Zusammenhang hierfür.

Weil wir ein solches Einbremsen als unangenehm empfinden, sollten wir besser rechtzeitig herausfinden, warum sich Widerstände in unserem Leben ereignen und wir momentan unseren Willen nicht fruchtbar umsetzen können.

Insbesondere beim Tarot von Crowley und Harris wurde auf die Farbzuordnung der Elemente großer Wert gelegt. Deshalb wird hier die farbliche Entsprechung zu den Elementen kurz aufgezählt. Diese lässt sich auch jederzeit auf die Farben in der Natur und natürlich auf die psychologische und therapeutische Wirkung von Farben übertragen. Wenn du lernst, Farben, die dir im Alltag begegnen, aufmerksam zu beobachten, wirst du mit der Zeit sehr tiefgründige Erkenntnisse aus deiner Umgebung ziehen. Du lernst auf diese Art, die Energie wahrzunehmen, die hinter allen Erscheinungen wirkt.

Die Farbe des Feuerelements ist das Orange in allen seinen Facetten. Orange ist die Mischfarbe von Gelb und Rot. Gelb als Farbe der Sonne steht für den geistigen, höheren Willen. Rot, die Farbe des Blutes, steht wiederum für unsere Trieb- und Lebenskraft. Unser aller Aufgabe ist es, ein gesundes Gleichgewicht dieser beiden Antriebskräfte herzustellen, die sich dann als Lebensfreude und spirituelles Vertrauen äußern.

Entfacht wird Feuer durch das Element Luft, welches bewirken kann, dass aus Glut oder einem Funken ein Flächenbrand entsteht (das Feuer der Liebe ist entbrannt, mein Herz brennt, ich brenne vor Sehnsucht usw.). Aufgefangen, geformt und ergänzt wird Feuer durch das Element Wasser. Dieses Element ist in der Lage, dem Feuer die richtige Bahn und Dosierung (Kelche) zu geben. Allerdings ist Wasser auch dazu fähig, das Feuer zu löschen.

Es ist beispielsweise möglich, dass uns die falsche Liebschaft oder Beziehung unsere gesamte Energie raubt. Wir sind dann ohne Antrieb und apathisch, unsere Willenskraft ist abgestorben. Bei jemandem, der seinen Willen in der Folge dann destruktiv gebraucht, ist es sogar möglich, dass er seine Feuerkräfte gegen sich selbst oder andere richtet, indem er gewalttätig wird, um an sein Ziel zu kommen. Nicht umsonst wird die Hölle gern als Feuerwalze dargestellt, in der wir letztlich symbolisch geläutert werden. In der Natur kann man beobachten, dass abgebrannte Erde nach einiger Zeit besonders nahrungsreiche, fruchtbare Erde sein wird.

DAS ELEMENT WASSER

Wasser ist ebenso wie das Feuer ein reines, pures und unvermischtes Element, das die Energie der Gefühle symbolisiert. Im Tarot werden Gefühle durch die Serie der Kelche ausgedrückt.

Wasser ist in den meisten seiner Aggregatszustände ein sehr bewegliches Element und wird manchmal als das stärkste der Elemente bezeichnet. Ca. drei Viertel der Erdoberfläche und ein ebenso hoher Anteil des menschlichen Körpers bestehen aus Wasser.

Wenn Wasser in seiner natürlichen Bahn belassen wird, birgt es das Leben in sich. Doch wenn Wasser – und damit unsere Emotionen - aufgewühlt ist, kann es vernichtend wirken. Flutkatastrophen in der Natur lehren uns dies. In seiner erstarrten Form, wenn ihm das wärmende Feuer fehlt und stattdessen zu früh der Erdkontakt stattfindet, wird Wasser zu Eis. Es ist dann zwar unbeweglich und starr (z. B. „Ich bin erstarrt, meine Gefühle sind eingefroren"), doch erstaunlicherweise kann es uns dann tragen, eine Tatsache, die uns zu fruchtbaren Meditationen einlädt.

In seiner erhitzten Form wird das Element Wasser noch beweglicher und für uns unsichtbar. Dennoch ist es immer und überall vorhanden.

Wasser ist ein aufnehmendes, passives Element, das widerstandslos dem Gefälle der Erde folgt. Wenn wir mit unserem Gefühlsleben im Einklang sind, gelingt uns vieles wie von selbst, weil unsere Ausstrahlung frei und anregend wirkt. Sind unsere Emotionen jedoch in Disharmonie, geraten wir schnell außer uns oder können sogar „ertrinken", uns erstarrt und bewegungsunfähig fühlen.

Die dem Wasserelement zugeordnete Farbe ist Blau in all seinen unterschiedlichen Intensitätsabstufungen. Doch entsteht das Blau des Wassers erst durch seine Spiegelung, ein weiterer Ansatz zu einem tieferen meditativen Nachdenken. Je intensiver das Blau ist, dem wir in der Außenwelt begegnen, umso stärker ist die Gefühlsintensität, die dahinter wirkt. Gefühle dieser Art werden dann zu Emotionen, die sich auf die Außenwelt richten.

DAS ELEMENT LUFT

Luft ist das für uns am schwersten wahrnehmbare Element, doch hat es eine nicht zu unterschätzende Auswirkung auf unser Leben. Das beste Beispiel hierfür ist der Atem.

Ein Mensch kann bis zu 60 Tage ohne Nahrung überleben, doch ohne Luft ist er innerhalb weniger Minuten tot. Das Element Luft ist für unsere Gedankenkräfte zuständig. Die Auswirkungen, die Gedanken auf unser Leben haben, kann man gar nicht hoch genug einschätzen, denn der Mensch ist das, wovon er denkt, dass er es sei.

Das Element Luft kann sowohl trennen als auch verbinden. Durch Trennen und Analysieren können wir ins Detail vorstoßen und den Dingen auf den Grund gehen. Wenn wir das Ergebnis unserer Analyse mit anderen Details in Verbindung bringen, können wir eine Synthese herstellen und dadurch die Gesamtheit besser erfassen. Tun wir das nicht, kann unser Denken stur, sogar kalt werden, wenn ihm die Gefühle fehlen.

Der Akt der Trennung legt nahe, dass die Luft im Tarot durch Schwerter symbolisiert wird und Schwerter sind zweischneidig. Es ist deshalb von äußerster Wichtigkeit, ob wir destruktiven oder konstruktiven Gedanken nachhängen. Luft ist ein aktives, bewegliches und expandierendes Element.

Der Querbalken innerhalb des Luftsymbols zeigt an, dass es sich bei der Luft um ein vermischendes Element handelt. Tatsächlich ist Luft in der Lage, Feuer und Wasser miteinander zu verbinden. Das Luftelement bringt das Wasser in Bewegung (Orkan löst Flut aus) und entfacht das Feuer, welches sich dadurch ausbreiten kann. Dies zeigt, dass wir anhand unserer Gedankenkraft viel mehr Energie in Bewegung bringen können, als uns im Allgemeinen bewusst ist.

Durch gedankliche Analyse sind wir in der Lage, die Hintergründe unserer Emotionen zu begreifen und diese dann in die richtige Bahn zu lenken. Gleiches können wir mit unseren Willensmotiven tun. Luft steht in Bezug zu unserem kreativen Potenzial und in Verbindung mit unseren Emotionen und unserem Willen ist sie mit beteiligt an unseren Fantasien. Doch wenn der Kontakt zur Erde fehlt, kann dies schnell in den Bau von Luftschlössern umkippen, deren Abriss uns dann teuer zu stehen kommen wird. Die farbliche Entsprechung zum Element Luft ist Grün, was die Mischung aus Blau und Gelb, also aus Wasser und dem Feuer unseres Geistes ist.

DAS ELEMENT ERDE

Das letzte Element unserer Reihe ist die Erde. Sie steht für alles materiell Greifbare. Im Tarot sind dies unsere Handlungen und all jene Angelegenheiten, die mit Gesundheit, Beruf, Finanzen und sonstigen materiellen Erscheinungen zu tun haben.

Die Farbentsprechung zur Erde ist Braun in seinen verschiedensten Schattierungen, die durch unterschiedliche Zugaben der Grundfarben erreicht werden, denn Braun entsteht durch die Mischung der drei Grundfarben. Dies bringt das Wesen dieses Elements deutlich zum Ausdruck, denn in der Erde sind die drei anderen Elemente stets vorhanden, wenn auch in unterschiedlich hohen Anteilen. In seiner stärksten Verdichtung wird aus Braun dann Schwarz. „Aus Staub (Erde) bist du gemacht." Der Tod auf Arkanum XIII ist ebenfalls schwarz.

Ohne Erde könnten sich die drei anderen Elemente nicht vollständig manifestieren, weil sie keine Möglichkeit zur stofflichen Verbindung, zur Materialisierung hätten und außerdem keine Nahrung finden würden. Deshalb übt Erde eine starke Anziehungskraft auf die übrigen Elemente aus und ist ebenfalls aufnehmend und passiv-rezeptiv.

Das Element Erde ist vergleichsweise träge, doch einmal in Bewegung geraten ist seine Wirkung gewaltig. Durch die gezielte und wohl dosierte Anwendung von Feuer, Wasser und Luft können wir im wahrsten Sinne des Wortes Berge, im Sinne von Materie, versetzen. Das materielle Resultat unserer Bemühungen und ob uns dieses zuträglich ist, wird im Tarot durch die Reihe der Münzen zum Ausdruck gebracht.

KABBALA

Wir wenden uns nun einem Gebiet zu, mit dem man manchmal gewisse Anfangsschwierigkeiten haben kann. Doch die Kabbala steht von Beginn an in einem inneren Zusammenhang mit dem Tarot und ermöglicht dir deshalb ein umfassenderes Verständnis für die Botschaften der Karten. Der direkte Zugang zum kabbalistischen System wird sich wahrscheinlich erst während deiner praktischen Beschäftigung mit den Kleinen Arkanen ergeben. Doch den Grundstein legen wir mit diesem Kapitel.

Wenn du die zehn Energiezentren des Lebensbaumes mit den vier Elementen zu verbinden weißt, wirst du in der Lage sein, die Aussage der Karte „Drei der Kelche" deutlich von der Aussage der beispielsweise „Vier der Stäbe" zu unterscheiden, ohne zwingend eine Szene oder auch Erläuterung der jeweiligen Karte zu benötigen. Obwohl auf allen Tarot-Karten vor Waite und Smith ja tatsächlich nur drei Kelche oder vier Stäbe abgebildet waren, konnten intuitive oder eingeweihte Menschen dennoch diese Karten klar deuten. Etwas überspitzt ausgedrückt, könnte man dich mit dem Wissen von den vier Elementen in Verbindung mit dem Lebensbaum in der Wüste aussetzen und dir als einzige Beigabe Papier und Bleistift überlassen. Du wärst trotzdem in der Lage, dein eigenes Tarot-Spiel zu zeichnen!

Hinzu kommt, dass du durch die kabbalistische Perspektive die einzelnen Karten nicht mehr als getrennt interpretieren wirst, sondern ganzheitlich erkennst. Auslagen mit mehreren Karten können dadurch immer mehr als ein lebendiger Organismus zu dir sprechen.

Zudem ist die Kenntnis des kabbalistischen Lebensbaumes nicht nur bei der Kartendeutung von Vorteil. Auch das Funktionieren deiner Waschmaschine oder der Bau eines Eigenheimes wird aus kabbalistischer Sicht besser nachvollziehbar sein. Bei jedem Ereignis und bei jeder Situation, die in unser Leben tritt, handelt es sich um die Verdichtung von Energie, die den Weg durch den Lebensbaum hinter sich gebracht hat.

Nehmen wir den Bau eines Eigenheimes als Beispiel. Vielleicht hattest du irgendwann einmal, aus welchen Gründen auch immer, den Impuls, ein Haus zu besitzen. Doch was alles musste passieren, bis du schlussendlich dieses Haus dann fertig vor dir stehen hattest? Die anfängliche Idee, der Impuls „ein Haus!" nahm in dir immer konkretere Formen an. Erst mit der Zeit konntest du für dich herauskristallisieren, um welche Art von Haus es sich denn konkret handeln müsste, damit es deinen persönlichen Vorstellungen entspricht. Du hast dir darüber Gedanken gemacht, in welcher Umgebung dein Haus sich befinden sollte, die Finanzierung wurde durchdacht, Verhandlungen wurden geführt. Pläne wurden gezeichnet und durchgesprochen oder aber du hast dich entschlossen, ein bereits fertig gestelltes Haus in Augenschein zu nehmen. Es gab Zeiten, in denen alles reibungslos funktionierte und andere Phasen, in denen ein Hindernis, ein Widerstand den nächsten ablöste.

Du musstest Einschränkungen hinnehmen, weil die Behörden Auflagen machten, die du so nicht erfüllen konntest oder auch weil für bestimmte Wünsche das Kapital nicht ausreichte. Doch ein andermal hast du vielleicht von Förderungsmaßnahmen gehört, die du in Anspruch nehmen konntest. Da waren Verhandlungen mit Handwerkern, die anstrengend oder zufriedenstellend verliefen. Und auf einmal waren da Freunde, die dir mit ihren Fähigkeiten unter die Arme griffen und die Wasseranschlüsse legten.

Bis zu einem gewissen Zeitpunkt musste nicht einmal irgendeine andere Person von deinem Vorhaben „Haus" etwas wissen. Du selbst warst dir anfangs vielleicht noch völlig unklar darüber, ob du lieber einem Haus zur Miete den Vorzug geben solltest. Doch stets bewegte und verdichtete sich Energie, die gerade ausgebrütet wurde und die sich auf dem Weg der Realisierung befand, auch wenn dies vorerst lediglich in deinem Kopf geschah. Später dann kam der Moment, als du zwangsläufig andere Personen aus den verschiedensten Gründen in deine Pläne einweihen musstest. Dein Vorhaben weitete sich auf andere Personen aus, es hatte dann auch mit deren Leben etwas zu tun, denn auch sie beschäftigten sich nun mit deinem Vorhaben. Und du gerietest mehr oder weniger auch mit den Projekten dieser Menschen, mit ihrer Energie in Berührung.

Irgendwann einmal stehst du dann mit dem Umzugswagen vor deinem neuen Haus, um dieses zu beziehen. Doch so viel ist zwischen diesem Moment und deiner Idee geschehen. Immer dichter, immer konkreter wurde dein Vorhaben, obwohl lange Zeit materiell noch überhaupt nichts Greifbares, kein Haus sichtbar war und sich noch keiner der vielen Steine bewegt hatte, sich keinerlei Materie erkennbar bewegte.

Die Kabbala lehrt, dass nicht nur ein Hausbau, sondern jedes Vorhaben bis zu seiner konkreten Realisierung schon in feinstofflichen Bereichen seinen Anfang nimmt. Die Kabbala lehrt weiter, dass die Stationen, welche ein Vorhaben durchläuft, stets dieselben sind, bis das Ergebnis dann greifbar vor uns steht. Wir mögen diese Stationen teils als angenehm, teils als unangenehm empfinden, doch der Weg und die Frequenz, die all unsere Vorhaben bis zu ihrer materiellen Erscheinung zu passieren haben, ist unabänderlich. Was sich verändern kann, ist lediglich unsere Einstellung und unser Umgang mit den jeweils herrschenden Energieverhältnissen. Die für die Verwirklichung unserer Ziele vorgegebenen Etappen zeigt uns der kabbalistische Baum des Lebens. Die Kleinen Arkanen des Tarots entsprechen diesen Etappen deckungsgleich.

Du kannst unser Hausbeispiel auch auf kleinere Vorhaben wie etwa „Essen kochen" oder „Wäsche waschen" übertragen. Doch auch sehr wichtige Anliegen wie „Partnerschaft" oder „Arbeitsplatz" folgen dem Weg durch die Stationen des kabbalistischen Lebensbaums. Immer wird dein Vorhaben einem konkret vorgegebenen Weg einer Verdichtung folgen. Die Zeitspannen zwischen und auch während der einzelnen Etappen sind unterschiedlich lang, teilweise unterscheiden sie sich sogar erheblich. Doch der Weg von feinstofflicher Energie, die ans materiell greifbare Ziel gelangen möchte, folgt immer den gleichen Vorgaben.

Die meisten dieser Vorgänge sind uns unbewusst, aber immer und lebenslang verdichten sich bestimmte Ereignisse gerade energetisch und befinden sich auf dem Weg zu uns, in unsere Welt. Genau deshalb lässt sich der Sinn und Zweck der Beschäftigung mit Tarot ja auch in drei Worten ausdrücken: Unbewusstes bewusst machen! Wenn wir uns darüber bewusst sind, auf welcher kabbalistischen Station sich unsere Angelegenheiten gerade bewegen und wenn wir außerdem wissen, welche Gesetzmäßigkeiten in dieser momentanen Sphäre herrschen, können wir uns entsprechend verhalten und auf diese Weise aktiv und schöpferisch an unseren Umständen mitwirken.

Der momentane Stand der Verdichtung unserer befragten Angelegenheiten wird uns durch die Kleinen Zahlentrümpfe analog aufgezeigt. Wir können erkennen, wie weit ein Ereignis bereits fortgeschritten ist, das sich auf dem Weg in unsere Realität befindet.

Wir können anhand der Kleinen Arkanen sozusagen lesen, in welchem Entwicklungsstadium, in welchem Reifegrad sich ein Ereignis gerade befindet, das sich in unserem Leben materialisieren will.

Im Gegensatz zu den Großen Arkanen, die für unsere Wachstumsschritte stehen, erhalten wir mittels der Kleinen Trümpfe Aufschluss über die Situationen unseres Lebens und auch über die Charakteranteile, um diese zu meistern. Unter Einbeziehung des Spiegelgesetzes, welches äußere Ereignisse auf unsere innere Einstellung zurückführt, erhalten wir durch die Kenntnis von Energien, die gerade dabei sind, sich zu verdichten, wichtige Informationen. Notwendige Korrekturen können wir im Vorfeld des Eintreffens einer Situation natürlich stressfreier und auch müheloser vornehmen, als wenn wir in eine bestimmte – vielleicht unerwünschte – Angelegenheit bereits tief verstrickt sind und nur unter großem Kraftaufwand Änderungen herbeiführen können.

Umgekehrt gelingt uns das „Herbeiziehen" einer wünschenswerten Situation schneller und reibungsloser, wenn wir wissen, in welchem Entwicklungs- oder Verdichtungsstadium sich das gewünschte Ergebnis gerade befindet. Anhand der Kleinen Arkanen erkennen wir, wie wir unsere Energie am wirkungsvollsten einsetzen können, um das Eintreffen dieser Ereignisse effektiv zu beschleunigen. Die Kenntnis des kabbalistischen Lebensbaumes, der in den Bildern der Tarot-Karten seinen Ausdruck findet, bietet uns diese Möglichkeit. Wir stellen die Weichen für den Energiefluss schon dann, wenn sich die materiellen Ergebnisse noch gar nicht in unserer Alltagswelt befinden.

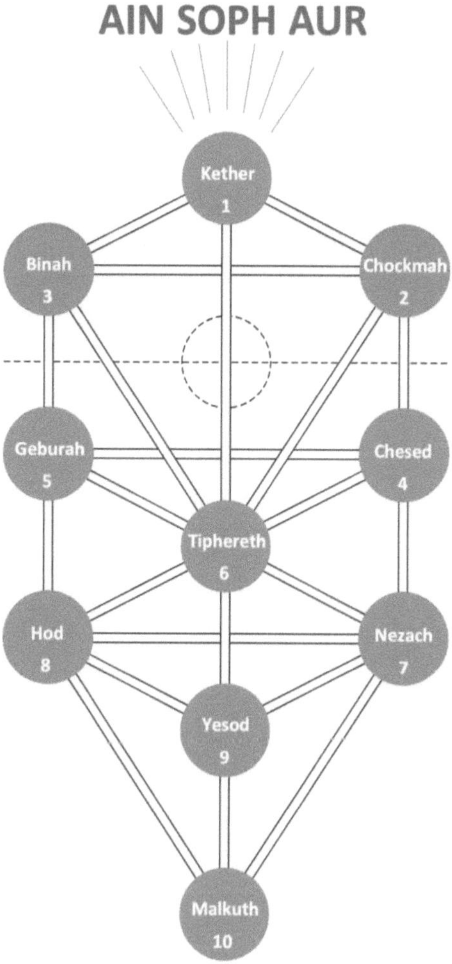

Abbildung 1: Der Baum des Lebens

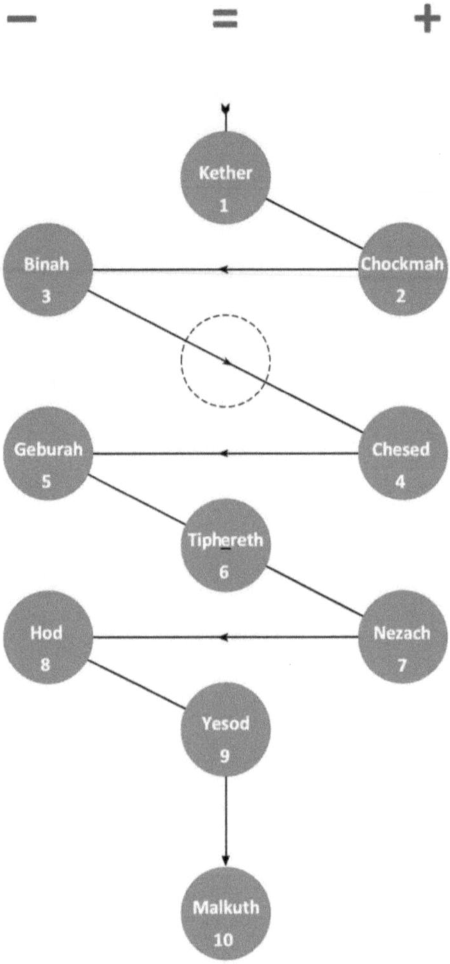

Abbildung 2: Der Blitzstrahl; das Herabsteigen der Macht

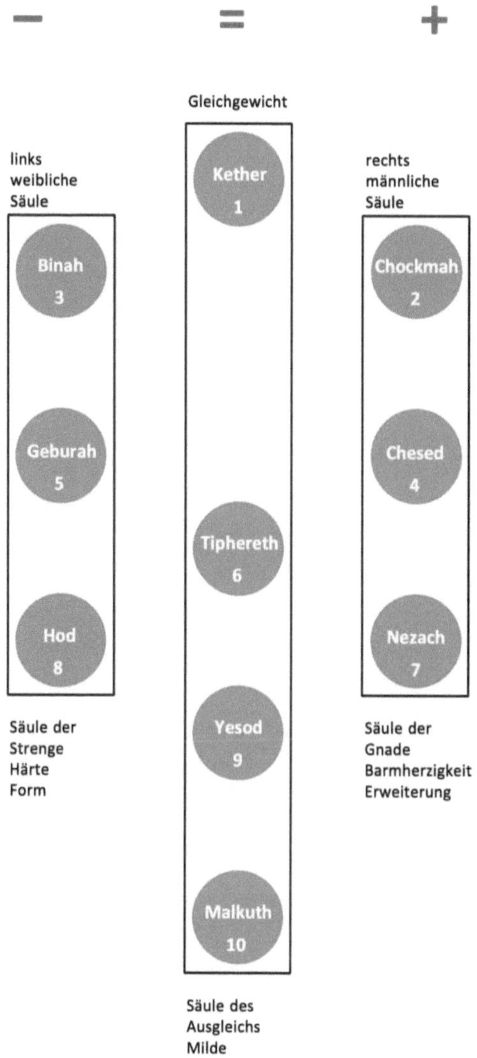

Abbildung 3: Die drei Säulen

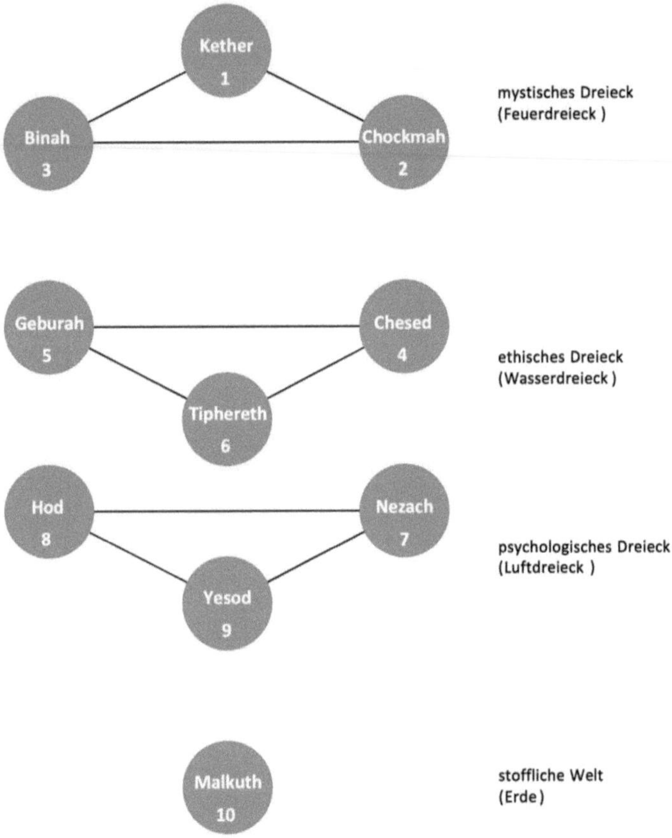

Abbildung 4: Die Dreiecke

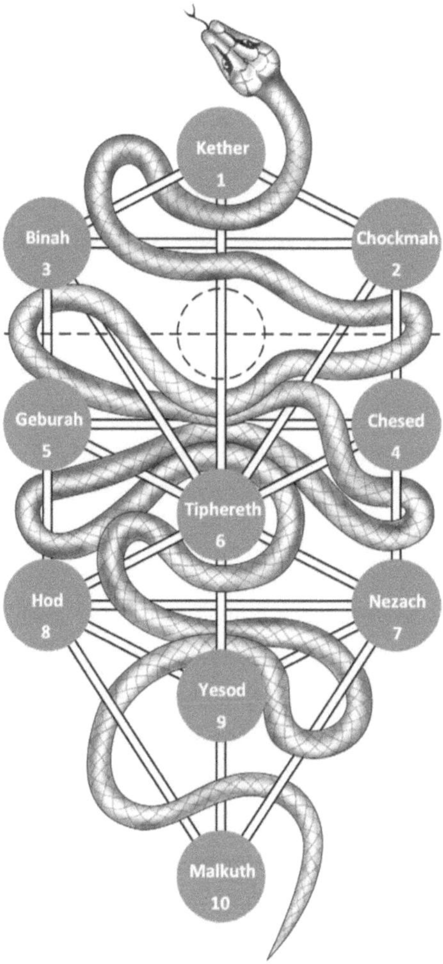

Abbildung 5: Die aufsteigende Schlange

Auf Abbildung 1 (siehe Seite 140) siehst du den kabbalistischen Lebensbaum, der ein esoterisches Symbol der Struktur des Universums ist und alle Karten des Tarots in sich trägt. Nach dem ersten hermetischen Gesetz „Wie Oben so auch Unten" zeigt uns dieses Bild auch die Energie des Menschen, der ja ein Teil des Universums ist. Das Vater Unser bringt dies mit den Worten „Wie im Himmel so auf Erden" zum Ausdruck.

Der Legende nach geht die Kabbala auf Moses zurück, der sie als esoterischen Gegenpol zu den zehn Geboten empfing. Moses übergab sein Wissen an ausgewählte Schüler weiter, die es dann ihrerseits an die nächste Generation Initiierter überlieferten, die sie immer weiter reichten, bis in unsere Tage. Die Übersetzung des Wortes Kabbala lautet Überlieferung. Historisch lassen sich die Wurzeln dieser ursprünglich hebräischen Geheimlehre ebenso wenig fixieren wie die des Tarots. Ich schlage dir deshalb auch hier die Perspektive vor, dass es die Kabbala schon immer gegeben hat.

Als auffälligstes Merkmal des Baumes sehen wir zehn Kugeln, die reine Energiesphären darstellen. Sie werden als die zehn Sephiroth, Einzahl Sephira, bezeichnet. Jede von ihnen hat einen hebräischen Namen. Wir werden die Sephiroth noch einzeln betrachten, doch es ist nicht zwingend nötig, dass du deren Bezeichnungen lernst. Wichtig für uns ist lediglich, dass jeder Sephira (Kugel, Sphäre) ein Zahlenwert von Eins bis Zehn zugeordnet ist, der dem Wert der kleinen Zahlenkarten des Tarots entspricht. Das bedeutet, du findest die vier Asse des Tarots in der Eins (Kether), die vier Zweier in der zweiten Sephira (Chockmah) usw.

Unsere Welt der rein materiellen Erscheinungen findet in der untersten der zehn Sephiroth statt, die Malkuth heißt und den Wert Zehn hat. Alles, was uns in Malkuth als Materie begegnet, hat den Weg durch den Baum, dem Blitzstrahl auf Abbildung 2 (siehe Seite 141) folgend, hinter sich gebracht und trägt den Keim der oberen Sphären in sich. Energie, die uns als Materie erscheint, hat sich auf ihrem Weg in unsere Welt immer stärker verdichtet, bis sie dann in Malkuth so heruntertransformiert und gereift ist, dass sie unserer greifbaren Realität entspricht. Malkuth ist das stoffliche Resultat einer immer stärkeren Verdichtung, die ihren Anfang in Kether, der obersten Sphäre im Baum, mit Zahlenwert Eins genommen hat.

Kether bezieht seine Energie aus dem „Unendlichen Licht", Ain Soph Aur, das für unsere Sinne unvorstellbar ist. Stell dir Kether (Eins, Asse) als eine Blase vor, deren Inhalt Energie ist und die an Größe und Spannung ständig zunimmt, bis sie schließlich platzt. Wenn du einen Kaugummi zum Platzen bringst, entspricht dies dem Energiespiel in Kether, dein Atem wäre in unserem Beispiel Ain Soph Aur. Nebenbei bemerkt bietet die Kabbala jedem Interessierten unendlich viel mehr Möglichkeiten des Studiums und der Praxis als was ich hier erkläre.

Der energetische Inhalt, der sich ausschüttenden Blase Kether, ergießt sich dann in Chockmah, der Sphäre mit Zahlenwert Zwei. Der Atem unseres Beispiels symbolisiert Ain Soph Aur, das „Unendliche Licht". Kether stellt den Mund und die Blase mit Inhalt dar, Chockmah (Zwei) fängt die sich ergießende Energie, den Inhalt Kethers auf, um ihr eine Richtung zu geben und sie an Binah (Drei) weiterzuleiten.

Der Weg, dem die nach unten umgewandelte Energie folgt, ist durch die Struktur des Baums vorgegeben und wird als „der Blitzstrahl" bezeichnet. Diesen Weg kannst du in Abbildung 2 (siehe Seite 140) „Der Blitzstrahl" nachvollziehen. In jeder Sphäre nimmt die Energie auf ihrem Weg nach Unten an Dichte zu, bis sie dann in Malkuth (Zehn), unserer materiellen Welt, ihren dichtesten Zustand erreicht hat und unsere Sinne sie als Materie interpretieren.

Stell dir kochende Milch in einem Topf auf der Herdplatte vor. Diese Milch versinnbildlicht Kether. Jetzt gibst du Puddingpulver hinzu und rührst den Pudding an, der immer dichter und fester wird, was dem Weg des Blitzstrahls entspricht. Wenn du später den Pudding aus dem Kühlschrank nimmst, hat er seine höchste Dichte erreicht. Das entspricht Malkuth (Zehn), unserer stofflichen Welt. Die Bestandteile, Milch und Pulver, waren schon immer da, allerdings nicht als fester Pudding. Doch Fremdkörper kannst du aus dem Pudding erheblich leichter entfernen, als wenn er schon völlig fest ist.

Es ist für den Menschen auch möglich, dem Weg von Unten nach Oben zu folgen, also von Malkuth (Zehn) zurück nach Kether (Eins). Das Bild der „Aufsteigenden Schlange" zeigt diesen Weg, der die spirituelle Entwicklung des Menschen symbolisiert, den Weg zurück zur Einheit, denn Kether ist Ausdruck der Einheit. Die fernöstlichen Lehren kennen diese aufsteigende Schlange als Kundalini, in der unsere feinstoffliche Kraft immer feiner wird und nach Oben aufsteigt.

Den Funken von Kether trägt jedes Wesen als inneres Licht in sich. Mit dem Eintritt in die Welt der Polarität aber hat sich dieses Licht verdunkelt und, je nach Bewusstseinsqualität, mehr oder minder gut verborgen. Unsere spirituelle Entwicklung hat das Ziel, diesen inneren göttlichen Funken wie beim Schälen einer Zwiebel wieder frei zu legen, indem wir die Schatten (Schalen), die unser Licht verdunkeln, bewusst auflösen. Erinnere dich, dass Luzifer mit Lichtträger übersetzt wird.

Die Stationen der Verdichtung von Eins (Asse) bis Zehn (Zehner), die jegliche Erscheinung hinter sich bringt, bis sie sich in Malkuth, unserer materiellen Welt, manifestiert, wollen wir jetzt genauer beleuchten. Nochmals zur Erinnerung: Der Zahlenwert der Kleinen Trümpfe entspricht exakt dem Zahlenwert der jeweiligen Sephira. Das heißt, dass die Asse mit Zahlenwert Eins Kether zugeordnet werden, die vier Zweien entsprechen Chockmah, die vier Dreien Binah bis hinunter zu den vier Zehnern in Malkuth.

Der erste Schritt, um dem Wesen der Sephiroth näher zu kommen, ist die Einteilung des Baumes in drei Säulen. Betrachte nochmals die Abbildungen 2 und 3 (siehe Seite 141 und 142) und verfolge dabei den Weg, den der

Blitzstrahl von Kether nach Malkuth zurücklegt. Bring dabei den Blitzstrahl (Abb. 2) in Bezug zu den Säulen (Abb. 3), dies dürfte dir nicht schwerfallen. Die Regel dabei ist, dass immer wenn, sich der Blitzstrahl in einer Sephira der von dir aus gesehen rechten Säule befindet, dehnt sich die Energie aus. In der rechten Säule des Baumes, in den Sephiroth Zwei, Vier und Sieben, befindet sich die Energie in einem dynamischen, aktiven und expansiven, sich ausdehnenden Zustand.

Den Gegenpol, ihr entsprechendes Gegenüber, findet die Energie in der linken Säule mit den Sephiroth Drei, Fünf und Acht. In diesen Sephiroth herrscht aufnehmender, formender, rezeptiver Charakter. Die beiden Energiezentren, die sich auf der linken und der rechten Säule jeweils auf gleicher Höhe gegenüberliegen, bedingen und ergänzen einander. Dies gilt für die beiden Sephiroth Zwei (Chockmah) und Drei (Binah), welche sich auf gleicher Ebene befinden. Ebenso verhält es sich mit den Energien der Sephiroth Vier und Fünf, die sich im Baum direkt gegenüberliegen, und auch für die beiden Sphären Sieben und Acht gilt, dass sie im Sinne des Polaritätsprinzips einen ausgeglichenen Zustand anstreben.

Die rechte Säule mit den Sephiroth Zwei, Vier und Sieben hat positiven, männlichen Plus-Charakter, die linke Säule mit der Energie der Drei, der Fünf und der Acht bildet den entsprechenden negativen, weiblichen Minus-Pol. Es versteht sich, dass diesen Bezeichnungen keinerlei Wertung zugrunde liegt, es handelt sich lediglich um Ausdehnung in der rechten und Formgebung in der linken Säule. Würden die expansiven Energien der rechten Säule kein „Auffangbecken", keine Form finden, würden sie verpuffen oder Schaden anrichten, weil sie dann formlos, ohne Kanal, Zweck und Ziel wären. Die Sphären der linken Säule wiederum sammeln die Energie, um ihr Form zu geben und einen Sinn zu vermitteln. Diese Sphären dürfen das Potenzial der sie durchfließenden Energie jedoch keinesfalls festhalten. (Wer lässt schon gerne los?) Die Energie muss in der linken Säule auch weiterhin frei fließen bzw. müssen wir diesen Fluss herstellen.

Ihren Ausgleich, ihr jeweiliges Zusammenspiel, finden die polaren Energien in der mittleren Säule, der Säule des Gleichgewichts. Die Energie der Asse, der Sechsen, der Neunen und der Zehnen ist dort angesiedelt.

Ausgehend von der Sephira Kether (Eins), die vom unendlichen Licht aus Ain Soph Aur gespeist wird, ergießt sich die Energie von einer Sephira in die nächste und wird in der darauffolgenden Sephira wieder aufgefangen, die sie dann erneut weitergibt. Die Bezeichnung für das Überfließen lautet Emanation bzw. die Energie emaniert. Auf diesem Wege wird die Energie, das Licht, heruntertransformiert, um für uns erträglich und erkennbar zu werden. Wären wir der Energie von Kether schlagartig ausgeliefert, würden wir verbrennen, sterben. Auf unserem Entwicklungsweg langsam nach Oben steigend, geraten wir im Zuge unseres erwachenden Bewusstseins immer mehr in die Lage, höher schwingende Energien wahrzunehmen bzw. uns an sie anzupassen. Nach zehn Jahren in der Sahara wirst du in unseren Breitengraden wohl keinen Sonnenbrand mehr bekommen.

Für die kleinen Zahlenkarten heißt das: Alle Zweier, Vierer und Siebener sind ihrem Wesen nach expansiv, wollen sich ausdehnen. Alle Dreier, Fünfer und Achter sind rezeptiv und formgebend. Sie wollen aufnehmen und bewahren. Die Asse, Sechser, Neuner und Zehner streben nach Ausgeglichenheit. Die jeweils drei zusammengehörigen Sephiroth lassen sich zu den Dreiecken auf Abbildung 4 (siehe Seite 143) verbinden, von denen das oberste mit der Spitze nach oben zeigt, die beiden anderen zeigen mit der Spitze nach unten. Die unterste, Malkuth steht für sich alleine. Diese werden im Tarot durch die Hofkarten repräsentiert.

Die Pfade zwischen den einzelnen Sephiroth entsprechen den Großen Arkanen. Es handelt sich um 22 Pfade - auch Tunnel - und du weißt natürlich, dass das Große Arkanum aus 22 Trümpfen besteht. Jedem der 22 Pfade ist ein hebräischer Buchstabe zugeordnet. Das hebräische Alphabet hat 22 Buchstaben, die ihrerseits kosmische Kräfte repräsentieren. Es würde allerdings den Rahmen dieses Lehrgangs sprengen, das hier zu besprechen.

Lass uns nochmals zusammenfassen, welcher Bezug zwischen Kabbala und Tarot besteht: Die herabsteigende Energie fließt von Eins bis Zehn und durchquert auf ihrem Weg jede einzelne Sephira, von denen sich jede auf einer der drei Säulen befindet und die Energie an die nächste Sphäre weitergibt. Auf den Säulen herrschen unterschiedliche energetische Zustände. Auf der rechten Säule mit den Sphären Zwei, Vier und Sieben dehnt sich die Energie aus, in den Sphären Drei, Fünf und Acht auf der linken Säule wird geformt, während sie in der mittleren Säule in Eins, Sechs, Neun und Zehn nach einem harmonischen, ausgeglichenen Zustand sucht. Nur in Kether, den Assen, herrscht dieser Zustand bereits.

Wenn du dies nachvollziehen kannst, genügt deine Kenntnis der Kabbala, um sie auf die kleinen Zahlenkarten zu übertragen. Bei der Einzelbesprechung der Kleinen Arkanen werde ich auf die Position jeder Karte auf dem Lebensbaum noch einmal kurz zurückkommen und du wirst sehen, dass die Beziehung zwischen Tarot und Kabbala immer klarer wird.

Wir wandern nun gemeinsam durch die einzelnen Sephiroth und beobachten dabei, wie sich die kosmische Energie mehr und mehr verdichtet und heruntertransformiert, bis sie schließlich in Malkuth als Materie für uns in Erscheinung tritt.

KETHER – DIE ASSE

In Kether, der Krone, sammelt sich das Quantenfeld der feinstofflichen kosmischen Energie in einem Punkt, dessen Dimension sich außerhalb unserer Wahrnehmung befindet, diese jedoch erreichen will. Der Zahlenwert von Kether beträgt Eins und die Körperzuordnung befindet sich oberhalb des Kopfes. Beachte bitte das Wort oberhalb, denn für die mit Kether korrespondierenden Asse des Tarots ergeben sich hieraus wichtige analoge Rückschlüsse.

In Kether ist jede Energieform bereits latent als Keim vorhanden. Auf die vier Elemente bezogen heißt das, dass Kether die Wurzel der Elemente verkörpert. Deshalb wird das Stab Ass als Wurzel oder auch Ursprung der Kräfte des Feuers, das Kelch Ass als Wurzel der Kräfte des Wassers, das Schwert Ass als die Wurzel der Kräfte der Luft und das Münzen Ass als Wurzel der Kräfte der Erde bezeichnet.

Kether befindet sich noch außerhalb unseres erfahrbaren Bereiches und wird deshalb in den fernöstlichen Philosophien als Scheitel- oder auch Kronenchakra oberhalb des Kopfes erkannt. Ein Element findet gerade Zugang zu unserem Energiesystem, was durch die Hand, die uns dieses Element aus Wolken heraus anbietet, treffend dargestellt wird. Das Zentrum der Galaxie ist die astrologische bzw. astronomische Zuordnung dieser Sephira.

Ein Element, das auf einem gezogenen Ass erscheint, hat die Tendenz, sich bis zu seinem Erscheinen weiter zu verdichten, was für die Deutung der Asse sehr wichtig ist. Die Energie gezogener Asse ist für uns nur als Ahnung wahrzunehmen. Vier Begriffe mit dem Anfangsbuchstaben I stehen für die Elemente, wie sie aus Kether emanieren: Feuer als Impuls, Wasser als Intuition, Luft als Inspiration und Materie als Initiative. Die Asse zeigen uns, dass wir gerade Kontakt zu der Energie eines Elementes aufnehmen, obwohl wir dies nicht unbedingt bewusst registrieren.

Wissenschaftlich entspricht Kether dem Chaos, das uns zwar als ungeordnete Kraft erscheint, doch ist die Ordnung (Kosmos) auch in dieser Phase bereits angelegt. In Kether ist die jeweilige Idee bereits vorhanden und will sich als Ass auch schon unserem Verständnis zugänglich machen, sodass wir uns bereits in der frühesten Entstehungsphase eines Elementes auf dieses einstellen können. Kether, das noch nicht der Welt der Polarität angehört, braucht eine Reflexion seiner Energie, denn Aktion muss Reaktion bedingen. Die emanierte, ausgeschüttete Energie von Kether findet ihre Reflexion dann zwangsläufig in Chockmah.

CHOCKMAH – DIE ZWEIER

In Chockmah betreten wir die Welt der Polarität. Wir befinden uns in der rechten Säule des Baumes, weshalb die dort befindliche Energie den Drang und die Eigenschaft der Ausdehnung in sich trägt. In der obersten Sephira der rechten Säule, der die Zweier des Tarots zugeordnet sind, befindet sich das jeweilige Element noch in einem sehr feinen, schnell schwingenden Zustand. Die Ausdehnung findet auf dieser sehr hohen, lichtvollen Ebene statt und ist spiritueller Natur, weshalb man dieser Sephira den Namen Weisheit gab und sie auch als spirituelle Absicht bezeichnet. Astrologisch entspricht Chockmah dem Zodiak, dem vollen Kreis der zwölf Tierkreiszeichen.

Die hohe Lebenskraft von Chockmah kann man mit den elektromagnetischen Wellen eines Senders vergleichen. Auch diese benötigen ihre Ausrichtung und einen Empfänger. Obwohl für uns kaum wahrnehmbar, übertragen sich diese Wellen als Vibration und werden als solche für uns erkennbar – wenn sie nicht ziellos verpuffen oder auch völlig andere „Empfangsadressen" finden. Besser, wir erkennen die Energie des entsprechenden Elementes schon auf dieser hohen und feinen Ebene und richten unsere Antennen nach ihr aus.

Die konkrete Richtung und auch ihr Auffangbecken erfahren die sich ausdehnenden Energien Chockmahs, also die Zweier des Tarots, durch die dritte Sephira mit der Bezeichnung Binah, dem Gegenpol zu Chockmah auf der ihr gegenüberliegenden Säule. Wie von einer Satellitenschüssel wird die Energie hier aufgefangen und auch weitergeleitet.

BINAH – DIE DREIER

Binah stellt die weibliche Vitalkraft in ihrer höchsten Ausdrucksform dar. Die Energie von Binah ist rezeptiv und formgebend und wird als das dunkle Meer des Bewusstseins bezeichnet. Die von Chockmah (Zwei) hereinfließende und noch ungeordnete Energie ufert aus, wenn sie hier nicht Form und Halt finden würde. Die Kraft von Binah ist dem Saturnprinzip zugeordnet, dem die Dreier entsprechen.

Auf vielen Darstellungen der Muttergöttin hat diese drei Gesichter bzw. Aspekte: Das Gesicht der Aufnahme, das auch als Tod empfunden werden kann, der Wandlung und des Nährens und das Gesicht der Geburt. Im Schoße der Weiblichkeit kann die männliche Chockmah-Energie verschluckt, erstickt werden und bis zum Tode erstarren oder aber konstruktiv in ihre vorbestimmten Bahnen gelenkt werden, was in der Folge ihre Geburt auf einer dichteren Ebene zur Folge hat. In ihrer ausgeglichenen Form, also im polaren Zusammenspiel mit den Chockmah-Kräften, ist in Binah der Ort des Austauschs spiritueller Liebe.

Durch das Vergleichen der beiden oberen Sephiroth der linken und der rechten Säule zeigt sich dir das Prinzip der Polarität und des Zusammenspiels der Energien, die durch den Lebensbaum fließen. Ohne Richtung, Auffangen und Formgebung verpufft Energie. Ohne Loslassen und Geburt wiederum gärt sie, bis sie verfault oder sich ziellos verliert.

Dieses Polaritätsprinzip wird sich den Baum hinunter ständig wiederholen, um von Ebene zu Ebene dichter und auch vermischter zu werden, sodass wir letztlich in Malkuth die gesamte Vielfalt der herunter transformierten Energien erfahren. Durch Ausgleichung der beiden Energieformen, die wir als männlich und weiblich bezeichnen, erhalten wir die Dreiecke im Baum. Im oberen Dreieck, gebildet durch Kether, Chockmah und Binah, zeigt die Spitze des Dreiecks nach oben, weil Kether sich in die unteren Ebenen energetisch ausbreitet und ergießt, emaniert. Die beiden unteren Dreiecke des Baumes zeigen mit der Spitze nach unten. Diese bilden Spiegelungen, Reflexionen des oberen Dreiecks. Auf Abbildung 4 (siehe Seite 143) siehst du die drei kabbalistischen Dreiecke. Bei der Besprechung der Hofkarten werden wir auf sie zurückkommen.

Unterhalb der drei bisher besprochenen Sephiroth wird der Baum von einer waagrechten Linie durchlaufen, die eine gestrichelte Sephira durchquert. Diese ist die verborgene Sephira des Wissens mit Namen Daath. Für unsere aktuelle Arbeit mit dem Tarot ist Daath nicht von Belang, ich führe sie hier nur der Vollständigkeit halber an. Die Linie, die durch Daath hindurch läuft, wird Abyssos, der Abgrund oder auch der Schleier der Unergründlichkeit genannt.

Dem Menschen ist es nicht möglich, den Abgrund aus eigener Kraft zu überqueren. Hierzu muss ihm immer die Hand gereicht werden, weil wir zum Überschreiten des Abyssos auf die Hilfe übergeordneter Mächte angewiesen sind. Sei es, um auf seinem Entwicklungsweg von Unten her kommend weiter nach Oben zu gelangen oder um während des Materialisierungsprozesses ein Geschenk von oberhalb des Abgrundes zu erhalten. Jede gezogene Karte zeigt uns einen angemessenen Umgang mit der dort herrschenden Energie.

CHESED – DIE VIERER

Wir betreten nun die Verdichtungsebene des zweiten Dreiecks. Es wird das ethische Dreieck genannt, weil hier die Thematik von übergeordneter Struktur und Ordnung vorherrscht. Je weiter wir auf dem Lebensbaum nach Unten wandern, desto stärker vermischen sich die noch reinen Energien der oberen Sphären. Wir nähern uns dem Bereich der Materie, der in Chesed erstmals für unsere Sinne konkret wahrnehmbar wird. Die Symbolik der Zahl Vier steht für die Materialisierung bislang feinstofflicher Energie und es ist erstrebenswert, bereits hier einer gesunden Struktur zu folgen.

Wir können die Energien der männlichen und der weiblichen Säule nicht so klar voneinander unterscheiden wie weiter oben im Baum der Fall, weil jede Sephira den Charakter der höher gelegen Sphäre in sich aufnimmt und weiterreicht. Dieses Vermischen und auch die zunehmende Verdichtung von Energie müssen wir berücksichtigen, wenn wir das Wesen von Chesed und den folgenden Sephiroth verstehen wollen.

Chesed strukturiert das ineinander Wirbeln der polaren Energien. Jedes Atom ist aufs Genaueste geordnet, weil nur so Materie entstehen kann. Die Achse Chesed (Vier) – Geburah (Fünf) steht für diese Ordnung. Aus diesem Hintergrund und dieser Absicht heraus wird im zweiten Dreieck unsere seelische Ausrichtung und dadurch unsere höher gerichteten Aktivitäten erkannt. Unsere Aufgabe ist es, diese durch unsere alltäglichen Handlungen zum Ausdruck zu bringen. Chesed lädt uns ein, höhere Ziele zu beabsichtigen und will uns als Zeigestab und Orientierung dienen, unseren irdischen Willen in Einklang mit dem kosmischen Willen zu bringen.

Chesed ist Jupiter, dem Planeten der Erweiterung, zugeordnet und wird als die Sephira der Barmherzigkeit bezeichnet. Doch diese Erweiterung der Vieren der Kleinen Arkanen braucht, um nicht auszuufern oder zu verpuffen, das korrekte Maß und auch eine konkrete Zielvorgabe. Unsere persönlichen Ziele sollten mit dem Ganzen übereinstimmen und diesem nicht zuwiderlaufen. Dies ist der Grund, warum in Chesed die erste Realisierung, ein „Was und Wohin?", die erste Möglichkeit des Erfassbaren stattfinden sollte. Bei einem Keimling ist von vornherein festgelegt, welche Pflanze aus ihm später einmal entstehen wird und genau dieser Prozess sollte in Chesed stattfinden, um nicht in der nächsten Sephira, der Geburah, korrigiert werden zu müssen. Die Energie, die in Chesed und aus Chesed heraus expandiert, ist die Energie der höheren Bewusstheit. Wir überprüfen hier unsere Ziele und vor allem unsere Motive, bevor wir weiter expandieren dürfen. In der Energie von Chesed erhalten wir Klarheit, ob unser Vorhaben dem Ganzen dienlich ist und ob anderen Beteiligten kein Nachteil entsteht. Dies ist auch mit der Übereinstimmung von irdischem und kosmischem Willen gemeint. Hier erklärt sich, warum die manchmal schmerzhaften Eingriffe von Geburah durchaus ihre Berechtigung haben.

Die höheren Gesetze der Ethik, die im zweiten Dreieck für uns erkennbar werden, sind zeitlose, vom aktuellen Zeitgeist unabhängige Gesetzmäßigkeiten. Eine Aussage wie etwa „Liebe deinen Nächsten wie dich selbst" oder auch die Tatsache karmischer Resonanz haben ihre Gültigkeit in jeder Sekunde des Lebens.

GEBURAH – DIE FÜNFER

Geburah wird als Sphäre der Strenge bezeichnet, doch im Zusammenwirken auf der gemeinsamen Achse mit Chesed ist der Prozess der Beschneidung in Geburah unvermeidlich. Ebenso wie Chesed steht Geburah für die Qualitäten von übergeordnetem Willen und höherer Macht. Doch befindet sich Geburah auf der linken, formgebenden Säule, was den Begriff der Korrektur ins Spiel bringt. „Zuviel Strenge ist Grausamkeit", lautet eine Aussage der Kabbala, die uns zeigen will, dass es stets ein gesundes Zusammenspiel von Wachstum und Formung ist, das uns leiten sollte. Berücksichtigen wir dieses Gebot nicht, greift Geburah in unser Wachstum ein und nimmt die entsprechenden Korrekturen vor.

Wenn ein Kind im Krabbelalter seine Welt erkundet, Schranktüren und Schubladen in seiner Reichweite öffnet, deren Inhalt erforscht und seine Einzelheiten untersucht, befindet sich dieses Kind in seiner Chesed-Energie und erweitert gerade seinen Horizont. Wenn aber die Mutter des Kindes bemerkt, dass dieses gerade im Begriff steht, den Inhalt der Rohrfreiflasche zu untersuchen, dann wird sie wahrscheinlich diese Unternehmung nicht wohlwollend befürworten, sondern die Erweiterung der Erfahrungswerte unterbinden. Sie wird ihrem Kind die Rohrfrei-Flasche schleunigst wegnehmen, um Schlimmeres zu verhindern. Sie wird schätzungsweise auch gewisse Änderungen ihrer Lagerplätze vornehmen, um ähnliche Expeditionen zu verhindern, bis ihr Kind einen gewissen, durch andere Erfahrungswerte erlernten Reifegrad erreicht hat.

Die Mutter hat durch ihr korrigierendes Eingreifen das freie Ausbreiten der Chesed-Energie ihres Kindes radikal unterbunden und durch ihre (Geburah-)Handlung lautes Protestgeschrei hervorgerufen, denn das Kind hat diesen Eingriff als Beschränkung seiner Freiheit erlebt - so wie auch wir es oft als Ungerechtigkeit interpretieren, wenn sich unsere Wünsche nicht erfüllen wollen. Doch hat die Mutter durch ihr Verbot größeren gesundheitlichen Schaden verhindert, dem Kind vielleicht sogar das Leben gerettet. Die Mutter übte „höhere Macht" aus.

Wir sehen, dass Geburah, also die Fünfer innerhalb der Kleinen Arkanen, eine unbedingte, manchmal sogar lebensrettende Notwendigkeit hat. Wenn die Mutter in einem weiteren Beispiel das Zündeln ihres Kindes unterbindet, um einen möglichen Großbrand zu verhindern, dann hat sie nicht nur Schaden von ihrem Kind, sondern auch von anderen Anliegern abgewendet, was die korrigierende Geburah-Energie noch umfassender zum Ausdruck bringt. Du siehst sicherlich unseren adäquaten Zugang zu den Fünfern, nämlich, ähnlich wie bei den Großen Arkanen, zu hinterfragen, was der tiefere Grund für das Erleben der „Strenge" wohl sein könnte und die entsprechende Lektion der Beschneidung oder Korrektur bereitwillig und um eine Erfahrung reicher anzunehmen. Immer werden wir vor Schaden bewahrt, auch unabhängig davon, ob dieser nun im Nachhinein für uns erkennbar wird oder nicht. Ein weiteres Beispiel wäre Frau Offner, die sich ein Bein brechen musste, um am Leben zu bleiben.

Die Fünfen in unseren Kartenbildern warnen uns stets vor unbedachtem Weiterschreiten in unserer Angelegenheit. Geburah, symbolisiert durch die gezogenen Fünfen, sagt uns, dass wir gerade davon abgehalten werden, uns in eine Richtung zu erweitern, die für uns oder andere destruktiv ist, auch wenn wir das so nicht wahrhaben wollen. Der tiefere Grund für die Korrekturen, die hier stattfinden, ist darin zu finden, dass wir materialistische Ziele über den Ruf unseres Inneren, unserer Seele stellen. In Tiphereth findet dann der entsprechende Ausgleich statt.

Astrologisch ist Geburah der Kriegsgott Mars zugeordnet, der Altes zerstört, um Neues aufbauen zu können. Du bemerkst, dass auf dieser Höhe der weiblichen Säule durchaus männliche Energien mit am Werk sind und dass die Vermischung der polaren Eigenschaften mit jedem weiteren Herabsteigen des Lichtblitzes zunimmt.

TIPHERETH – DIE SECHSER

In Tiphereth befinden wir uns zum ersten Mal seit dem „Ausatmen Gottes" in Kether wieder auf der mittleren Säule, der Säule des Ausgleichs. Nicht nur die Energien von Chesed und Geburah finden hier ihr Sammelbecken, sondern auch die herunter transformierten Emanationen aller oberen Sphären. Tiphereth ist die Spiegelreflexion von Kether auf einer niedrigeren Ebene, mit der sie sich auch in direktem Kontakt befindet. Modern nennt man Tiphereth auch den Transformator.

Die Position von Tiphereth ist in der Mitte des Baumes, von wo aus sie mit allen anderen Sephiroth, außer Malkuth, eine direkte Verbindung pflegt. Die Energien, die in und durch Tiphereth fließen, sind sowohl aufnehmender als auch expandierender Natur und die Pfade, in welchen sich diese Energien bewegen, erinnern uns sofort an die Strahlen der Sonne, der Tiphereth astrologisch auch entspricht. Tiphereth bietet uns die Energie der Zentrierung und wir können unser Bewusstsein in dieser „starken Mitte" baden, sodass unser Bewusstsein hier zu Bewusstheit transformieren kann.

Selbstverständlich will auch hier weiterhin ein Fließen und Überfließen stattfinden, denn wir wollen unsere Bewusstheit im Leben greifbar umsetzen. Der Herzenskontakt, die innere Verbindung, die wir mit der gesamten Schöpfung haben, kann sich uns hier offenbaren. Meditativ wird diese Energie „der stille Zeuge" genannt. Wenn unsere Handlungen aus bewusstem Kontakt mit Tiphereth heraus entstehen, gelingt uns vieles scheinbar mühelos, denn wir sind in Harmonie mit uns und der Schöpfung. Einfühlungsvermögen und Verständnis für Menschen und Situationen sind Wegweiser, die uns von den Sechsen angeboten werden. Weitere Bezeichnungen für diese Sephira sind Schönheit oder Milde. Kindische Naivität oder auch das Festhalten an dieser Schönheit sind mögliche Einschränkungen des Egos, denen wir auf dieser Ebene begegnen könnten, aber nicht nachgeben sollten, weil dies ein Ungleichgewicht unserer Sache zur Folge haben würde. Bei genauem Betrachten der Bilder mit Zahlenwert Sechs findest du immer entsprechende Hinweise, dass die Natur des Lebens fließend und ausgeglichen ist. Auch das Wiedererwachen des inneren Kindes kann hier stattfinden.

„Die Sonne scheint für den Frommen ebenso wie für den Verbrecher", ist ein Schlüsselsatz zur Umsetzung der Tiphereth-Energie. Die Sonne erfüllt ihre kosmische Aufgabe und urteilt nicht darüber, welchem Zweck ihre lebensspendende Energie zugeführt wird. Gezogene Sechsen sagen uns stets, dass wir uns in der Gegenwart aufhalten und dabei im Fluss bleiben sollten. „Sammle dich im Herzen, genieße den Moment und halte nicht fest!"

NEZACH – DIE SIEBENER

Nezach wird als Sieg bezeichnet und wenn unsere Gefühle klar und frei fließen, ist diese Bezeichnung sehr treffend. Doch zeigt die Erfahrung, dass es sich um Scheinsiege handelt, wenn die Energie der gegenüberliegenden Sephira Hod nicht in unsere Absichten mit einbezogen wird. Das Zusammenwirken von Gefühlen und Gedanken dürfen wir auf der Achse üben, die sich zwischen Sieben und Acht bewegt. Die astrologische Zuordnung zu Nezach ist Venus, die für unsere Gefühle, Instinkte und auch Triebe steht. Wir alle wissen, dass subjektive Gefühle uns durchaus hinters Licht führen und dass unsere Empfindungen leicht in Projektionen oder Fixierungen ausarten können. So könnten wir im Sinne Nezachs auf eine perfekte Maskerade hereinfallen, deren äußerer Glanz von inneren Defiziten ablenken soll. Unsere subjektive Sichtweise will dann nicht erkennen, dass nicht alles Gold ist, was glänzt. Die Gefahr der Projektion, des Abhebens und der Illusion ist in der Nezach-Energie sehr hoch, was die Siebener-Reihe auch treffend zum Ausdruck bringt. Diese fordert uns auf, uns mit Entschlossenheit und Durchhaltevermögen aus dem Labyrinth der Subjektivität zu befreien, um die transformierten Eigenschaften der Venus als Kreativität, Ästhetik und Liebe auszuleben – ein Ziel, dessen Verwirklichung uns durchaus motivieren sollte.

Nezach warnt davor, uns nicht im Nebel der Venus zu verlieren, nur weil wir unangenehmen Tatsachen nicht ins Auge blicken wollen. In letzter Konsequenz gilt die Aufforderung zur klaren Wahrnehmung immer für uns selbst. Siegreich sind wir, wenn wir weder uns selbst noch unserer Umwelt eine verschleierte Realität vorspielen, sondern zu unseren klaren und wahren Gefühlen stehen.

Wir dürfen unseren Instinkten absolut vertrauen und unsere Leidenschaften in vollen Zügen ausleben und genießen, wenn diese nicht verwässert und vernebelt sind. Dazu braucht es erneut den korrigierenden Einfluss der gegenüberliegenden Sephira, die als die unterste Energieform der linken

Säule erneut das ordnende Prinzip vertritt. Erst das Zusammenspiel mit Hod, unserem Verstand, stellt sicher, dass in Nezach nicht der Schein das Sein vernebelt.

In Nezach erreichen wir die Verdichtungsebene des psychologischen oder auch magisch-mystischen Dreiecks, dessen Energie auf Malkuth, die materielle Welt, deutlich einwirkt und mit Hilfe unserer Sinne auch erreich- und beeinflussbar ist. In Nezach sprechen unsere Gefühle zu uns und in Hod, den Achtern, unser Denken. Beide Kräfte sollen sich gegenseitig ergänzen und befruchten.

HOD – DIE ACHTEN

Die Sephira Hod ist dem Planeten Merkur zugeordnet und wird durch die Achten der Zahlenkarten repräsentiert. Hod, die mit Pracht übersetzt wird, steht für Struktur und Ordnung. Ihrer Natur auf der linken Säule gemäß hat diese Struktur mit Formung zu tun und ihre Nähe zur materiellen Welt verleiht dieser Form gedanklich Gestalt.

Hod steht ebenso wie Nezach in direkter Verbindung mit Malkuth (Zehn) und wir stellen diese Verbindung mittels unserer Gedankenkraft her. Unsere Gedankenenergie wiederum hat die grundlegende Tendenz, sich zu manifestieren. Wenn uns die Atmosphäre innerhalb von Hod manchmal als träge, starr oder gar hart vorkommt, ist der tiefere Grund für diese Starre darin begründet, dass dadurch größere negative Auswirkungen für unsere Welt der Materie verhindert werden. Dies gilt insbesondere dann, wenn wir mit unseren Gefühlen, mit Nezach, nicht geeint sind.

Als menschliche Wesen sind wir durch den Faktor Zeit vor der direkten materiellen Begegnung mit unserer Gedankenkraft geschützt. Stell dir einmal vor, dass alles, wirklich absolut alles, was du denkst, im gleichen Moment vor dir materiell auftauchen, sich manifestieren würde! Die Tatsache, dass zwischen dem Aussenden unserer Gedanken und der entsprechenden materiellen Verdichtung Zeit verstreicht, bedeutet einen ungeheuren Schutz für unsere Welt. Nebenbei bemerkt, verringert sich dieser Schutzfaktor aktuell generell kontinuierlich.

Zudem haben wir während der Zeit, die der entsprechende Verdichtungsprozess benötigt, immer noch die Möglichkeit, unsere meist unbewusst ausgesandten Gedanken in andere Bahnen zu lenken, als dies während beispielsweise eines Wutausbruchs geschieht. Vielen unserer Gedankengänge hängen wir zwar relativ unbewusst nach, doch ändert dies nichts daran, dass jeder unserer Gedanken die Tendenz hat, sich zu verwirklichen. Hod benötigt den Energieaustausch mit Nezach, deren eher wässrige Energie die starre Struktur von Hod sozusagen aufweicht. Was wir heute intellektuell für die Wahrheit halten, kann sich morgen schon als Unwahrheit herausgestellt haben – hier verbirgt sich die unerlöste Merkurkraft, die als Unehrlichkeit, Falschheit oder auch Verführung in Erscheinung tritt. Wenn wir jedoch durch die Kraft unseres Verstandes, also Hod, Ordnung in unsere Gedanken gebracht haben, können wir diesen Ausdruck verleihen und in Dialog und Kommunikation gehen, wofür wiederum die erlöste Merkurkraft steht.

Hier kommt Hod der Anteil der von Nezach herüberfließenden Energie zugute, denn es besteht im Zusammenwirken dieser beiden Energien die Möglichkeit, Gedanken und Gefühle in Einklang zu bringen, was Heilung bewirken kann. Gesunde Gedanken haben einen gesunden Körper zur Folge und auf nonverbaler Ebene bringt der gesunde Austausch von Denken und Fühlen Harmonie mit der Umwelt mit sich.

In Hod können wir lernen, System und Strategie in unser Leben zu bringen, allerdings nur unter der Voraussetzung, dass sich Hod in sinnvollem Austausch mit Nezach befindet. Die vier Achter geben darüber Auskunft, ob die Energien von Nezach und Hod ausgeglichen sind bzw. wie wir diese ausgleichen können.

YESOD – DIE NEUNER

In Yesod befinden wir uns wieder im Bereich der mittleren, ausgleichenden Säule. Nur eine Sphäre von Malkuth entfernt fängt Yesod die geballte Gewichtung der herunterfließenden Energien des Lebensbaumes auf. Yesod steht für unser Unterbewusstsein, das permanent Energie an uns weitergibt bzw. uns individuelle und universelle Schätze anbietet, die wir dort heben und in die Materie hereinholen können.

Yesod wird das Fundament genannt. Beachte bei der Deutung der vier Neuner, dass du in Yesod ein Energiepotenzial vorfindest, das sehr nahe an die materielle Stofflichkeit herankommt – Yesod steht für die Astralebene, die uns mit dem unteren Teil unseres Eisbergs verbindet. Die Einwirkung, die das Unterbewusstsein, individuell wie kollektiv, auf die Alltagswelt ausübt, ist in dieser Sphäre so deutlich zu erkennen wie in keiner anderen.

Der Himmelskörper, der sich unserer Erde räumlich am nächsten befindet, ist der Mond und diesem ist Yesod auch zugeordnet. Der Mond ist für uns nicht immer gleichbleibend sichtbar, er nimmt ab und zu. Als Neumond können wir ihn fast überhaupt nicht wahrnehmen, während er als Vollmond sogar die Dunkelheit der Nacht erhellt. Dieses Wechselspiel entspricht auch der Natur der Sephira Yesod.

Die Rhythmik des Mondes steht in unmittelbarem Zusammenhang mit den Gezeiten der Meere und auf den Wasserhaushalt des Menschen hat der Mond ebenfalls Einfluss. Wie im Abschnitt Elementenlehre besprochen, befindet sich Wasser in Analogie zu unserem Gefühlsleben, zu unseren Empfindungen und Emotionen. Unterdrückte emotionale Energien, die sich ihre Bahnen suchen und erlebt werden wollen, können in Yesod erkannt und integriert werden. Ebenso können einengende Glaubenssätze oder auch Prägungen aus der Vergangenheit, die sich wie ein Staudamm aufgebaut haben, auf der Ebene von Yesod aufgelöst werden, sodass unsere Emotionen (Nezach) und auch Gedanken (Hod) wieder frei und klar fließen können, was wiederum positive Auswirkungen auf diese Sphären hat. Dadurch werden sie unserem Energiehaushalt zugeführt und wirken sich stärkend auf unsere Lebenskraft aus.

Wenn wir uns diese Prägungen nicht bewusstmachen und stattdessen unsere Automatismen mit hohem Kraftaufwand aufrechterhalten, wird die Yesod-Energie unberechenbar. Unsere aufgestauten Emotionen werden übermächtig, bekommen uns in den Griff und übernehmen das Ruder. Unter Stress geraten wir dann plötzlich „außer uns". Ein falscher Reiz zu viel, und man reagiert überemotional. Der Druck, dem man aufgrund von inneren Blockaden oder geladenen Emotionen ausgeliefert ist, hat dann Auswirkungen auf die erlebte Umwelt. Diese reagiert und als Folge holt man sich Energien ins Leben, die man als unangenehm empfindet.

Die Sephira Neun bietet uns die Möglichkeit, ihre Energie sozusagen als Sprungbrett zu benutzen, um zu den höher gelegenen Sephiroth zu gelangen, weil die Energien aller drei Säulen in Yesod zusammenlaufen, aufgefangen werden und uns zur Verfügung stehen.

MALKUTH – DIE ZEHNER

Die unterste Sephira im Lebensbaum ist Malkuth, das Reich der materiellen Stofflichkeit. Impulse, die in Kether ihren Anfang nahmen, haben in Malkuth den Grad der Körperlichkeit erreicht, den wir mit unseren physischen Sinnen als Materie interpretieren. Die gesamte farbige Vielfalt der Erscheinungswelt tritt uns hier entgegen und ist für uns greifbar. Dies ist die facettenreiche Welt des physischen Körpers und unserer Handlungen.

Malkuth gibt dem Lebensbaum die Stabilität, die er für ein sinnvolles Zusammenspiel seiner Energien benötigt. Ähnlich, wie ein Baum in der Natur ohne Wurzeln nicht denkbar ist, könnte auch der Lebensbaum ohne die Standfestigkeit, die er in Malkuth erhält, nicht existieren.

Ebenso wie die Thematik der Dichte ist auch Abgrenzung ein Thema, das in der stofflichen Welt eine wichtige Rolle spielt, denn zwei feste, materielle Körper können sich nicht ohne weiteres miteinander verbinden, vermischen oder ineinanderfließen. Das Zusammenspiel der vier Elemente hat in den höher gelegenen Sephiroth immer wieder Erweiterung, Ordnung und Korrektur erhalten, bis diese nun in unserer stofflichen Welt so ineinandergreifen, dass Materie entsteht.

In ihrer materiellen Erscheinungsform befinden sich die Elemente naturgemäß in einem eher trägen Zustand. Wenn wir unsere materiellen Umstände verändern wollen, fällt uns dies in einem feinen Zustand, den die Elemente weiter oben im Baum noch haben, vergleichsweise leichter. Alle stofflichen Ergebnisse, die wir in Malkuth erleben, sind das Produkt der oberen Sephiroth.

Doch darf man keineswegs annehmen, dass in der zehnten Sephira deswegen Starre und Unbeweglichkeit vorherrschen. Die Energie der vier Elemente verhält sich hier zwar träger als in den weniger dichten Sphären, doch ihre Natur der Veränderung bleibt dennoch weiterhin bestehen. Betrachte die dich umgebende Welt mit wachsamen Augen und du wirst sehen, dass sich auch hier alles in Bewegung, im Fluss befindet. „Stillstand ist Rückschritt", lautet ein Gesetz der Entwicklung und wir sollten dies direkt auf unsere Alltäglichkeit, also auf die gezogenen Zehner, übertragen und anwenden.

Wir haben nun den kabbalistischen Lebensbaum von oben nach unten durchwandert. Bei der Beschreibung der einzelnen Karten werde ich mich auf das hier Besprochene nochmals beziehen, damit du dann in Theorie und Praxis nachvollziehen kannst, wo sich der energetische Zustand einer Situation gerade befindet und wie die Karten aus kabbalistischer Sicht ineinander übergehen.

Lege jetzt deine kleinen Zahlenkarten in Form des kabbalistischen Lebensbaumes aus, also die Asse an den Platz von Kether, die Zweien auf die Binah-Position usw. Versuche, die Verdichtung des Feuers, der Stäbe, von Kether nach Malkuth zu erspüren und nachzuvollziehen, indem du den Weg den Baum hinunter mitverfolgst. Mach diese Übung auch mit den Karten der anderen Elemente. Lies die Beschreibung der einzelnen Sephiroth nochmals aufmerksam durch, während du die ausgelegten Karten auf dich wirken lässt. Versuche auch, den Bezug zu den Elementen herzustellen, also z.B. Kelche Drei ist Binah durch Wasser oder Stäbe Fünf ist Feuer in Geburah usw.

LEHRGANGSSTUFE IV

DIE KLEINEN ARKANEN

FEUER
WASSER
LUFT
ERDE

DIE KLEINEN ARKANEN

Alle Kleinen Arkanen gehören einem den vier Elementen an. Bei den 40 kleinen Zahlenkarten beginnen diese Farbenreihen beim Ass mit Wert Eins bis zur Zehn. Die Deutungen gelten natürlich weiterhin für die Bilder von Waite und Smith. Doch nachdem sich dieser Lehrgang konsequent auf den kabbalistischen Lebensbaum bezieht, kannst du die folgenden Deutungen grundlegend auf alle andere Tarot-Versionen, insbesondere die älteren, übertragen, auf denen nur die Element-Symbole abgebildet sind. Der Bezug zur Kabbala führt bis zu den Ursprüngen des Tarots. Wer die Wurzeln des Tarots versteht, kann diese dann jederzeit auf die Äste, Zweige und Blüten dieser Kunst übertragen.

Betrachte nun als Einstieg jede Karte einzeln so lange, bis sie auf deine Sinne und deinen Verstand wirkt. Mach dir immer wieder bewusst, dass Schwerter für unsere Gedanken stehen, Stäbe für den Willen usw. Versuche als nächstes, Bezüge der Karten untereinander herzustellen. Auf welchen Karten entdeckst du Ähnlichkeiten? Die Aussagen unterscheiden sich teilweise nur in Nuancen, die jedoch für unsere Entscheidungsfindung von großer Wichtigkeit sind. Der Flügelschlag eines Schmetterlings in China kann in Amerika einen Orkan auslösen.

Stell dir bei den abgebildeten Figuren vor, wie es dir in einer vergleichbaren Situation gehen würde. Welche der Personen dort bist du gerade? Welche Orte ziehen dich an, welche Plätze sind dir nicht so geheuer? Wo auf dem Bild möchtest du am liebsten oder auch am wenigsten gern sein? Etwa so: Wie fühlt sich die niedergestreckte und durchbohrte Person in den zehn Schwertern? Ist dieser Mensch schon scheintot oder empfindet er vielleicht gerade eine Art Wohlschmerz? Wie wirkt der gelbe, sich öffnende Horizont auf diesen Menschen?

Die Farbgebung, Szenerie und die Symbolik der Karten sind so gehalten, dass sie unser Unterbewusstsein direkt ansprechen, das dadurch mit uns kommunizieren und uns intuitive Einsichten übermitteln kann. Neue Ein-Fälle und auch Zu-Fälle sind die Folge! In der Praxis wirst du mit einigen Karten deine ganz persönlichen „Vereinbarungen" erreichen. So wird der Kontakt immer intensiver und die Aussagen werden zunehmend konkreter.

Wenn du mit den Kleinen Arkanen praktisch arbeitest, solltest du die Aussage gezogener Karten immer erst dann im Buch nachschlagen, wenn du dich für eine bestimmte Zeit mit der Karte beschäftigt hast. Leg auch öfter den kabbalistischen Lebensbaum neben dich und vergleiche die schriftliche Erläuterung der Karte mit ihrer Position im Lebensbaum. Die Kabbala erlernt man stufenweise und lebenslang, sie bereichert unseren Alltag immer mehr. Zu jeder Karte findest du auch eine Kurzformel, die auf meiner praktischen Erfahrung beruht. Diese Formeln sind der Versuch, den Aussagewert jeder Karte so kurz und prägnant wie möglich zusammenzufassen. Wenn sie dir anfangs als Wegweiser und Orientierungshilfe dienen, haben sie erfüllt, was ich mit ihnen erreichen möchte.

FEUER

ASS DER STÄBE - FEUER DURCH KETHER

Das Stab Ass symbolisiert den Willen in seiner ursprünglichsten Form. Die Kleinen Arkanen beginnen mit dieser Karte und der Blitz, der den Lebensbaum hinabsteigt, hat hier seinen Ursprung. In den vier Assen bricht das jeweilige Element, in diesem Falle das Feuer, aus höheren Bereichen zu uns durch, um für unser Bewusstsein erkennbar zu werden, um dann in unsere Aktivitäten einzumünden. Wenn wir uns in der Energie des Stab Ass befinden, begegnen wir einer neuen Qualität unserer Willenskraft, deren Handhabung und Umsetzung wir erst noch lernen müssen.

Deswegen ist das Stab Ass als Keule dargestellt, die uns wie auch die anderen Elemente in den Assen von einer Hand aus Wolken heraus gereicht wird. Diese Hand ist Teil eines höheren Systems. Wissenschaftlich ausgedrückt verdichtet sich gerade ein Willensimpuls aus dem Quantenfeld heraus und lädt uns ein, ihm unsere Aufmerksamkeit zu schenken, ihn zu ergreifen. Die Keule ist nicht bearbeitet, sie ist noch ungeformt und wild. Wir sind noch nicht in der Lage, unsere Willenskraft gezielt zu gebrauchen, doch werden wir Zug um Zug lernen, dieses Elementarwerkzeug zu nutzen. Der graue Hintergrund sagt uns, dass es letztlich an uns liegt, ob wir diesen Impuls konstruktiv oder destruktiv, hell, dunkel oder farbig anwenden werden. Noch befindet sich die Keule des Geistes über den Wassern des Flusses, der sich durch die Landschaft schlängelt.

Wir erleben die Geburt der feurigen Urenergie, die aus der inneren Unruhe heraus entsteht. Oft fühlen wir uns beim Ziehen dieser Karte mehr oder weniger angespannt und sie verdeutlicht uns, dass wir nicht mehr allzu lange auf die Chance warten werden, unseren Willen zu formulieren und auch einzusetzen. Die Kraft in uns wächst immer mehr. Wir werden eine klare und konkrete Ausrichtung für unsere Willenskräfte erhalten. Wir sollten uns jetzt keinen Ablenkungen hingeben, sondern uns sammeln und zentrieren. Bald werden wir die Initiative ergreifen können, wo auch immer diese für uns ansteht.

Wir befreien uns von Blockaden, was mitunter auch sehr wuchtig geschehen könnte. Die Kunst der Konzentration wird uns empfohlen, damit wir nicht vorschnell oder unbedacht handeln. Äußere Reize werden uns provozieren, unseren bisherigen Rahmen auszudehnen, doch sollten wir darauf achten, keinen unkontrollierten Rund-Umschlag zu veranstalten, der zu Destruktivität und Zerstörung führen würde. Wir sollten unsere Risikobereitschaft nicht übertreiben und uns während der nächsten Zeit keinesfalls vom Übermut leiten lassen. Konkret: Unsere Offensive darf keinen Schaden anrichten!

Der Moment, wenn der Zündholzkopf sich nach der Reibung am Schwefelblättchen entzündet, entspricht dem Ass der Stäbe und auch hier wird die Stichflamme erst noch am Holz Halt und Nahrung finden müssen, um das entstandene Feuer seinem Zweck zuzuführen. Genieße das Gefühl der Kraft und finde geeignete Maßnahmen und Ziele, um deinen Offensivdrang sinnvoll umzusetzen, wenn sich passenden Gelegenheiten eröffnen. Werde dir klar darüber, was genau dich am Ausleben deiner Lebenskraft hindern könnte und befreie dich von Situationen oder Personen, die dich einengen. Lass dich nicht von Menschen klein halten, die dir zu wenig zutrauen. Sei dir bewusst darüber, dass äußere Blockaden stets die Widerspiegelung innerer Hindernisse zum Ausdruck bringen wollen. Welchen „zündenden" Impulsen möchtest du Form verleihen?

KURZFORMEL: DIE KRAFT MEINES WILLENS WIRD GEZÜNDET.

ZWEI DER STÄBE - FEUER DURCH CHOCKMAH II

Die Initialzündung des Stab Ass sucht für deine Kräfte jetzt eine konstruktive Ausrichtung, eine bestimmte Absicht. Erst in Binah (Drei Stäbe) wirst du dein Ziel klar formulieren und dich auch messbar darauf zu bewegen können. Doch in den Zwei Stäben sucht man eine willentliche Orientierung und kann sie dort auch finden. Du hast ganz sicher noch mehr Möglichkeiten zur Verfügung, als dir aktuell bewusst ist. Was also willst du tatsächlich? Warum willst du es - und was willst du eigentlich nicht? Erkunde deine wahren Motive!

Du bist in Aufbruchsstimmung, doch deine Kraft könnte schnell in Streitlust oder Rivalitätsverhalten umkippen. Bildlich ausgedrückt sitzt man gerade am Steuer des schnellsten Wagens, den man jemals gefahren ist, und lernt den Umgang mit dessen Gaspedal. Doch gehört zum sicheren Steuern eines Gefährts etwas mehr als nur Gas zu geben. Entschlussfreude und Dynamik schreien nach Herausforderungen.

Die Zwei der Stäbe sind die große Chance, dein Offensivpotenzial zu entdecken und es in deinem inneren Reichtum zu integrieren. Dabei keine faulen Kompromisse einzugehen, muss nicht Kompromisslosigkeit bedeuten und in keine übertriebene Rücksicht zu verfallen, muss nicht automatisch zur Rücksichtslosigkeit ausarten.

Der Mann auf dem Bild lässt seinen Blick über das Gebiet schweifen, in das er reisen wird, doch inneres Wissen und Forscherdrang finden noch in seinem Inneren zueinander. Er besinnt sich noch, bevor er aufbricht und entdeckt dabei, dass er gerade die ganze Welt in seiner Hand hat.

Beherrschtheit bestimmt die Atmosphäre, denn noch ist die Zeit der Sammlung, der Besinnung und der Konzentration. In deiner befragten Sache solltest du deinen Standpunkt auf jeden Fall beibehalten, denn dieser ist in sich stimmig. Der Pfeil deines Willens hat den Bogen noch nicht verlassen und je näher du die Sehne zu dir heranziehst, umso effektiver wird der Flug sein. Positionierung ist jetzt angesagt, ohne dabei allzu aktiv zu sein.

Wenn wir die Botschaft der Zwei Stäbe beherzigen, werden wir unsere Zielsetzung konkret definieren und dieses Ziel dann auch mit Sicherheit erreichen, sofern wir nicht durch unbeherrschtes, allzu dynamisches Verhalten alles über den Haufen werfen. Wir sind in Übereinstimmung mit dem kosmischen Willen, den uns unsere Gefühle gerade am deutlichsten übermitteln können. Noch befinden wir uns in der Entschlussphase und sollten unser Ziel so genau anpeilen, wie es aktuell möglich ist.

KURZFORMEL: DIE SPIELREGEL LAUTET BEHERRSCHTHEIT.

Der Pfeil hat den Bogen verlassen und befindet sich auf dem Weg zum Ziel. Es ist immer noch die Zeit des Abwartens, denn wir haben nun alle notwendigen Vorbereitungen getroffen. Wir wissen, wohin wir gerade bewegt werden, doch unsere Aktionen dabei sind relativ überschaubar. Viel wichtiger sind gerade die Fragen: Haben wir im Vorfeld unser Bestes gegeben? Ist der Samen gut versorgt? Wenn wir uns dies mit einem „Ja" beantworten können, dürfen wir voller Zuversicht darauf vertrauen, dass sich alles zur rechten Zeit (Binah ist dem Planeten der Zeit, Saturn zugeordnet) entfalten wird. Wenn nicht, können wir jetzt noch mögliche Korrekturen vornehmen.

Unser Vorankommen wird sich durch unsere Ungeduld nicht beschleunigen lassen. Der Keimling wird gerade für unsere Augen sichtbar. Wir sollten ihn jetzt nicht „totgießen", sondern mit klarem Blick realisieren, welche Pflanze gerade daraus entstehen möchte. Jede Angelegenheit braucht ihre eigene Zeit, um sich entfalten zu können.

Das Ziehen der Karte zeigt an, dass Zweifel zum jetzigen Zeitpunkt unangebracht sind und unsere Sache nur unnötig gefährden würden. Auch zusätzliche Aktivitäten, die über das offenkundig Anstehende hinausgehen und letztlich nur aus unserer Ungeduld entspringen würden, sind in der momentanen Entwicklungsphase überflüssig. Es gilt, integer zu dem zu stehen, was man vorbereitet hat und nicht den Mut zu verlieren, nur weil man nicht alles sofort haben kann. Die Dinge stehen zum Besten und das Betreten des Neulands wird bald möglich sein. Wir sollten jetzt unsere Beharrlichkeit nicht aufgeben. Während wir uns auf unserer Zeitlinie fortbewegen, tut unsere Umwelt dies ebenfalls. Genau diese Veränderungen sind es, die unsere Sache immer deutlicher in Reichweite bringen. Alles befindet sich in Bewegung!

Der Mann ist nun auf dem Weg und lässt seinen Blick immer wieder über den Horizont streichen. Er weiß, dass er der richtigen Orientierung folgt, auch wenn er das Ziel noch nicht konkret vor Augen hat. Die Energie der Drei Stäbe entspricht dem Frühlingsbeginn, wenn die Natur mit Wachstum und nicht mit der reifen Ernte beschäftigt ist. Auf eben diese Kraft des Wachstums kannst du jetzt vertrauen. Die Form der zukünftigen Pflanze ist im Samen bereits als Idee enthalten und der Baum braucht jetzt die nötigen Wurzeln, also Erdung, um später Früchte tragen zu können und nicht gleich beim ersten Sturm umzuknicken. Sei geduldig und gib der Angelegenheit die Zeit, die sie benötigt, um sich zu entfalten. Vergiss nicht, dich dabei auch selbst weiterzuentwickeln.

KURZFORMEL: DIE WURZELN GREIFEN TIEF, DIE KNOSPEN BILDEN SICH HERAN.

VIER STÄBE - FEUER DURCH CHESED IV

Jupiter, der Planet der Erweiterung, regiert in der Sephira Chesed, in deren Sphäre ein Gleichgewicht der Kräfte erreicht werden will, das zu Vereinigung und Vollständigkeit führt. Das Feuer der Kreativität entfacht sich gerade.

Sei es nun innerlich oder äußerlich, wir treffen auf ein Gegenüber, das uns ergänzt und den Zustand der Harmonie und Lebendigkeit ins Leben ruft. Chesed (Vier) bedeutet den Durchstoß in die materielle Wahrnehmung, sodass wir greifbare Resultate erzielen können. Du befindest dich auf dem Weg des Herzens, wenn du diese Karte ziehst. Die Überwindung vergangener Widerstände und Hindernisse zahlt sich nun ebenso aus wie die Geduld, die du in der Vergangenheit (Drei Stäbe) üben musstest. Doch benötigt jede Erweiterung auch ihr rechtes Maß. Jede Energie würde ausufern, wie bei einem immer weiter blutenden Schnitt. Nur die Kristallisierung bewirkt Begrenzung und dadurch eine Verkrustung der Wunde, die dann Heilung bringt. Dieses natürliche Maß braucht auch jede Willensäußerung. Auf der Ebene von Chesed wollen unsere Gefühle nun eine Richtung vorgeben, die du unbedingt in deine Sache mit einbeziehen solltest. Wie fühlst du dich, wenn du jetzt Etappensiege einfahren darfst? Kannst du mit dem Erreichten auch tatsächlich souverän umgehen? Bist du der damit einhergehenden Verantwortung gewachsen? Fragen, die du dir jetzt schon stellen solltest, um später nicht überrascht zu sein.

Entscheidungen, die du jetzt triffst, werden auch Auswirkungen auf andere Beteiligte haben.

Aus der Position der Vier Stäbe können wir uns darüber klar werden, welche neuen, meist zusätzlichen Ziele wir ins Auge fassen können, die unsere derzeitigen Lebensumstände verbessern. Wir agieren von einer soliden Basis aus, denn wir sind keine Neulinge auf dem aktuellen Weg. Projekte, die wir aus dieser Frequenz heraus in Angriff nehmen, werden erfolgreich verlaufen, wenn wir zentriert bei der Sache bleiben. Versalzen könnten wir uns die Suppe nur dann, wenn unser Ego leichtsinnig übers Ziel hinausschießt oder wir uns im Gegenteil hierzu einfach nicht bewegen wollen. Genau dies können uns nur unsere Gefühle mitteilen, weshalb wir aufmerksam auf sie achten sollten. Wir erhalten die Möglichkeit, uns in vieler Hinsicht zu erweitern.

In der Energie dieser Karte will sich unser Wille, mit dem wir zunehmend souveräner umzugehen lernen, mit unserem Gefühlsleben verbinden. Die Personen hinter den Stäben erwarten uns freudig und sind die Mittler zwischen uns und unseren großen Zielen, die sich in Sichtweite befinden.

KURZFORMEL: GEFÜHL TRIFFT WILLENSKRAFT – EIN ETAPPENSIEG IST MÖGLICH.

FÜNF STÄBE - FEUER DURCH GEBURAH V

In den Vier Stäben erreichten wir willentlich ein Ergebnis, das unser Wohlbefinden förderte und unsere Situation verbesserte. Dies kann jedoch niemals ein Dauerzustand bleiben, weil unser Wachstum immer vorläufige Grenzen erreichen muss. Sollten wir diese Grenzen nicht freiwillig bedacht und eingehalten haben, werden wir in Geburah nun entsprechend korrigiert – zu unserem und zum Wohle Aller!

Diese - durchaus natürlichen - Wachstumsgrenzen will man oft nicht so ohne weiteres akzeptieren, sondern verstärkt seine Bemühungen. Man setzt viel Kraft ein, um den gewünschten Zustand der Erweiterung beizubehalten. Doch entspricht dies gerade nicht der vorgegebenen Zeitschiene unseres Anliegens. Wenn wir gerade an unsere derzeitigen Grenzen stoßen, geschieht dies nur deshalb, weil sich andere Zeitgenossen ebenfalls gerne erweitern wollen. Wenn alle Beteiligten ziellos darauf los wachsen, wird dies irgendwann dazu führen, dass man sich gegenseitig in die Quere kommt. Solche Situationen erzeugen Spannung, Konflikt, oftmals auch Streit. Doch gibt es auch andere Mittel des gegenseitigen Abstimmens als von der Streitlust motivierte.

Die Menschen auf dem Bild scheinen sich in fast spielerischem Wettstreit zu befinden. Doch sollten wir beim Ziehen der Karte immer wissen, dass in der Stimmung der Fünf Stäbe die ganze Szenerie urplötzlich umkippen kann. Dies geschieht häufig dann, wenn die Kämpfenden plötzlich erkennen, dass man mit Stäben in der Hand sehr gut bewaffnet ist. Hinzu kommt, dass wir nicht wissen, wie geübt alle Beteiligten im Umgang mit ihren Stäben sind. Was jetzt zählt, ist das gemeinsame Ziel und nicht der Machtkampf, auch wenn er noch so spielerisch aussieht.

Werde dir bewusst darüber, dass keine Übereinstimmung erzielt werden kann, solange du nicht bereit bist, deine bisherige Haltung ruhig und gelassen zu überdenken und an die aktuellen Umstände neu anzupassen. Dies bedeutet nicht, dass du auf längere Sicht zum Scheitern verurteilt bist. Nur im Moment ist eine weitere Expansion nicht möglich und du solltest dies akzeptieren – dein Streben könnte ansonsten vergeblich sein. Du bist gerade herausgefordert, dein Verhältnis zur Umwelt neu zu überdenken und wahrscheinlich auch zu korrigieren. Wenn du jetzt allerdings zusätzliche Kräfte in die Angelegenheit investierst, ähnelt dies dem Verhalten des Hamsters im Laufrad, der sich anstrengt, jedoch nicht vom Fleck kommt.

Wenn wir den Ratschlag der Fünf Stäbe beherzigen, ersparen wir uns viel Energie und vielleicht auch Kummer. Hier verbissen weiter zu agieren wird sich als Fehler erweisen, also warum nicht gleich aus dem Laufrad aussteigen, zur Ruhe kommen und ruhig und gelassen um sich blicken? „Ein Krieger weiß, dass er wartet und er weiß, worauf er wartet. In der Zwischenzeit labt er seine Augen an der Welt." (Carlos Castaneda). Dieses „seine Augen an der Welt laben" ist die Lösung, welche uns von dieser Karte angeboten wird.

Das Erreichte abzusichern und darauf zu warten, wann sich der angestaute Fluss der Energie wieder sinnvoll und konstruktiv in Bewegung setzen und sich ausdrücken darf, lautet die Botschaft der Karte. Also labe deine Augen in der Zwischenzeit an der Welt.

KURZFORMEL: SACHE GUT, ZEITPUNKT NOCH ZU FRÜH!

SECHS STÄBE - FEUER DURCH TIPHERETH VI

In der Sphäre Tiphereth befinden wir uns zum ersten Mal seit dem Ass wieder in der mittleren Säule. Zugleich bewegt sich diese Sephira im Zentrum des Lebensbaumes, von wo aus sie zu allen anderen Sphären außer Malkuth direkte Verbindung pflegt. Die Synthese von Chesed und Geburah findet hier statt, was bedeutet, dass sich unsere Willenskräfte gerade harmonisch miteinander verbinden wollen.

Die Karte übermittelt uns durch ihre Szenerie die Stimmung des Sieges. Der Lorbeer versichert, dass wir erfolgreich sind, gleichgültig, ob wir unser Vorhaben gerade erst starten oder dabei sind, es zu Ende zu bringen, was natürlich von unserer Fragestellung abhängt. Wir dürfen unsere Willenskräfte jetzt gebündelt zur Anwendung bringen und können aus dieser Zentrierung heraus unsere Angelegenheit in vieler Hinsicht verbessern. Wir haben außerdem die Chance, jetzt zusätzlich neue Projekte anzugehen – die Flammen unseres Feuers brennen nun wieder!

Wir bekommen oft völlig überraschend eine Hand gereicht, eine Brücke gebaut, mit der wir nicht gerechnet hatten. Wir stellen fest, dass sich unser Aufwand jetzt auszahlt und dass wir zu Recht die Früchte unserer geleisteten Arbeit einfahren dürfen. Diese beinhalten zugleich die Samen, die wir jetzt setzen können, um die nächste Ernte sicherzustellen.

Deine Energie, die du in Geburah – hoffentlich – nicht sinnlos verschleudert hast, darf jetzt wieder fließen und deine Stimmung ist von Optimismus und Lebensmut genährt. Vielleicht musstest du in der Vergangenheit über dich selbst hinauswachsen, um an diesen Punkt zu gelangen. Doch dieser Kraftakt hat sich rentiert, denn das Resultat stellt sich nun ein.

In allen Sechsern steht der Seelenanteil unseres inneren Kindes bereit, um an unserer Lebendigkeit mitzuwirken. Auch unser höheres Selbst ist in Tiphereth präsent und hält bewusste Verbindung mit den naiven, unschuldigen menschlichen Seelenanteilen. Jede Form der Leichtigkeit kann gerade nur von Vorteil für unsere Sache sein. Dies gilt für uns selbst ebenso, wie auch für alle Beteiligten, die an unserer Angelegenheit mitwirken. Belohne dich und andere für das bisher Erreichte.

„Das ist zu schön, um wahr zu sein!" solltest du jetzt jedenfalls nicht sagen, denn das alles stellt ein Produkt deiner bisherigen Entwicklung dar. Pack deine Chance beim Schopfe und feiere das Leben, lautet die Botschaft der Sechs Stäbe! Werde dabei allerdings nicht leichtsinnig oder übermütig, steuert das Flüstern unseres Schattens bei.

KURZFORMEL: DIE HELLEN FLAMMEN STRAHLEN ERNEUT.

In Abbildung 1 (siehe Seite 140) des Kapitels Kabbala kannst du bestens nachverfolgen, wie die Sephiroth Nezach, Hod und Yesod in direkter Verbindung mit Malkuth, der materiellen Welt, sind. Dies ist der Grund, weshalb es bei der Deutung der Karten aus dem Dreieck Sieben, Acht und Neun immer zu berücksichtigen gilt, dass diese Sphären direkten Einfluss auf unsere alltägliche Handlungs- und Aktivitätsebene haben.

Um das Wesen der Siebenerreihe zu erfassen, ist das Verstehen des energetischen Zusammenspiels von Nezach und Hod ausschlaggebend. Die heruntersteigenden Kräfte der linken und der rechten Säule münden in diese beiden Sephiroth ein und sammeln sich dort. Das Gleichgewicht des kabbalistischen Lebensbaumes ist sichergestellt, wenn sich Nezach und Hod gegenseitig ausbalancieren. Aus diesem Grunde greift die eine Energie sofort korrigierend in die andere ein, wenn ein Übergewicht entsteht, was unangenehme Folgen hätte. Je deutlicher du den Ausgleich erkennst, den die Siebener und Achter gemeinsam erreichen wollen, umso klarer wirst du die Botschaft dieser Karten ganzheitlich erfassen können. Wenn du die Karten Sieben und Acht desselben Elementes nebeneinander liegend betrachtest, wird das spontane Erkenntnisse mit sich bringen. In unserem Fall heißt das, den Energiefluss zwischen Sieben Stäben und Acht Stäben zu ergründen. Ähnlich könntest du mit Sieben und Acht Kelchen vorgehen usw. Nezach braucht Hod und Hod braucht Nezach. Das lässt sich hier an den „Auffangbecken" der beiden Säulen am leichtesten erfassen. Gefühl und Verstand, Bauch und Kopf sind grundlegende Motive, die sich gegenseitig ergänzen und nicht behindern sollten.

Der Weg der Elementverdichtung, ausgehend vom Feuer über das Wasser und die Luft bis hin zur Erde, ist in Nezach ebenfalls bestens nachzuvollziehen. Von den Sieben Stäben bis hin zu den Sieben Münzen führt ein Weg, der einen eventuellen Fehlschlag zur Folge haben könnte. Doch stets erhält man auch die Chance, rechtzeitig und somit beginnend in den Sieben Stäben für den nötigen Ausgleich zu sorgen, der zu wünschenswerten Ergebnissen führt. Das liegt nicht daran, dass Nezach nun so eine „schlechte" Sephira wäre, sondern an der Verdrängung der gegenüberliegenden Sephira Hod. Immer dann, wenn entweder der Verstand oder die Gefühle zu stark dominieren, steuern wir auf äußere Situationen zu, die nicht in Balance sind und früher oder später entsprechende Ergebnisse nach sich ziehen. Wenn wir die Ratschläge der 40 Zahlentrümpfe allerdings bereits auf dieser Verständnisebene beachten, können wir uns so manchen Ärger ersparen.

Feuer verhält sich in Nezach gerne kämpferisch, etwa so, als wenn es dort ums Überleben ginge. Zudem befinden wir uns in der männlichen, expandierenden Säule des Baumes. Es liegt auf der Hand, dass all diese Energie unbedingt ein sinnvolles und greifbares Ziel benötigt, sonst kocht die Situation über, unsere Kraft ufert aus und steckt die Umgebung in Brand.

Die Versuchung, lediglich um des Kämpfens Willen zu kämpfen, ist gerade äußerst groß. Nur wenn wir unseren Wunsch aus ganzem Herzen verfolgen, rät uns die Karte, uns jetzt nicht von unserer Zielsetzung ablenken zu lassen. Nur wenn wir absolut zu uns selbst stehen, kann ein verwegener Husarenstreich die Situation in eine für uns angenehme Richtung lenken. Unsere ansonsten ausufernde, sich verselbständigende Willenskraft könnte uns jedoch an den

Punkt bringen, von dem aus wir nur noch deswegen (weiter-)kämpfen, weil es uns um Profilierung geht. In dieser Stimmung der Verbissenheit würden wir die eigentliche Sache aus den Augen verlieren.

Du siehst, dass der Kämpfende keine erkennbaren Personen als Gegner hat, was natürlich Rückschlüsse auf seine Auseinandersetzung zulässt. Wenn er seinen engen Blick verändern würde, könnte er sofort wahrnehmen, dass er sich in einer höher gelegenen, also aussichtsreicheren Position befindet als seine Widersacher, wer immer diese auch sein mögen. Nicht zuletzt deshalb sollten wir uns zuallererst klar positionieren und die Dinge konkret beim Namen nennen. Allerdings gilt es auch, in Betracht zu ziehen, dass unsere vermeintlichen Gegner und Widerstände eigentlich nur in uns selbst um ihr Dasein kämpfen.

Wenn wir alle vorhandenen Energien sammeln und diese auf das realistische, wahrlich erstrebenswerte Ziel vereinen, könnte die angestrebte Chance für uns bestehen. Die unbedingte Voraussetzung dafür ist, dass wir unsere Motivation genau kennen und wissen, dass wir von unserer Sache aus ganzem Herzen überzeugt sind. Dann und nur dann sind wir aufgefordert, uns voll für das erstrebte Ziel einzusetzen. Halbherzigkeit wird uns mit Sicherheit ebenso scheitern lassen wie Sturheit.

Wir müssen bereit sein, die Möglichkeit einer eventuellen Niederlage von vorneherein mit in Kauf zu nehmen. Nur wenn uns die angefragte Sache dies alles wert ist, können wir das Risiko eingehen. Kampferfahren macht uns die Stäbe Sieben allemal.

KURZFORMEL: KÄMPFE NICHT UM DES KÄMPFENS WILLEN.

ACHT STÄBE - FEUER DURCH HOD VIII

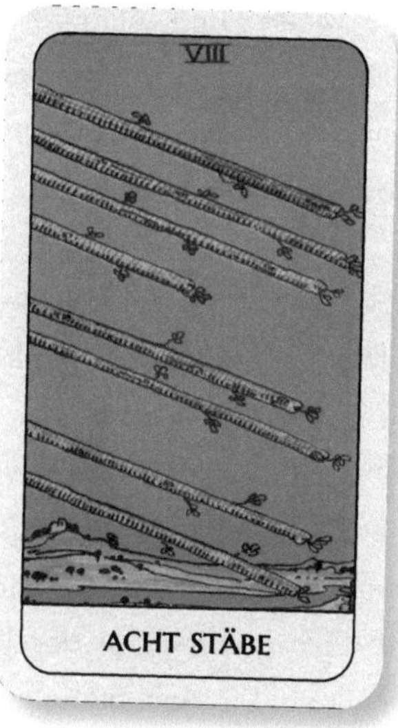

Die Bezeichnung Vibration beschreibt den energetischen Zustand der Acht Stäbe sehr treffend. Eine regelrecht elektrische Atmosphäre herrscht hier und wir sollten diese jetzt nutzen, um Kontakte aller Art herzustellen. Brainstorming bringt die angesprochene Berührung von Geist und Materie exakt zum Ausdruck.

Es wäre sehr schade, wenn die Ideen, für deren Empfang du gerade offen bist, keine umsetzbare Ausrichtung finden würden. Um nicht sinnlos zu verpuffen, benötigen deine Gedankenblitze eine bestimmte Struktur, die sich naturgemäß erst mit der Zeit deutlich entwickeln wird. Im Moment erhält deine Sache einen ersten erkennbaren Bodenkontakt. Du bist gerade aufgefordert, greifbare Ergebnisse anzuvisieren.

Wenn du ein wünschenswertes Ergebnis erhalten möchtest, solltest du jetzt ganz besonders auf dein Sprechen und - einen Schritt tiefer - auf dein Denken achten. Neue Wege und Kontakte sind gerade möglich. Du könntest zu schnellen Problemlösungen kommen, wenn du dich dafür bereitwillig öffnest.

Jegliche Art leichter, unkomplizierter Kommunikation ist nun förderlich. Gleichgültig ob durch Rede, Schrift oder in sonstiger Form, du kannst nun ansprechen, was für dich gerade ansteht. Sei dabei offen und empfänglich für jede Botschaft oder Information. Putz deine Antennen und drehe deine Empfangsregler hoch! Durch „Abtasten" der Stimmungslage erhältst du größere Klarheit.

Deine momentane Aufgabe besteht darin, dass du für deine Geistesblitze konkrete Formulierungen findest. Nenne beim Namen, was dich beschäftigt. Allerdings sollte dies unbedingt auf leichte, in positivem Sinne sogar oberflächliche oder unverbindliche Art geschehen. Obwohl dir jetzt wohl immer konkreter klar wird, was du eigentlich willst, ist die Zeit gerade nicht dazu geeignet, in der Tiefe zu schürfen. Die Acht Stäbe tasten die Lage lieber ab, sie scannen die Umgebung, um sie dann immer intensiver zu fokussieren.

Wir treffen hier auf eine der beiden Karten ohne Personen. Weder der Absender der acht fliegenden Stäbe ist uns bekannt, noch wissen wir schon konkret, wen oder was sie erreichen werden. Doch ihre Energie ist mit der Landschaft, der Situation, bereits in Berührung. Unsere ausgesendete Willensbotschaft wird bald ein Ziel finden, die Stäbe befinden sich kurz vor der Landung. Manchmal kann die Karte auch bedeuten, dass sich eine Information wie eine E-Mail oder ein Brief gerade auf dem Weg zu uns befindet. Jedenfalls werden wir bald den Informationsaustausch erhalten, den wir benötigen.

Die Kommunikation, die dich nun voranbringt, sollte offen, nicht zu schwer, aber dennoch ergebnisbezogen stattfinden. Man kann den Charakter dieser Karte mit Flexibilität und Leichtigkeit beschreiben. Wenn du darauf achtest, deine Ziele nicht aus den Augen zu verlieren, kannst du dich geistig schnell und beweglich verhalten. Optimal wäre, wenn du eingefahrene Denkmuster jetzt bildlich gesprochen durch Wärme auflösen könntest.

KURZFORMEL: TASTE DIE SACHE AB, STROM KÖNNTE FLIESSEN.

NEUN STÄBE - FEUER DURCH YESOD IX

Yesod, das Fundament des Baumes, erfordert ein hohes Maß an Konzentration. Die Karte will dir zeigen, dass dir enorm viel Kraft zur Verfügung steht – auch wenn dir das vielleicht nicht bewusst sein sollte. Bewusstes und Unbewusstes befinden sich gerade in harmonischem Einklang und wollen sich gegenseitig ergänzen. Wenn du jetzt mit der nötigen Gelassenheit vorgehst, können sich deine Angelegenheiten stabilisieren und du kommst mit zusätzlichem, bislang unbewusstem Kraftpotenzial in Berührung. Dadurch könnten auch neue Ziele bald am Horizont erscheinen.

Für dein Anliegen bedeutet dies, dass du deiner eigenen Stärke durchaus vertrauen darfst und auch sollst. Gesundes Selbstvertrauen dieser Art setzt zusätzliches Energiepotenzial frei, das du in deiner Sache auch benötigst. Die Karte ist der Hinweis auf konzentriertes aktives Vorgehen, das nicht unterdrückt oder verdrängt werden sollte. Falsche Rücksicht würde dich jetzt lediglich behindern, was du jedoch keinesfalls mit Verbissenheit verwechseln darfst. Entschlossene Gelassenheit oder auch gelassene Entschlossenheit drückt die Stimmung der Neun Stäbe treffend aus. Ein Tunnelblick, wie er im Bild leicht angedeutet wird, würde deinen Horizont lediglich einschränken, dein Vorgehen unnötig behindern. Du bist jetzt bereit für große Herausforderungen, für die du deine gesamte Willensenergie benötigen wirst – es geht gerade ums Ganze! Die Neun Stäbe ist die stärkste

Sexualkarte des gesamten Decks. Wenn die Karte in Liebesangelegenheiten gezogen wird, zeigt sie, in Verbindung mit Arkanum XI Kraft, häufig auf Sexualkontakt hin, der aber nicht unbedingt auf die „große Liebe" hindeuten muss. Nur im Zusammenhang mit den entsprechenden Kelch-Karten kann dies der Fall sein. Die Kombination mit den Drei Schwertern und eventuell noch einer Personenkarte kann der Hinweis sein, dass in bestehenden Partnerschaften jemand aus der Reihe tanzt oder sich dies vorstellt.

Wir sollten jedenfalls unbedingt unser schäumendes Potenzial ausloten, unsere Kräfte bewusst sammeln und dann unbeirrt und konzentriert zur Tat schreiten. Träume können gerade Wirklichkeit werden, wenn sie entschlossen verfolgt werden. Wir verspüren eine ungeheure Antriebskraft, die sich aufrichten und entfalten will. Eventuelle Zweifel durch zu langes Nachdenken sowie zögerliches Verhalten sind gerade fehl am Platz.

KURZFORMEL: DU KANNST MIT BEDACHT UND GLEICHZEITIGER ENTSCHLOSSENHEIT VORANGEHEN, DENN DU HAST ALLES, WAS DU BRAUCHST.

Die beiden expandierenden Elemente Stäbe und Schwerter müssen in Yesod und Malkuth unbedingt fließen und sich ausdehnen können, weil sich die blockierte Energie sonst schädlich auf uns auswirkt. Das Gesetz „Stillstand ist Rückschritt" kommt in der Frequenz der Neuner und Zehner besonders intensiv zum Tragen, so auch in dieser Karte.

Wir begegnen hier automatisierten inneren Programmen: Autoritätspersonen unserer Kindheit haben – meist ohne böse Absicht, sondern weil sie halt selbst an das glaubten, was sie da sagten – Samen gesetzt, die uns später an unserer Entfaltung hindern. Anstatt an uns selbst zu glauben und unsere wahre Größe zu leben, machen wir uns klein. Phrasen wie „Schuster bleib bei deinen Leisten" oder „Rede nur, wenn du gefragt wirst" sind Beispiele für Glaubenssätze, an die wir auch später noch glauben und die unsere Energie am Fließen hindern.

Dadurch wird unser Verhalten starr und sobald wir etwas für unser Wachstum in Angriff nehmen sollten, fühlen wir uns überfordert. Der innere Druck, der mit der Zeit entsteht, muss nicht unbedingt Lethargie zur Folge haben, die Kompensation durch unkontrollierte Aggression ist ebenfalls möglich. Die Zehn Stäbe bieten dir die große Chance an, solche Gedankenmuster und Glaubenssätze nun willentlich aufzulösen.

Dem Feuer in Malkuth entsprechend kann man dies auf der Handlungsebene tun. Wenn du einen bewussten Schritt über deinen Schatten gehst, erhältst du die Beweisführung für die Ungültigkeit deiner alten Glaubenssätze. Die Zehn Stäbe ist keine Karte des Hinterfragens oder der gedanklichen Analyse, sondern die Aufforderung zum Handeln, aus dem etwas resultieren wird. Nur wenn du ein Risiko eingehst, wirst du tatsächlich Bescheid wissen; wer nichts wagt, gewinnt auch nichts!

Denke bzw. zerdenke nicht so viel, sondern handle! Gerate in Bewegung. Passe die Intensität deiner Aktionen an die äußeren Bedingungen an, aber tu etwas – ein erster Stein kann eine Lawine auslösen!

Manchmal sollen wir unsere Energie in der Tat gerade zurückhalten und nicht in bestimmte Vorhaben einbringen. Dann ist die Karte als entsprechende Warnung und als Gegenpol der hier angebotenen Deutung zu interpretieren. Wir sollten unsere Energie dann tatsächlich jetzt zurückhalten. Erfahrungsgemäß breitet sich dann beim Ziehen der Karte umgehend ein Gefühl der Erleichterung im Körper der Fragerin aus. Doch auch in diesem Fall gilt, dass wir uns jetzt nicht selbst im Weg stehen sollen.

KURZFORMEL: BRING BLOCKIERTE ENERGIE INS FLIESSEN.

WASSER

ASS DER KELCHE

ZWEI DER KELCHE

DREI DER KELCHE

ASS DER KELCHE - WASSER DURCH KETHER

Wer Liebe gibt, verliert nichts, sondern gewinnt vielmehr an Liebe hinzu, weil seine Bereitschaft zunimmt, tiefere Liebe zu empfangen. Das Ass der Kelche steht für diese Bereitschaft und fordert uns auf, uns dem Leben bedingungslos hinzugeben. Wir sind gerade intuitiv mit der Quelle unserer natürlichen und klaren Gefühle verbunden.

Wenn unsere Gefühle gefahrlos und ungehindert fließen können, sind das sehr wertvolle Momente. Der Natur von Kether entsprechend muss uns dieser Fluss nicht unbedingt voll bewusst sein, doch er findet auch ohne unser Tun oder unser Wissen statt. Widerstände, die unseren Gefühlsfluss blockierten, haben sich aufgelöst. Innen und außen befinden sich gerade im Einklang. Bald wird dieser Einklang dein Bewusstsein deutlicher erreichen können. Wenn du dich darauf einlässt, kannst du deinen Empfindungen vertrauensvoller folgen als vorher.

Das Kelch-Ass ist eine Karte, die Hoffnung und Zuversicht machen will. Sie ermutigt dich, deinen Weg weiterzugehen und dabei unbedingt deinen Gefühlen zu folgen. Bald wirst du belohnt werden und dich rundum wohlfühlen können, selbst wenn dies im Moment noch nicht der Fall sein sollte – die restlichen Karten der Auslegung werden das genauer aufzeigen.

Die Karte wird gerne gezogen, wenn wir emotionale Durststrecken überwunden haben oder auch Lebensabschnitte beenden können, in welchen wir im Alltag mehr oder weniger nur funktionierten und erledigten, was es zu erledigen gab. Stets kündigt dieses Ass an, dass wir uns bald wieder mit mehr Freude im Leben bewegen werden.

Unsere Ausstrahlung wirkt wieder offener und zugleich stärker auf unser Umfeld, was natürlich Auswirkungen auf unsere – oft neuen – Kontakte hat. Unterstütze diesen Prozess, indem du dir verstärkt Gutes tust. Du kannst das angekündigte Fließen durch bewusste Aufenthalte am und im Wasser intensivieren, denn es ist das Wasserelement, welches in deinem System nun frei und ungehindert fließen will.

Das Überreichen des Elementes verdeutlicht uns das Bild wieder durch die Hand, die den Kelch aus den Wolken heraus anbietet und die sich bezeichnenderweise oberhalb des Ozans befindet. Dadurch bietet sich die Überlegung an, ob wir unsere Gefühle gerade eher an unsere Umgebung weiterreichen oder entsprechende Einladungen unseres Umfelds lieber verstärkt annehmen wollen. Natürlich ist beides gleichwertig angesprochen, denn etwas zu teilen, was im Übermaß vorhanden ist, kann niemals einen Verlust bedeuten. Wenn unsere Schutzwälle noch nicht verschwunden sind, sollten wir deren Auflösung nun unterstützen, denn das Wasser der Gefühle will gerade ins Fließen kommen.

KURZFORMEL: WASSER MACHT TON FORMBAR.

Die Energie in Chockmah durch Wasser kann man bezeichnen als Wasser in einem extrem feinen Zustand, etwa wie warmer Dampf oder Dunst. Dieses Empfinden tritt gerne als Vorbote für eine anstehende Liebesbeziehung auf, die entweder neu ist oder bestehende Kontakte verfeinert und erhöht. Oftmals ist die Ausrichtung der Liebe dabei auch spirituell motiviert. In jedem Fall stehen interessante und liebevolle Begegnungen an.

Wir haben uns in der Tiefe auf uns selbst eingelassen, was sich nach dem Resonanzgesetz auch bald in unserer Außenwelt niederschlagen wird. Diese Resonanz wird durch die beiden Schlangen symbolisiert, während die Figur oberhalb dafür sorgen möchte, dass der Dunst sich nicht unbemerkt verflüchtigt.

Liebe ist die stärkste Kraft im Universum und was uns an ihr hindert und von ihr trennt, sind im Grunde immer nur unsere tief verankerten Gedankenmuster der Kontrolle und der Angst. Das Wasser in Chockmah jedoch ist in der Lage, jedes Gitter zu durchdringen und aufzulösen und die Konsequenz davon ist, dass wir liebevolle und sympathische Kontakte herstellen können, in denen wir uns verstanden und geborgen fühlen. Unseren üblichen Beschäftigungen gehen wir mit mehr Hingabe nach als gewöhnlich. Vieles gelingt uns mühelos und fließend. „Prickelnde" Gefühle begleiten unseren Alltag und wir gehen voller Zuversicht mit unseren Herausforderungen um. Dazu haben wir auch allen Grund, denn wir bewegen uns in angenehmen Zeiten oder steuern gerade auf diese zu.

Du könntest dir selbst nur dadurch im Wege stehen, dass du dein Befinden von den äußeren Umständen abhängig machst und übertriebene Erwartungen hegst. Kennst du das prickelnde Gefühl des frisch Verliebtseins, wenn die ganze Welt um dich herum heller scheint und selbst die ewig mürrische Nachbarin auf einmal freundlicher ist als sonst? Genau diese Grundstimmung ist es, die du nun bedingungslos und unabhängig von irgendwelchen Erwartungen genießen kannst.

Unser Befinden entfaltet sich gerade aus sich selbst heraus und die entsprechende äußere Resonanz ist die Folge davon. Doch solltest du diese Hochstimmung nicht von jemand oder etwas Bestimmten abhängig machen. Du selbst und deine äußere Welt werden gerade aus einer gemeinsamen Quelle gespeist. Nur diese ist die wahre Ursache für das Wohlbefinden, dem du dich im Zuge der Zwei Kelche hingeben darfst.

KURZFORMEL: DAS GELIEBTE GEGENÜBER IST ERBLICKT, DIE NERVEN VIBRIEREN.

Mit den Drei Kelchen treffen wir auf die Partnerschaftskarte des Kleinen Arkanums schlechthin. Um welche Form der Begegnung es sich beim Ziehen dieser Karte genau handelt, hängt wie immer von der konkreten Fragestellung ab. Gemeinsamkeit, Partnerschaften aller Art und auf vielen Ebenen das Miteinander-Schwingen der Gefühle ist mit dieser Karte immer gemeint.

Erstarrung gibt es auf dieser Frequenz keine und der Fluss unserer Empfindungen wird erwidert. Tiefe gegenseitige Berührung findet statt und man feiert den Tanz des Lebens gemeinsam und zur selben Musik. Wir finden erfüllenden und fruchtbaren Austausch und gehen eine Verbindung der besonderen Art ein. Dies gilt für unsere Umgebung im Allgemeinen und für das, was wir mit dem Thema Liebe in Verbindung bringen, im Speziellen.

Wenn du dich an die hohen Werte der Zwischenmenschlichkeit hältst und der Welt mit Würde und gegenseitiger Achtung begegnest, ist es für den Moment nicht nötig, irgendeinen Gefühlsaustausch zu suchen, denn du hast ihn bereits gefunden, um ihn auch zu erleben. Sei dir bewusst, dass wir alle aus derselben Quelle entstammen. Behandle deshalb alle Beteiligten auf Augenhöhe, dann erkennst du, dass jeder zu deiner Sache etwas beizusteuern hat.

Die Betonung der Karte liegt auf Gemeinsamkeit und Fülle. Das großzügige Fließen oder, wie auf dem Kartenbild dargestellt, die Energie des Feierns und des Tanzens, kann nicht nur Partnerschaft, ja sogar Eheschließung ankündigen, auch Nachwuchs, der ins Haus steht, ist möglich. In Verbindung mit Arkanum III „Die Herrscherin" oder den Neun Münzen in der Auslage steigt diese Wahrscheinlichkeit entsprechend.

KURZFORMEL: VIBRATION TRIFFT AUF RESONANZ.

VIER KELCHE - WASSER DURCH CHESED IV

Die primäre Aussage der Karte lautet, dass die Stabilität der Gefühle momentan erreicht ist. Doch spricht das Wasserelement in Chesed auch eine deutliche Warnung aus, die du im vierten, noch nicht beachteten Kelch findest, der an das Ass der Kelche erinnert. Er will Neues zu unserer Sache hinzubringen und spontane Möglichkeiten überreichen, doch der junge Mann (männliche Säule) macht einen schmollenden, verschlossenen Eindruck. Noch ignoriert er den zusätzlichen Kelch.

Die momentane Gefühlslage steht zwar noch auf einem sicheren Fundament, sie wird sich auf Dauer aber ohne neues Fließen keinesfalls aufrechterhalten lassen. Jedes stehende Wasser der Gefühle wird irgendwann träge und tot, wenn nicht für seine ständige Erneuerung gesorgt wird. Wir haben ein

Resultat erreicht und wollen dieses nun, meist unbewusst, absichern. Doch schleichen sich gerade Gewohnheit und Routine ein und das einst klare Wasser verdunkelt sich zusehends.

Du solltest dich gerade tiefer auf deine Sache einlassen. So tief, dass du sie nicht mehr kontrollieren kannst. Dies entspricht tatsächlich dem natürlichen Verlauf, doch kommen nun auch alte Verletzungen und die damit zusammenhängenden Ängste wieder mit ins Spiel. Man will nicht verletzt werden, man mag keinen Verlust erleiden, man will sich nicht gleichermaßen gedemütigt fühlen wie früher schon erlebt oder beobachtet. Das freie Fließen der Gefühle und das Bedürfnis nach Sicherheit kämpfen gerade erbittert miteinander, Kontrollverhalten und Anspannung sind die Folge davon. Gleichgültig, welcher der Beteiligten den Reigen der Ängste eröffnet hat, wir erkennen das vorhandene Potenzial und die neuen Chancen immer weniger, Verschlossenheit und eine viel zu hohe Erwartungshaltung wollen sich einschleichen. Dabei sollte doch jetzt unbedingt neuer Schwung in unser Gefühlsleben kommen.

Wenn du deinen Blick jetzt bewusst hebst, wirst du erkennen, dass die Vergangenheit es ist, die dein inneres Bild bestimmt und nicht die Gegenwart. Aktuelle Situationen sind immer nur ein Auslöser, der alte Ängste wieder aus der Betäubung reißt. Die zu stellende Frage lautet: Was stimmt im Hier und Jetzt gerade wirklich und realistisch nicht und was ist nur der wieder auferstandene Dämon von einst? Wo ist eigentlich meine Dankbarkeit geblieben?

Natürlich birgt die neue Einstellung der Toleranz, der Hingabe und der Freiheit, zu der uns die Karte auffordert, auch hohe Unsicherheit in sich, die wir nicht verniedlichen können. Doch auf die gerade fällige Öffnung solltest du dich jetzt dennoch einlassen, sonst wirst du dich bald immer mehr eingeengt fühlen und dich auch der Außenwelt gegenüber zu kontrollierend und besitzergreifend verhalten. Sprich über deine Ängste; bleibe dabei ausschließlich bei dir und deinen Gefühlen; geh keinesfalls in die Du-Form der Anklage und Schuldzuweisung über!

Achte in der Frequenz dieser Karte mit größter Aufmerksamkeit darauf, nicht in Abhängigkeiten zu geraten, sonst droht der Stillstand, der dich unzufrieden machen und dafür sorgen wird, dass du – zumindest unbewusst – ein Verhalten an den Tag legst, das du eigentlich an dir selbst nicht magst. Stattdessen solltest du jetzt ausschließlich darauf aus sein, das Bestehende zu genießen und für Erweiterung und Mehrung zu sorgen, die nichts mit Sicherheitsdenken zu tun hat, sondern Bewegung ins Gefühlsleben bringt. Genau diese Bewegung ist auch der Schlüssel, der deine Gefühle wieder ins Fließen bringen wird.

KURZFORMEL: ERLAUBE FRISCHEN WIND IN DEINEM GEFÜHLSLEBEN.

FÜNF KELCHE - WASSER DURCH GEBURAH V

Wenn die Botschaft der Vier Kelche nicht umgesetzt wurde, bewegt sich nun in den Fünf Kelchen so gut wie nichts mehr. Unsere alten Erwartungsmuster haben uns wieder einmal eingeholt und wir erhalten die Zeit, die wir benötigen, um in der Realität zu landen. Meistens empfinden wir diese Landung als unangenehm und gemäß der Natur von Geburah könnte unsere momentane Gefühlslage durchaus auch in eine schwermütige Stimmung einmünden. Doch wenn wir unseren Blick heben und auch den

positiven Tatsachen ihre Chance einräumen, können wir einen ähnlichen Schritt vollziehen wie die Raupe, die nach ihrer Puppenphase als Schmetterling erwacht.

Die Person auf dem Bild sieht nur die drei liegenden, wahrscheinlich umgeworfenen, jedenfalls leeren Kelche. Dass zwei der fünf Kelche immer noch stehen und uns ihren Inhalt anbieten, sieht sie nicht – und wahrscheinlich auch nicht der Fragesteller, der diese Karte gezogen hat. Wenn du deinen Blick nun bewusst wendest, wirst du zwar dem bekannten Fluss der Gefühle im Bild vorerst nicht mehr zusehen können – tatsächlich war dir dies ja ohnehin nur aus der Entfernung möglich. Doch die beiden, noch nicht erkannten zwei Kelche (Chockmah!), werden dann unweigerlich in dein Blickfeld geraten. Genau der Inhalt dieser beiden Kelche ist die Heilungschance, auf die du dich jetzt einlassen kannst.

Man ist einer Täuschung erlegen, der in letzter Konsequenz immer eine Selbsttäuschung zugrunde liegt. Unsere entweder zu hohe oder unsere falsche Erwartungshaltung hat uns in eine Situation hineinmanövriert, in welcher wir scheinbar ohnmächtig feststecken. Doch bietet sich uns nun die Gelegenheit, unsere Forderungen an uns selbst und an die Welt zu hinterfragen. Stets haben diese, wie bei den Vier Kelchen bereits angesprochen, ihren Ursprung in der Vergangenheit.

Soll der Partner unserem unbewussten Elternbild entsprechen? Setzen wir uns selbst ständig unter Druck, weil wir es immer nur den anderen Recht machen wollen? Fühlen wir uns schuldig, wenn wir für uns selbst sorgen? Die Beispiele ließen sich beliebig fortsetzen; hier haben wir die Möglichkeit, auf der Gefühlsebene an solche und ähnliche lebensfeindliche Erwartungen heranzukommen und sie im Sinne von Geburah zu zerschneiden.

Oft wird man sich erst im Nachhinein bewusst, welch reinigender Prozess mit der Kelche Fünf stattgefunden hat. Aus deiner Angelegenheit kannst du ein gutes Stück freier hervorgehen, doch das solltest du nun gezielt beabsichtigen. Jede Art von Selbstmitleid ist jetzt kontraproduktiv, doch auch die Ablenkung vom Schmerz der Enttäuschung würde langfristig nur zu einer Wiederholung der momentanen Situation führen – die Komparsen wechseln sich ab, der Film bleibt derselbe!

Stattdessen steht jetzt an, die Chance der (Selbst-)Erkenntnis beim Schopfe zu packen. Welche allzu hohen und welche falschen Erwartungen stelle ich an andere und auch an mich selbst? Die ehrliche Antwort auf diese Frage wird die Lösung bringen, die bestehende Partnerschaften auf eine neue Ebene heben kann – bisweilen aber auch trennt, was sich nicht mehr gut tut.

KURZFORMEL: INSGEHEIM FINDET EINE GROSSE WANDLUNG STATT.

SECHS KELCHE - WASSER DURCH TIPHERETH VI

Die Regenerierung und Erneuerung der Gefühle waren sicherlich mit einer gewissen Anstrengung verbunden. Doch als Belohnung finden wir uns jetzt in der Frequenz der Sechs Kelche wieder, in der wir unsere Sinnlichkeit neu entdecken, was wir auch deutlich ausstrahlen. Das Licht der Sonne durchdringt unsere Gefühlswelt und der Neubeginn ist nun auf der Ebene der Leidenschaft möglich, wir sind bereit für wärmenden Herzenskontakt und Berührung.

Dies kann sich auf bereits bestehende Angelegenheiten beziehen, die jetzt mit frischem Mut wieder belebt werden können. Im Bereich der Sechs Kelche kannst du aber auch auf neue Situationen zusteuern, die große Chancen der Lebendigkeit in sich bergen.

Der Reichtum unserer Gefühle will jetzt ausgekostet und gelebt werden. Unseren aktuellen Zustand kann man nicht unbedingt als stabil bezeichnen, doch das ist auch gar nicht nötig. Entscheidend ist vielmehr, ausschließlich im Hier und Jetzt zu bleiben. Präsenz und Gegenwärtigkeit halten unsere Balance aufrecht.

Wir stehen in Gefühlskontakt mit unserem inneren Kind, was uns offen für alles Neue, aber auch sehr verletzlich macht, weil wir einige alte Schutzmechanismen abgelegt haben. Bildlich gesprochen lernen wir gerade das Laufen von Neuem und die Gefahr des Rückfalls und auch des Leichtsinns und der Fahrlässigkeit ist durchaus vorhanden. Wir haben mir dieser Karte eines der interessantesten Bilder überhaupt vor uns: Je nach Perspektive blickt das Mädchen den dargereichten Kelch offen staunend an oder sie schaut bockig zu Boden. Und wer ist es eigentlich, der oder die ihr diesen Kelch anbietet? Und: Auch die weiteren fünf Kelche sind nicht zu verachten und stehen bereit.

Du solltest jetzt das Leben spontan genießen, doch dabei auch sehr bewusst auf deine innere Harmonie achten, die längst noch nicht zum Dauerzustand geworden ist. Die Aufforderung der Sechs Kelche lautet, sich jetzt ausschließlich in der Gegenwart zu bewegen und mit offenen Augen die Welt zu betrachten. Gleichzeitig solltest du sehr genau auf deine Gefühle achten und aufmerksam in dich hinein lauschen, was dir gerade gut tut und was nicht. Nimm Einladungen an und geh unter Leute, wann immer du das Bedürfnis dazu hast. Betätige dich sportlich, geh in die Natur und entfalte dich in allen Bereichen, die für dich mit Genuss zu tun haben. Die Kelche sind mit Blumen gefüllt – schenke dir und anderen Blumen.

KURZFORMEL: BLEIB IN DER GEGENWART UND HALTE DIE BALANCE.

SIEBEN KELCHE - WASSER DURCH NEZACH VII

In den Sieben Kelchen bewegen sich unsere Gefühle dort, wo sich unsere Visionen und unsere Illusionen auflösen und beide Energien sich wie zwei Nebelwolken vermischen. Visionen haben die Tendenz, dass wir sie reell verwirklichen können. Illusionen wiederum sind eine Fata Morgana, die uns lediglich verzerrte Bilder vorgaukelt.

Es ist nicht alles Gold, was glänzt, lautet ein Leitspruch, der die Sieben Kelche treffend umschreibt. Wenn wir diese Karte ziehen, sollten wir sehr genau darauf achten, nicht unbemerkt in Scheinwelten abzugleiten. Das Wasserelement in Nezach steht für die Wasseroberfläche, in der wir uns selbst und die Umgebung als Spiegelung erkennen. Solange wir diese Spiegelung nicht mit der greifbaren Aktualität verwechseln und den Bodenkontakt nicht verlieren, könnte sich so mancher Wunsch reell erfüllen – aber eben nur dann. Die fruchtbarste Frage, die wir uns gerade stellen können, lautet: Was genau sind eigentlich meine wahren Wünsche?

Die Karte ist ein deutlicher Hinweis, jetzt keinen Träumereien zu erliegen oder falschen Versprechungen auf den Leim zu gehen. Stattdessen steht für dich jetzt an, deine Wünsche zu konkretisieren und zu formulieren. Dies gilt für die an deiner Sache Beteiligten, doch insbesondere für dich selbst. Dein Bezug zur greifbaren Realität ist es, der darüber entscheiden wird, ob du deinen Visionen Leben einhauchen kannst. Ein ehrlicher Blick auf deine Angelegenheit wird ganz sicher Licht ins Dunkel bringen. Sprich Klartext! Stelle so lange konkrete Fragen, bis du verständliche Antworten erhältst. Gib dich jetzt keinesfalls mit schwammigen Andeutungen zufrieden! Lass nicht locker, bis es tatsächlich keine Unklarheiten mehr gibt!

Künstliche Ablenkungsmanöver in irgendeiner Form oder auch Überaktivität werden dir jedenfalls nicht dienen. Die Abbildung lässt durchweg offen, ob wir gerade einem Zauberer oder einem Magier bei seiner Kunst zusehen. Nur ein realistischer, frontaler Blick auf die Szenerie wird uns zeigen, ob unsere Wünsche sich tatsächlich erfüllen könnten. Der Inhalt der Kelche wird unser Leben sicherlich bereichern, wenn er denn echt und wahrhaftig ist. Prüfe nach, was gerade konkret läuft! Gehe deiner Sache auf den Grund, nimm dir Zeit, dich zu besinnen.

Leider fällt die Deutung der beiden Karten Sieben und Acht Kelche häufig zu einseitig aus. Für alle Siebener und Achter gilt, dass sie nur im Zusammenhang ganzheitlich zu deuten sind. Während sich das Wasser in den Sieben Kelchen zu leicht und dunstig verhält, ist es in den Acht Kelchen wiederum zäh und sumpfig. Beide Zustände haben ihre Berechtigung und gehören zu unserem Energiehaushalt. Sie können sich jedoch erst dann gegenseitig ergänzen und förderlich auf uns auswirken, wenn wir von diesen inneren Zuständen nicht ablenken.

Die Verbindung der beiden Energiefelder der Sieben und Acht Kelche findet in den Neun Kelchen statt, die man als „geordnete Gefühle" bezeichnen kann. Sinnvoll ist immer, wenn wir bereits jetzt, in den Sieben Kelchen, die gegenüberliegende Energie der Acht mit integrieren. Wenn wir in den Acht Kelchen wiederum die Sieben zur Wirkung bringen, erreichen wir die Neutralität der beiden Karten, was dann die Vorbereitung für ein wünschenswertes Ergebnis ist. Lange gehegte Wünsche und Visionen können wir so in die Realität bringen.

Wenn wir Träumerei und Träumen klar voneinander unterscheiden, können wir uns beiden Zuständen aus ganzem Herzen hingeben. Träumereien erweitern unseren begrenzten Horizont, Träume wiederum verbinden unterschiedliche Wirklichkeiten miteinander.

KURZFORMEL: TRÄUME NICHT DEIN LEBEN, LEBE DEINEN TRAUM.

ACHT KELCHE - WASSER DURCH HOD VIII

Blut, das aus einer Wunde fließt, kristallisiert sich nach einer Weile und verkrustet, um zum Stillstand zu kommen. Unsere Gefühle werden in den Acht Kelchen ebenfalls immer zäher, ein Betätigen des Bremspedals findet gerade statt. Doch der Ausgleich der beiden Waagschalen Nezach und Hod, den wir hier erleben, ist meistens zu unserem Schutz. Wir landen gerade auf dem Boden der Realität, was bisweilen als ernüchternd empfunden wird.

Hod, die Sephira, die für Struktur und Ordnung steht, lässt nicht zu, dass wir uns im Nebulösen verlieren. Deshalb sollten wir gerade konzentriert unsere Sinne ordnen. Es hängt vom Vorspiel unserer Sache ab, ob wir die Art Stillstand, die wir gerade erleben, wie ein Feststecken oder sogar wie ein Strampeln im Sumpf empfinden. Der Hintergrund beim Ziehen dieser Karte ist jedenfalls immer, dass wir uns nicht - noch mehr - in Illusionen verlieren sollen. Der Optimalfall lautet natürlich, dass wir das empfohlene Zusammenspiel von Vernunft und Gefühl selbst weitestgehend arrangieren und nicht erst dazu gezwungen werden müssen. Weitere Aktivitäten auf die gewohnte Weise würden uns in den Zustand der Bewegungslosigkeit hineinziehen, entsprechende Emotionen wären die Folge unserer Ohnmacht. Besser ist es, dich Schritt für Schritt in Richtung Neuland vorzutasten. Die Gefahr des Abrutschens und Versinkens begleitet dich zwar, doch wird dieser Zustand nicht sehr lange andauern, wenn du dich an die aktuelle Vorgabe hältst. Hochkonzentriert kannst du den Weg durch das Nachtmoor finden. Die Mondfinsternis, die dir gerade nur eine wage Orientierung ermöglicht, wird sich bald wieder zurückziehen und dem hellen Licht des Vollmondes weichen. Bis dahin jedoch ist größte Wachsamkeit angesagt, damit du dich in Richtung rettendes Ufer bewegst und dich nicht tiefer im Sumpf verlierst.

Eine festgefahrene Beziehung beispielsweise, die im Grunde gute Voraussetzungen hat, in der jedoch keiner bereit ist, sein Verhalten zu hinterfragen und an sich selbst zu arbeiten, wird mit jedem Zwist noch mehr Unbehagen mit sich bringen, wenn nicht endlich etwas geschieht, das Bewegung ins Spiel bringt. Mitunter kann dies auch Trennung bedeuten, doch stets nur dann, wenn einer der Beteiligten zu keinerlei Kompromissen bereit ist. Oder man ist an einer Arbeitsstelle beschäftigt, die am Sonntagabend schon das Grauen vor dem Montagmorgen erzeugt. Dann sollte man sich fragen, ob man sich am richtigen Platz befindet und was man hier eigentlich noch verloren hat. Steckt man wirklich unveränderbar fest? Oder ist es möglich, sich zu neuen Ufern vorzutasten?

Unser Ego hat die Kontrolle verloren und ist gescheitert. Nur unsere Unsicherheit Neuem gegenüber lässt uns täglich mit der gleichen Routine Scheinaktivitäten verrichten, mit denen wir im Grunde genommen nichts zu tun haben und die uns keine Freude mehr bereiten. Wir haben nicht zu wenig Energie, wir stecken sie nur in die falschen Kanäle, was zu Stau und Verstopfung führt. Wir sollten jetzt erkennen, wo wir in den falschen Motiven hängengeblieben sind. Was genau lässt uns immer nur die alten Automatismen wiederholen, anstatt aufmerksam nach neuen Wegen zu suchen?

KURZFORMEL: ALLERHÖCHSTE KONZENTRATION ERÖFFNET DEN AUFBRUCH INS UNGEWISSE.

NEUN KELCHE - WASSER DURCH YESOD IX

In den Neun Kelchen ist der Ausgleich zwischen Nezach und Hod erreicht, was Stabilität der Gefühle erzeugt. Das Bild zeigt uns einen Mann, der mehr hat, als er braucht, der aber seinen Reichtum unbedingt teilen sollte. Die Kelche stehen geordnet da und wollen die Welt befruchten. Unser Gefühlspotenzial kann wie ein Wasserlauf seinem Flussbett folgen. Erlaube dem Fluss deiner Empfindungen, sich dorthin zu bewegen, wohin das Gelände, also deine Situation, sie führen will. Als Lohn für deine Hingabe an das Leben wirst du den Zustand der Fülle auskosten.

Unsere Gefühle wollen regelrecht überfließen und sollen dies auch, denn wir befinden uns in unserer emotionalen Mitte. Wir empfinden großes Vertrauen in das Leben, was sich als große Lebensfreude äußert, die wir entsprechend ausstrahlen. Unsere Kraft ist momentan so groß, dass wir auch andere daran teilhaben lassen können, die sich in unserer Gegenwart automatisch wohlfühlen. Es ist beim Ziehen der Neun Kelche durchaus möglich, dass ein Glücksfall in unser Leben tritt. Doch nur, wenn wir auch weiterhin im Fluss des Gebens und Nehmens bleiben.

Auf der Ebene von Yesod sollten wir ganz besonders auf unsere Träume achten – auch Tagträume –, denn es besteht jetzt die Möglichkeit, diese zu manifestieren. Für den Moment sind wir in den Schatzkammern unserer Gefühle angekommen, was uns empfänglich macht für sehr feine Regungen. Wenn wir diesen genügend Aufmerksamkeit schenken, besteht die Möglichkeit, sie ins Alltagsleben zu bringen.

Gib deinen Visionen Energie, indem du mit Menschen deines Vertrauens über das sprichst, was du dir „erträumst". Lass dich jetzt nicht von etwaigen Zweiflern in deinem Umfeld irritieren, sondern halte dich diesen gegenüber eher bedeckt. Unternimm gezielte Schritte, um deine Träume zu realisieren. Nimm Kontakt auf mit Personen, die dich bei der Verwirklichung deiner Vorhaben unterstützen könnten. Angebote, die du jetzt erhältst, solltest du annehmen. Du stehst gerade auf sicherem Fundament und bist in der Lage, selbstlos andere an deiner Gefühlswelt teilhaben zu lassen, weil dir gerade unbegrenzt Energie zur Verfügung steht. Halte jetzt nicht fest, öffne deine Hände!

KURZFORMEL: DIE GEFÜHLE SIND IN HARMONISCHER ORDNUNG UND FLIESSEN ÜBER.

Erneut sind wir in Malkuth angekommen, diesmal dem Weg des Wasserelementes folgend. Bei der Deutung dieser Karte ist zu beachten, dass auch Malkuth keinen Dauerzustand darstellen kann. Wir befinden uns nur vorübergehend am Ziel, denn auch hier ist alles in Bewegung und dieser energetischen Vorgabe sollten wir uns natürlich bereitwillig anpassen.

Wir befinden uns momentan im Kontakt mit unserer wahren, geerdeten und realistischen Gefühlswelt. Der emotionale Zustand des „am Ziel angekommen Seins" hat sich eingestellt und wir strahlen Stabilität aus. Wir werden vom Gefühl der Zufriedenheit getragen und auf absehbare Zeit werden sich die Dinge so entwickeln, dass wir diese Gefühle auch weiterhin realisieren können. Wir sollten allerdings wissen, dass unser aktueller Zustand nicht bis in alle Ewigkeit anhalten kann, sondern dass das Leben auch weiterhin im Fluss bleiben wird. Wenn die Zeit herangereift ist, werden wir erfahren, welche Samen wir beiseitelegen müssen, um auch die Ernte für das kommende Jahr sicherzustellen. Der Volksmund erzählt uns, dass wir die Feste feiern sollten, wie sie fallen, und beschreibt den Zustand der Zehn Kelche damit sehr treffend. Es ist die Zeit des Erntedankfestes.

Wasser in Malkuth lässt sich bildlich darstellen als im Erdreich versickerndes Wasser, das die Fruchtbarkeit fördert. Eine weitere Steigerung unserer derzeitigen

Gefühle ist gerade nicht besonders sinnvoll, denn für den Moment befinden wir uns im emotionalen Zustand des Verdauens. Wir werden den Zeitpunkt finden, an dem wir uns wieder aufmachen, um für die neue Mahlzeit zu sorgen. Nicht zu früh, denn jedes Verdauen sollte seine Zeit bekommen; nicht zu spät, denn unter Druck kann keine gute Jagd, kein gutes Sammeln stattfinden. Die Familie auf dem Bild zeigt uns den optimalen Umgang mit unserer befragten Angelegenheit: Sie feiert ein Fest, bei dem auch die Kinder, unsere Zukunft, mitfeiern. Wir werden in Kürze neue innere und äußere Gefühlswelten erschließen, was sich in Form einer gewissen Unruhe ankündigen wird. Jetzt zu feiern, um dann offen für Neues zu sein, lautet die Botschaft der Zehn Kelche.

KURZFORMEL: VERDAUUNG BENÖTIGT RUHE – DOCH NICHT FÜR IMMER.

LUFT

ASS DER SCHWERTER - LUFT DURCH KETHER

Unsere Gedanken gleichen einer wilden Affenhorde. Wenn wir diese Affenhorde bändigen und gedanklich bis zum Kern unserer Angelegenheit vordringen, sind wir bereit für das Schwert Ass. Keine Zweifel und Ablenkungen behindern uns. Die Inspirationen, die wir gerade erhalten, sind originelle, schöpferische und in jedem Falle neue Ideen. Du hast noch keinen dieser Gedanken umgesetzt und noch ist nicht klar, was dich genau erwarten wird. Doch du witterst gerade Morgenluft und hast die Chance, alte Konzepte kreativ zu durchbrechen.

Die Luft, unsere Kraft der Gedanken, ist das Element, das Feuer und Wasser miteinander verbindet. Um unsere unterschiedlichen Denkmodelle zu verbinden, wirst du zuerst meistens innere Konflikte bereinigen müssen. Erst wenn wir uns von einengenden Denkmustern befreit haben, können wir uns uneingeschränkt für neue Einfälle und Erkenntnisse öffnen. Diese entsprechen der neuen und höheren Ebene des Denkens, das gerade auf dich wartet. Das Bild zeigt sehr treffend, wie dir eine Hand aus Wolken heraus das Angebot neuer, dir bislang unbekannter Inspiration unterbreitet.

In früheren Jahren wurden Schwertkarten überwiegend negativ gedeutet, weil man sich erst durch schmerzhafte gedankliche Eingriffe aus veralteten, meist übernommenen Konzepten befreien kann. Doch damals wie heute ist die Trennung von hinderlichen Glaubenssätzen die Voraussetzung, dass man überhaupt neue Ideen erkennen und verbinden kann. Heute ist man sich auch wissenschaftlich bewusster darüber, dass das Erleben eines Menschen letztlich immer das Produkt seiner Gedanken ist. Wenn es dir also gelingt, auf der gedanklichen Ebene der Schwerter Klarheit über deine Situationen zu erhalten, wenn du die Dinge objektiv und wertungsfrei betrachtest und deine entsprechenden Erkenntnisse daraus ziehst, müssen sogenannte Negativ-Karten keine negativen Ereignisse in dein Leben hereinziehen. Ganz im Gegenteil – neue Denkanstöße erreichen dich, die deinen bisherigen Horizont erweitern und in Handlungen einmünden, die du dir früher nicht zugetraut hast.

Kralle dich an deiner Meinung jetzt bloß nicht fest! Je offener du gerade für neues Denken bist, umso farbiger wird sich dein Leben gestalten. Die Karte bietet dir die große Chance, die Ängste hinter deinen Denkmustern zu erkennen und zu transformieren. Dies geschieht durch deine Absicht, immer weniger zu (ver-)urteilen und zu werten. Wenn du aus diesen Wertungen heraustrittst, wirst du die Einladung des Schwert Ass zu neuen Ideen und Inspirationen annehmen können.

KURZFORMEL: GEDANKENKLARHEIT DURCHBRICHT DIE UMWÖLKUNG.

Die Luft in Chockmah bietet uns eine eindrucksvolle Polaritätskarte, denn wir können nun einen fremden Denkansatz nachvollziehen. In der Regel gelingt es, plötzlich den gemeinsamen Nenner bislang gegensätzlicher Ansichten und Meinungen festzustellen und Konflikte auszuräumen, was in der Folge zu Lösungen führen wird.

Spannungen der Vergangenheit können sich im Nachhinein als fruchtbar und konstruktiv erweisen, wenn du erkennst, dass du erst durch sie so weit kommen konntest, nun umfassende, manchmal gemeinsame Ziele anzupeilen. Alle Denkansätze (Beteiligten) profitieren dadurch, dass sie ihre eigenen Bedürfnisse zugunsten der Gemeinsamkeit etwas zurückstellen. Doch führen die beiden scheinbar unterschiedlichen Perspektiven auf einer höheren Ebene dazu, dass das Ganze mehr sein wird als die Summe seiner Teile.

Allerdings kommen die Erkenntnisse, die man jetzt macht, noch ohne das Miteinbeziehen der Gefühle zustande. Die Augen der Person sind verbunden und die Landspitzen im Wasser (Gefühle) hinter ihr zeigen an, dass gerade Ebbe herrscht, was sie aber noch nicht erkennen kann. Erst die zu erwartende Flut wird ihre Sache in der nahen Zukunft auch greifbar erweitern. Man befindet sich in der strategischen Vorbereitung, in die man bald auch die Gefühle miteinbeziehen sollte. Doch noch befindet man sich in einer Phase der Planung, was dem natürlichen Verlauf entspricht und auch völlig in Ordnung ist.

Die Zwei Schwerter sind innerhalb des Decks die Vertragskarte. Wenn es sich tatsächlich um Verträge handelt, die wir gerade abschließen, zeigt uns die Karte an, dass alle Beteiligten mit der erreichten Übereinkunft zufrieden sein werden. In Liebesangelegenheiten können die Zwei Schwerter auf eine Zweckbeziehung oder Interessengemeinschaft hindeuten, bei der die Gefühle nicht an erster Stelle stehen. In diesem Fall spricht die Karte die Warnung aus, den Gefühlen wieder mehr Raum zu verschaffen, weil ansonsten vielleicht schmerzhafte Erfahrungen darauf hinweisen werden, dass bei Partnerschaften ohne Gefühlsleben ein entscheidender Faktor fehlt. Wenn der wichtigste Gesprächsstoff eines Ehepaares darin besteht, ob man am Samstagabend die Sportschau oder die Familienserie anschauen wird, ist dies in den meisten Fällen nicht genug. In diesem Fall würden die Zwei Schwerter darauf hinweisen, sich einen zusätzlichen Fernseher zu kaufen und auf diese Weise eine Übereinkunft zu erzielen, die allen Beteiligten genügt.

Behalte gut im Gedächtnis, was jetzt herausgearbeitet wird, denn in der vielleicht wieder stürmischen Zukunft wirst du auf die Orientierung zurückgreifen können, die du dir jetzt verschaffst. Als Dauerzustand ist diese Karte ungeeignet, weil man über kurz oder lang ohne das Einbeziehen der Gefühle seine Lebenslust einbüßen würde. Wenn du diese Aufforderung bereits jetzt beachtest, wirst du dir in der Zukunft einigen Ärger (siehe Drei Schwerter) ersparen können. Nur die Anschaffung des zweiten Fernsehers wird unsere Verhältnisse sicherlich nicht wieder lebendig gestalten.

KURZFORMEL:
INTELLEKTUELLE ÜBEREINSTIMMUNG ERZEUGT INNEREN FRIEDEN.

DREI SCHWERTER - LUFT DURCH BINAH III

In der Frequenz von Luft durch Binah begegnen wir erstmals innerhalb der Schwerter-Serie dem Phänomen, dass ein starres Denkmuster durchtrennt wird, weil sich ein neuer Gedanke Platz verschaffen möchte. Oft empfinden wir dieses Durchtrennen als schmerzhaft. Unsere Ziele liegen im Unklaren oder sind zu starr, neue Ideen sind uns nicht unbedingt willkommen. Widersprüchlichkeit bestimmt das Bild und wir fühlen uns blockiert. Immer wieder haben wir die gleichen Denkmuster wiederholt. Doch unser Leben würde bald eintönig und monoton verlaufen, gäbe es den Prozess von Luft in Binah nicht. (Jeden Samstagabend nur das Fernsehen der Zwei Schwerter?)

Wir geraten gerade aus dem Gleichgewicht, damit wir endlich unseren Trott ändern. Nur aufgrund intellektueller Strategien können wir unser Leben niemals erfüllend und sinnvoll gestalten. Also wird jetzt Platz geschaffen für neue Einsichten, die unsere Gefühle mit einbeziehen und frischen Wind in unser Leben bringen werden. Der schnellste Weg, diesen Zustand zu beenden, ist das objektive Hinterfragen, welche gewohnheitsmäßige Routine es zu durchbrechen gilt. Genau diese Routine ist es, die unsere Gefühle außer Acht lässt.

In der Nähe von Personenkarten zeigen die drei Schwerter in Beziehungen häufig an, dass die Fragestellerin oder ihr Partner zu einem Seitensprung - zumindest gedanklich - bereit ist. Paradoxerweise sorgt dies manchmal für frischen Wind in eingefahrenen Partnerschaften, kann aber auch zur Trennung führen. Dies ist dann der Fall, wenn keiner der Beteiligten seine Gewohnheitsmuster in Frage stellen will. Auf dem Bild sehen wir die drei Schwerter das Herz durchbohren, um dieses wachzurütteln und wieder ins Fühlen zu bringen. Das Fehlen von Personen auf der Karte will uns vor Augen führen, dass es im Grunde völlig gleichgültig ist, welcher Erfüllungsgehilfe uns aufweckt. Der tiefere Sinn schmerzhafter Erfahrungen ist, dass wir unser Herz wieder spüren.

Wo genau hast du Angst vor Nähe oder tieferer Berührung? Wo versteckst du dich vor deinen Gefühlen? Geh diesen nach, bis du erkennst, dass die aktuelle Situation oder Person nur der Auslöser für längst vergangene, unangenehme Erlebnisse ist. Diese dürfen nun ein Teil deiner Vergangenheit werden und sich in deinen Erfahrungsschatz einreihen. Beachte diesen entscheidenden Unterschied und du kannst mit relativ geringem Aufwand lösen, was gerade ansteht. Damals war damals und jetzt ist jetzt!

KURZFORMEL: DIESE HARMONIE MUSS GESTÖRT WERDEN.

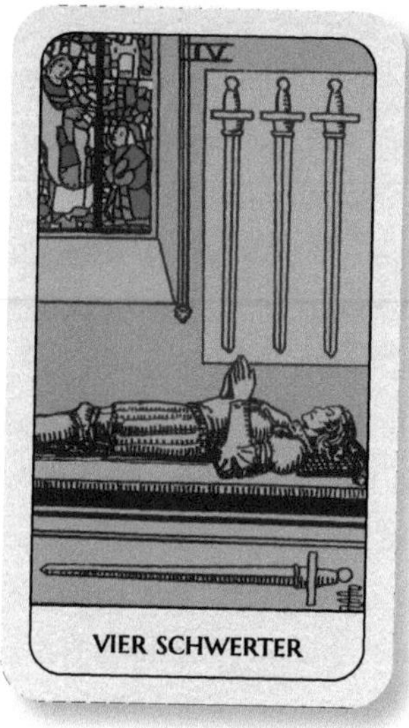

Die Vier Schwerter erlauben es uns durchzuatmen und in Ruhe zu betrachten, was in der Vergangenheit eigentlich genau los war. Für den Moment beruhigt sich unsere Situation und die Wogen glätten sich. Doch unsere Sache benötigt noch eine zusätzliche Perspektive, bevor wir, der Energie von Chesed entsprechend, unsere äußeren Umstände wirkungsvoll erweitern können. Wir können diese Erweiterung unserer bisherigen Möglichkeiten allerdings nur im Ruhezustand erkennen. Das noch unbewusste Schwert, das die neue Perspektive zeigt, erreicht unsere Wahrnehmung nur, wenn wir nicht abgelenkt sind. Unsere Konzentration muss sich deshalb zuerst nach innen richten, bevor wir auch in der Außenwelt wieder aktiv werden können.

Die Gelegenheit sollte unbedingt dazu genutzt werden, sich in Ruhe zu besinnen. Damit ist keineswegs ein beleidigter Rückzug gemeint. Wer jetzt schmollend seine Wunden leckt, sorgt nur für oberflächliche Glättung der Wogen. Darunter wollen jedoch neue Räume beleuchtet werden, die in Übereinstimmung mit unserem Gefühlsleben sind und sich nicht länger ausgrenzen lassen. Wer jetzt glaubt, die Dinge könnten einfach nur so weiterlaufen wie gewohnt, wird in Geburah, den Fünf Schwertern, eines Besseren belehrt werden.

Wenn du dir jetzt die Zeit nimmst, schwelende Auseinandersetzungen zu beenden, wirst du alles weiterführen können, was du in den Zwei Schwertern begonnen hast, nämlich auch die andere Seite zu sehen und zu integrieren – innerlich wie äußerlich. Solltest du es allerdings mit einem unbelehrbaren Gegenüber zu tun haben, der auf keinen Fall für Wachstum bereit ist, musst du gezwungenermaßen die Konsequenzen ziehen und für Distanz sorgen.

Rationale Erkenntnisse, die wir während der Zwei Schwerter erhalten und in unserem Bewusstsein gespeichert haben, sollten wir jetzt wieder hervorholen und auf der Gefühlsebene überprüfen, ob deren Umsetzung mit dem Gegenüber möglich ist. Dies sollte nicht durch Drängen, sondern im Gegenteil, durch Zurücknehmen geschehen. Zurücknehmen, um die Dinge von einer neutralen Position aus zu betrachten. Lediglich mit den alten Verhaltensweisen wirst du keine Lösung mehr erzielen. Die entscheidende Frage lautet, ob du zum bereits Bestehenden tatsächlich etwas Neues mit hinzunehmen kannst oder eben nicht. Die Zeit der Ruhe ist jedenfalls nicht dazu da, um äußere Projekte in Angriff zu nehmen. Du solltest vielmehr für klare Verhältnisse in allen dir schon bekannten Belangen sorgen. Das Zünglein auf der Waage dabei ist dein Gefühlsleben. Nur mit dessen klarem Einverständnis wird deine Initiative im Außen wieder gefragt sein.

KURZFORMEL: DIE RUHE NACH DEM STURM IST IMMER AUCH DIE RUHE VOR DEM STURM.

FÜNF SCHWERTER - LUFT DURCH GEBURAH V

Wir haben unsere Sache unbedingt weiter vorantreiben wollen, doch unsere inneren Räume dabei immer mehr vernachlässigt. Die vorhergehende Karte forderte uns dazu auf, zuerst in uns zu gehen, bevor wir aktiv werden. Es entspricht nicht der Chesed-Energie der vier Schwerter, unser eigenes Befinden und das unserer Umwelt zu vernachlässigen. Uns fehlte schlichtweg noch das Bewusstsein, unsere Sache mit der nötigen Souveränität und auch dem erforderlichen Mitgefühl zu handhaben. Dies gilt jetzt leider immer noch. Unsere Ungeduld in der Vergangenheit ist der Grund dafür, dass wir gerade die Kontrolle über unsere Situation zu verlieren drohen. Unterschwellige, unterdrückte Frustration schleicht sich zunehmend in unsere Stimmung ein. Wir können uns immer noch mehr anstrengen, doch wir werden uns dem Schatten, der uns von unserem wahren Wesen trennt, früher oder später zwangsläufig stellen müssen – besser früher!

Bei kaum einer anderen Schwerter-Karte ist es gleichermaßen wichtig, in der Deutung zu berücksichtigen, dass es sich nicht um deine tatsächliche Situation handelt, die hier angesprochen wird, sondern um deine Gedanken dazu. Die Person auf dem Bild strahlt eine Stimmung aus, die eher an einen Diebstahl erinnert als an einen ehrlichen Sieg. Sie ist das Symbol für tiefsitzende negative Erwartungen, für den inneren Niederlagendenker, der uns gedankliche Parolen zuflüstert wie „Das kannst du nicht!" oder auch „Geld stinkt! Ich bin das nicht wert!“ usw. Dieses Denken ist es, das unsere Situation auslöst oder diese auslösen wird, wenn wir solche destruktiven Denkmuster nicht erkennen und nicht zulassen, dass sie uns verlassen.

Wir machen uns nur deshalb zu Verlierern, weil wir uns selbst als Verlierer einschätzen. Unsere negativen Erwartungen können einfach nicht akzeptieren, dass etwas Neues entstehen oder eine wirkliche Erweiterung unserer Lebensumstände stattfinden könnte. Wir ziehen es vor, an vermeintlichen Sicherheiten festzuhalten, anstatt etwas zu riskieren, was außerhalb unseres gewohnten Rahmens stattfindet. Wir erwarten, dass unsere Sache schlecht enden wird, also endet sie auch schlecht. Den entsprechenden Spiegel holen wir natürlich in der Außenwelt in unser Leben. Und genau diese Außenwelt schätzen wir dann als feindlich und ungerecht ein – was wiederum unsere negativen Erwartungen erneut bestätigt!

Das Ziehen der Fünf Schwerter überreicht dir die größtmögliche Chance der Veränderung. Über was genau im Leben haben wir denn eigentlich irgendeine Macht, wenn nicht über unser eigenes Denken? Alle gedanklichen Prägungen stammen letztlich aus der Vergangenheit und sind somit hier und jetzt nicht mehr gültig. Wenn du die Fünf Schwerter gezogen hast, bedeutet das, dass du genau jetzt damit beginnen kannst, diese alten Gedanken durch neue zu ersetzen. Der Dieb oder vermeintliche Sieger auf der Abbildung kann in der Gegenwart dein größter Helfer sein, wenn es deine alten und tatsächlich unwirklichen Gedanken sind, die du ihm als „Beute“ mitgibst. Dazu gehört jede Menge Mut, den du erhältst, indem du dir die unendlich vielen Tatsachen ins Bewusstsein bringst, für die du genau jetzt dankbar sein könntest. Gib auch scheinbaren Kleinigkeiten mehr Gewicht als all jenen Dingen, die dir gerade fehlen.

KURZFORMEL: NEGATIVES DENKEN ERZEUGT NEGATIVE ERGEBNISSE.

Tiphereth ist mit Kether in direkter Verbindung und deshalb wirkt das Schwert Ass in die Sechs Schwerter herein. Unsere Ursprungsgedanken, die immer mit unserer Bestimmung zu tun haben, reflektieren sich hier. Sie kommen hier mit Möglichkeiten realistischer Verwirklichung in Berührung. In den Sechs Schwertern können wir bewusst unsere wahren Motive erkennen, die hinter unserem Alltagsdenken wirken und uns motivieren. Zudem können sich die von Chesed (Vier) und Geburah (Fünf) einfließenden Energien hier ausbalancieren. Wir erhalten gerade die Möglichkeit, in Ruhe und stressfrei eine Bilanz aus vergangenen Erfahrungen zu ziehen und unseren weiteren alltäglichen Wirkungsbereich übersichtlich zu organisieren. In Tiphereth widersprechen sich unsere inneren und äußeren Bedürfnisse nicht, weil wir sie hier klar erkennen und vereinen können, ohne ihnen umgehend Handlungen folgen zu lassen. Das Bild zeigt uns, dass wir gerade dazu eingeladen werden, uns als aktive Mitgestalter unseres Lebens hin zu neuen Ufern zu bewegen. Wir werden handeln, wenn die Zeit dafür reif ist.

All unsere charakterlichen Anteile sind mit an Bord. Wir dürfen gerade selbst entscheiden, ob wir diese integrieren. In Tiphereth können wir die Balance verschiedenster Bedürfnisse herstellen, denn die Energien fast aller Sephiroth fließen hier ein. Wir haben es gerade selbst in der Hand, wohin wir uns als nächstes bewegen – wir können uns heraussuchen, wo wir landen wollen und wo nicht. Entscheidend in der Gegenwart ist, dass wir für Balance und Einheit sorgen, dass wir Da-Sein lassen, was zu uns gehört. Wo kannst du gerade einen Schritt in Richtung innerer und äußerer Harmonie beschreiten?

Das Ziehen der Sechs Schwerter zeigt stets an, dass du dich derzeit am Steuer deines Lebens befindest und frei über deine Umstände entscheiden kannst. Die unterhalb von Tiphereth angesiedelten Schwert-Karten sind immer nur dann schwer lösbar, wenn man seine Angelegenheiten auf die stets gleiche Weise zwanghaft im Kopf zermürbt und sich nicht für neue gedankliche Ansätze öffnen will. Genau diese Ansätze wollen sich hier zeigen und deine Aufmerksamkeit auf sich ziehen. Alle folgenden Schwertkarten stellen dich vor mehr oder weniger große Herausforderungen, doch birgt jede dieser Karten auch eine große Chance in sich. Stets geht es darum, mit klarem Kopf alte Ängste zu erkennen, um dann bewusst über deinen Schatten zu gehen und offen ins Handeln zu geraten. Jede Schwert-Karte fordert dich dazu auf, schöpferisch umzusetzen, was du als konstruktiv erachtest. Die Aufforderung lautet in Kurzform: Weniger gedankliches Ego, mehr universelles Selbst!

Beim Ziehen der Sechs Schwerter ist immer die Versöhnung der unterschiedlichen Anteile und Meinungen möglich, selbst wenn du sie noch nicht wirklich verstehen solltest. Du kannst dich jetzt klar und deutlich einbringen und deinen Standpunkt gefühlvoll und verständlich, doch ebenso konsequent und geradlinig zum Ausdruck bringen. Von Wichtigkeit ist, dass du dir auch alle anderen Meinungen in Ruhe anhörst und sie auf dich wirken lässt. Sie wollen deinen Horizont erweitern, also lehne sie nicht schon von Vorneherein ab! Die Erkenntnisse, zu denen du jetzt gelangst, solltest du in der Zukunft aktiv in die Tat umsetzen. Damit ist jedoch nicht gemeint, deine Entscheidungen auf die lange Bank zu schieben. Bewege dich kontinuierlich weiter!

KURZFORMEL: SAMMLUNG FINDET NEUE ZIELE.

SIEBEN SCHWERTER - LUFT DURCH NEZACH VII

Wir werden gerade herausgefordert, ob wir ehrlich und integer genug sind, um unsere neu gewonnenen Erkenntnisse auch reell in die Tat umzusetzen. Das Erreichen unseres Zieles ist gefährdet, weil jetzt alte, meistens bislang unbewusste Zweifel an die Oberfläche geraten. Ungewissheit ist ein Motiv, das der Natur von Nezach entspricht. Unsere Vorsätze können sich nur verwirklichen, wenn sie absolut ehrlicher Natur sind. Wir dürfen jetzt auf keinen Fall unsere Konzentration verlieren.

Die Flexibilität, die in Nezach herrscht, birgt die Gefahr in sich, dass wir unsere inneren Grundsätze und dadurch auch unsere Angelegenheit aus den Augen verlieren. Oft besteht zwar die Möglichkeit für uns, mit taktischen Kabinettstückchen und durch überraschende Manöver zu kurzfristigen Erfolgen zu kommen. Doch kann dies unsere Basis nur dann festigen, wenn wir mit jeder Faser hinter unserer Sache stehen. Das

Bild betont die hohe Gefahr, dass sich unsere Kraft heimlich hinwegstiehlt.

Wenn wir aus unserer gewohnten Routine ausbrechen und unsere Vorsätze in die Tat umsetzen, bringt dies häufig auch Neider mit sich. Menschen, die sich Veränderungen nicht zutrauen und davon ausgehen, dass man aufgrund der äußeren, üblen Umstände einfach nichts an seinem Leben ändern könne, werden dir, zumindest unbewusst, deinen Erfolg nicht gönnen. Das Letzte, was solche Menschen brauchen können, ist jemand, der ihnen das Gegenteil ihrer ohnmächtigen Einstellung beweist, denn das würde ja die Ausrede der Chancenlosigkeit widerlegen. Sieh eventuelle Intrigen und Widerstände als Herausforderung, doch vor allem als Spiegel deiner eigenen inneren Widerstände an, die du nun bewusst loswerden kannst. Du bist noch nicht gefestigt genug, deinen Weg souverän und gelassen zu gehen. Und genau hierzu will dir deine aktuelle Situation verhelfen – zu bewusster Positionierung und zu neuer Souveränität!

Frage dich mit absoluter Ehrlichkeit, ob du tatsächlich der Stimme deines Herzens folgst. Wenn du dir sicher bist, dass du weder dir selbst noch anderen etwas vormachen möchtest, kannst du jetzt auftauchende Schwierigkeiten als Chancen betrachten, die deinen Erfahrungsschatz erweitern und dich zwingen, deine Wurzeln tiefer in der Erde zu verankern. Dann, und nur dann, steht großes Wachstum an. Dein Vorgehen sollte in diesem Fall von taktischer Klugheit geleitet sein. Kompromisse sind ausschließlich dann möglich, wenn es keine faulen sind. Die Möglichkeit, einen Schritt in die richtige Richtung zu gehen, kann sich durchaus ergeben. Doch nur dann, wenn du es wirklich ehrlich meinst!

**KURZFORMEL:
WIDERSTÄNDE KÖNNEN STARK MACHEN, SIND ABER HÄUFIG HAUSGEMACHT.**

ACHT SCHWERTER - LUFT DURCH HOD VIII

Wir haben die Botschaften der weiter oben angesiedelten Sephiroth nicht genügend beachtet. Unsere Sache war so sehr vom Streben nach Sicherheit motiviert, dass wir dem Ruf des Herzens nur ungenügend folgten. Als Folge davon haben wir uns nun in den Acht Schwertern in einem Netzwerk übermächtiger Zweifel verstrickt. Aus sinnvollem und kreativem Denken ist zwanghafte Grübelei geworden und in unserem Kopf wiederholen sich die ewig gleichen zwanghaften Gedanken. Hod verhärtet die Fesseln der Kontrolle immer noch mehr und das Wasser unserer Lebendigkeit versickert regelrecht. Für den Moment hat das Ego den Sieg über die Lebensfreude davongetragen – Produkt der Nichtumsetzung unserer Impulse, Ideen und Vorhaben, die wir aus Gründen unserer inneren Zwietracht nicht wirklich wahrhaben wollten. Durch die Angriffsfläche und die inneren Widerhaken, die wir in uns tragen, ist es nach dem Resonanzgesetz nun auch negativen, uns schwächenden Energien von außen verstärkt möglich, wie Zecken an unserem Energiesystem anzudocken.

Doch wenn die junge Frau auf dem Bild ihre Augenbinde abnehmen und ihre Fesseln lösen würde, könnte sie erkennen, dass sie nur in unbewussten niederen Motiven feststeckt. Einzig der Minderwert ihrer Gefühle, ausgedrückt durch die Wasserpfützen am Boden, ist es, der sie so stark beeinträchtigt und zu fesseln scheint. Dieser stammt aus der Vergangenheit und spielt so intensiv in die Gegenwart herein, dass aus berechtigtem Nachdenken die übermächtigen Zweifel überhaupt erst entstehen und wie eine Augenbinde wirken können, die blind macht.

Ähnlich wie die Drei Schwerter weiter oben im Baum zeigt dir auch diese Karte, dass du dich jetzt dazu entscheiden kannst, dich nicht mehr von einer Vergangenheit beeinträchtigen zu lassen, die mit der Gegenwart nur wenig zu tun hat. Du kannst gerade erkennen, dass jede einstige negative Handlung einer anderen Person dir gegenüber immer auch eine Möglichkeit war, an dieser Herausforderung zu wachsen. Diese Erkenntnis ist der Schlüssel, um im Nachhinein inneren Frieden mit großen Teilen deiner Vergangenheit zu schließen. Ohne diese Erfahrungen könntest du niemals der Mensch sein, der du heute bist. Du bist viel stärker als du glaubst.

Die Acht Schwerter wollen dir in jeder Auslage mitteilen, dass du dich von deinen Zielen jetzt noch nicht abbringen lassen, sondern sie zuerst aus einer höheren Perspektive betrachten solltest. Geh an deine Sache für einen Moment so heran, als würdest du sie zum ersten Mal erleben. Wenn du dir diese neue Einstellung angewöhnst, wirst du eine innere Stabilität erreichen wie noch nie zuvor. Viren, von denen man einmal befallen wurde und gegen die man jetzt resistent ist, werden uns keinen Schaden mehr zufügen können – diese Krankheit wird uns in der Zukunft nur noch wenig anhaben.

Bisweilen symbolisiert die Schwerter Acht auch die „Qual der Wahl". Auch dann geht es darum, dich nicht mit Grübelei zu quälen, sondern mit Beharrlichkeit und Ausdauer deinen höheren Zielen treu zu bleiben. Jeder zusätzliche alte Gedanke würde die scheinbaren Widersprüche jetzt nur noch verstärken. Erlaube neuen Gedanken, dir ein-zu-fallen.

KURZFORMEL: WAGE KLEINE SCHRITTE, ANSTATT NUR ZU GRÜBELN.

NEUN SCHWERTER - LUFT DURCH YESOD IX

Wer den Rat der Acht Schwerter, sich auf ein höheres Ziel zu konzentrieren, nicht befolgt und den widersprüchlichen Denkstrukturen weiterhin Energie und somit Nahrung gegeben hat, empfindet die Neun Schwerter als eine äußerst unangenehme Energie. Doch die großen Möglichkeiten, die Situationen zu meistern, gibt es nach wie vor. Das Ziehen dieser Karte zeigt uns einerseits, wenn wir uns selbst grausam herabwürdigen – gleichzeitig weist sie uns darauf hin, dass wir gerade jetzt alte und überflüssige Gedanken wie einen schweren Rucksack ablegen können.

Mit den Neun Schwertern hat man die Station erreicht, in der man sich als Opfer wahrnimmt. Wenn man in diese Rolle erst einmal geschlüpft ist, entsteht die Schwierigkeit, dass man aus diesem Leiden auch noch eine gewisse Befriedigung zieht. „Ich hab´s doch gleich gewusst, dass alles schief geht, die Welt ist nun mal böse." Solche und ähnliche Glaubenssätze lauern mehr oder weniger im Denken jedes Menschen. Doch nun sind sie endlich greifbar geworden.

Yesod ist Verbote der materiellen Verdichtung, die in Malkuth dann stattfindet. Gedankenmuster dieser Art wirken deshalb als sich selbst erfüllende Prophezeiungen direkt in unser Alltagsleben herein. Immer wieder erhalten wir die Bestätigung für unsere negativen Erwartungen und können dann „befriedigt" behaupten, dass wir mit unserer Schwarzmalerei ja Recht hatten. Dabei muss deine befragte Angelegenheit nicht unbedingt ausweglos sein. Du bist gerade nur nicht in der Lage, deinen Blick zu heben und etwas anderes zu sehen als Leiden und Verzweiflung. Auch das Gegenteil, die Täterrolle, ist als Kompensation möglich, doch stets gilt: Öffne deine Augen und schau dir deine reale, tatsächliche Situation an, ohne sie automatisch in eine Schublade zu schieben. Die Person auf der Karte könnte umgehend erkennen, dass es nur ihre Gedanken sind, die ihr dunkles Panorama erzeugen. Die Blumen und die astrologischen Symbole sagen dir, dass du dich in Wirklichkeit in einer gar nicht so üblen Ausgangslage befindest. In Wirklichkeit verfügst du über ungeahnte Möglichkeiten, die deine Sache in lichtere Bereiche bringen werden.

Der Reichtum dieser Karte ist, dass du jetzt endlich, meist nach langer Vorbereitung, die Möglichkeit erhältst, in Kontakt mit deinem stiftenden Gedanken zu geraten, welcher hinter deinen Alltagsgedanken steckt und diese mit Energie speist. Gott hat dir den Tisch reichlich gedeckt und wenn du dich unter diesen Tisch setzt, um die Krümel aufzulesen, liegt das an deinem kleinkarierten Armutsdenken. Dir steht immer so viel zu, wie du glaubst, dass dir zusteht. Yesod ergießt sich in Malkuth und du bekommst, was du dir – bewusst oder unbewusst – wünschst, in der Folge auch präsentiert.

Akzeptiere deine Situation so wie sie ist und erkenne den dahinter sitzenden Glaubenssatz. Den Hebel, den du jetzt ansetzen kannst, kann man durchaus als mächtig bezeichnen. Gib deinen höheren Wünschen und Zielen die Möglichkeit, in deiner Gedankenwelt auf sich aufmerksam zu machen. Anstatt den Teufel an die Wand zu malen, solltest du deine Energie auf positivere Bereiche lenken. Realistisch betrachtet, steckt deine aktuelle Situation voller Chancen. Die Dinge stehen nicht so negativ, wie du dir das einredest. Lege jeden Gedanken an Schuld nun ab – es gibt keine Schuld, es gibt nur Ursache und Wirkung. Die Ursache ist, was du denkst und die (Aus-)Wirkung ist die Qualität der Angelegenheit, die dich die Neun Schwerter hat ziehen lassen. Doch warum ans Licht treten und Risiken eingehen, wenn man doch im Schatten so viele Erfahrungswerte besitzt?

KURZFORMEL: DAS UNKRAUT DESTRUKTIVER GEDANKEN KANN JETZT AN DER WURZEL AUSGERISSEN WERDEN.

ZEHN SCHWERTER - LUFT DURCH MALKUTH X

Es mag sich auf den ersten Blick vielleicht paradox anhören, doch die Karte zeigt, dass jetzt Licht in eine scheinbar unlösbare Angelegenheit kommt. Der gelbe Horizont in Blickrichtung der niedergestreckten Person bestätigt die Aussage der vorhergehenden Karte und führt sie weiter: Unsere scheinbare Ohnmacht ist nur gedanklicher Natur, doch sie ist nicht reell.

Die Starrheit der Situation, die wir gedanklich heraufbeschworen haben, löst sich jetzt auf. Ob wir das so wollen oder nicht, unser bisheriges Konzept ist an seinem Ende angekommen. Meist ist beim Ziehen dieser Karte ein schmerzhaftes Ereignis der Auslöser dafür, dass festgefahrene Strukturen jetzt aufweichen und der Alltag in Bewegung geraten kann. Doch du wirst diesen Akt der Befreiung hinterher als unbedingt notwendig einschätzen. Vielleicht empfindest du die Situation als gewaltsamen Zusammenbruch, doch nur so kannst du dich aus deinen Verstrickungen befreien und neue, konstruktive Verbindungen eingehen. Diese

Verbindungen können mit neuen Menschen stattfinden oder auch mit denselben Menschen wie vorher – dann aber auf neue Art. Voraussetzung dazu ist immer, dass alle Beteiligten ihre veralteten Konzepte nun aufgeben.

Das Ass in Kether des nächsten Lebensbaumes zeigt die Freiheit der Gedanken, die dich erwartet, wenn du die Fesseln der alten Gedankenkäfige gesprengt hast. Entscheidend ist, dass du deine zu enge Denkweise nicht wiederholst, sondern den Akt der Befreiung, der gerade stattfindet, als Chance begreifst. So muss diese Karte beispielsweise nicht unbedingt das Ende einer Beziehung ankündigen, sondern lediglich das Ende einer Beziehungskiste, in der jetzt der entscheidende Wachstumsschritt möglich ist, um auf einer höheren Ebene mit neuen, freiheitlicheren Voraussetzungen in die nächste Runde zu starten. Grundbedingung ist die Bereitschaft, alte Ansichten und Konzepte zu überdenken, um sie dann über Bord zu werfen.

KURZFORMEL:
WENN DIE NACHT AM DUNKELSTEN IST, NAHT DIE MORGENDÄMMERUNG.

Die Trennung, die von den Schwerter-Karten symbolisiert wird, ist oft nötig, um anstehende neue Verbindungen eingehen zu können. Unsere Verlustangst, unsere eingefahrenen Gewohnheiten und unser Begriff von Schuld halten uns oft davon ab, notwendige Trennungen auch reell umzusetzen. Äußere, doch primär innere Verhaftungen verhindern, dass wir unsere wahren Lebensziele erreichen. Oft erkennen wir diese Ziele aufgrund unserer kleinkarierten Gedanken, an die wir uns im Laufe unseres Lebens gewöhnt haben, nicht einmal. Genau hierin liegt die große Chance, wenn wir uns in der Frequenz der „so schwierigen" Schwertkarten befinden:

JEDE, ABSOLUT JEDE DER 78 KARTEN BEINHALTET EINE WACHSTUMSCHANCE UND REINE NEGATIVKARTEN, DEREN ENERGIEFELD WIR NICHT LÖSEN, NEUTRALISIEREN UND TRANSFORMIEREN KÖNNTEN, GIBT ES SCHLICHTWEG NICHT.

ERDE

ASS DER MÜNZEN - ERDE DURCH KETHER

Das Münzen Ass ist eine der erfolgversprechendsten Karten des Kleinen Arkanums und zeigt, dass wir jetzt bereit sind, unser inneres und unser äußeres Wachstum Schritt für Schritt erfolgreich zu verbinden. Oben und Unten, Innen und Außen, Geist und Materie treffen aufeinander und führen zu einer Erweiterung und Verbesserung unseres Lebens. Im weitesten Sinne kann man diese Karte als Aufforderung zum Mitschöpfertum bezeichnen.

In der Frequenz dieser Karte erhältst du den greifbaren Lohn für innere Wachstumsprozesse, denen du dich unterzogen hast und unterziehst. Du bist innerlich gereift, beispielsweise durch das Durchbrechen von zu engen Glaubenssätzen oder durch das Ablegen alter Gewohnheiten und Abhängigkeiten. Wahrscheinlich fiel es dir nicht immer leicht, alte Wege zu verlassen, insbesondere dann, wenn du nicht wusstest, wohin dich die neuen führen würden. Doch jetzt schlägt sich deine Beharrlichkeit messbar als Erfolg nieder und trägt materielle Früchte. Äußeres Wachstum wiederum, das du durch Annahme neuer Herausforderungen wagst, bringt dich menschlich voran und erhöht deinen Erfahrungsschatz, deine Selbstsicherheit und auch deine Toleranz. Du wächst mit deinen Herausforderungen und diese wachsen wiederum mit dir.

Inneres Wachstum schließt äußeres Wachstum nicht aus und umgekehrt. Spiritualität und Moral sind auch im Geschäftsleben jederzeit miteinander vereinbar, genauso wie lebendige Sexualität und tiefe Liebe zusammengehören. Die Pole stehen sich nicht mehr unvereinbar gegenüber, sondern befruchten sich gegenseitig.

Wenn du diesen eingeschlagenen ganzheitlichen Weg auch weiterhin verfolgst, ist dir der Erfolg in vieler Hinsicht garantiert!

KURZFORMEL: BEWEGE DICH SCHRITTWEISE RICHTUNG NEULAND.

ZWEI MÜNZEN - ERDE DURCH CHOCKMAH II

Diese Karte will uns zeigen, dass die Welt der Dualität keineswegs nur der harte Kampf ums Überleben sein muss, sondern dass wir durchaus fähig sind, unser Dasein als Spiel, als großes Spiel der gegensätzlichen Pole zu erleben. Allerdings erst dann, wenn wir uns bedingungslos darauf einlassen, dass nichts so bleibt, wie es gerade ist.

Alles ist einem beständigen Wandel unterworfen, jegliche Erscheinungsform ist in Bewegung und jeder Stillstand ist gleichbedeutend mit Rückschritt. Wenn wir bereit sind, uns diesem Fluss des Wandels und des Wechsels hinzugeben, werden wir unser Leben immer weniger kämpferisch führen müssen und dadurch auch auf weniger Hindernisse stoßen. Sollten solche Hindernisse dennoch auftauchen, werden wir immer geschmeidiger mit ihnen umgehen.

Der spielerische Umgang mit den Gegensätzen, welche die Welt der Polarität naturgemäß mit sich bringt, wird durch den Gaukler hervorragend symbolisiert, der tänzerisch und leichtfüßig mit zwei Pentakeln jongliert. Wenn man die beiden Schiffchen im Hintergrund in unsere Einstellung mit einbezieht, kann man das Auf und Ab des Lebens als gegeben akzeptieren und immer weniger Energie durch sinnlose Dramatik vergeuden. Die Aufforderung an dich lautet gerade, dich keinesfalls verbissen oder gar dramatisch zu verhalten. Wenn du Leichtigkeit und Konzentration miteinander zu verbinden weißt, wirst du deine Angelegenheit in eine lohnende Richtung bewegen und den Wandel herbeiführen, den du dir wünschst.

Das, was wir als scheinbar gegensätzliche Pole wahrnehmen, sind immer zwei Seiten derselben Medaille. Wachstum wird genau dann stattfinden, wenn wir die sich gegenüberliegenden Pole voll akzeptieren und die entstehende Spannung für unsere Transformation nutzen. Die Karte rät dir, deine Kontrolle für den Moment aufzugeben. Auch wenn dir dies zuerst schwerfallen sollte, ist Geschmeidigkeit gerade das lohnendste Rezept für dich. Wenn du dich solcherart auf den Fluss des Lebens einlässt, wird deine Sache eine Vergrößerung erfahren, was auch für deinen äußeren Rahmen und deine Lebensumstände ganz allgemein gilt. Nichts bleibt wie es war und Bewegung ist gleichbedeutend mit Lebendigkeit.

KURZFORMEL: DAS EINZIG BESTÄNDIGE IST DER WANDEL.

Im Allgemeinen spricht die Karte die Arbeit an, in den drei Bereichen von Geist, Seele und Körper Harmonie herzustellen. Im Moment ist es dir wahrscheinlich gelungen, diese drei Ebenen des Seins relativ gut auszubalancieren und miteinander zu verbinden. Du solltest jetzt allerdings unbedingt darauf achten, die Balance zwischen den unterschiedlichen Motivationskräften zu halten. Wünsche könnten vom Keller ins Licht treten. Du kannst dich darauf einstellen, zählbare Ergebnisse zu erhalten, denn deine Energie befindet sich in geschützter Atmosphäre.

Die drei Personen stellen einen Kaufmann, einen Geistlichen und einen erhöht stehenden Handwerker dar, was zeigen soll, dass du deine Motive in ihrer Gesamtheit gleich stark beachten und nicht als getrennt betrachten solltest. Als Ergebnis deiner Bemühungen wirst du greifbaren Erfolg erzielen, der als Fundament für weitere Aktionen dienen will. Auf der Ebene von Binah sind keine Kleinigkeiten oder vordergründigen Bedürfnisse gemeint, sondern jene, die von weit innen kommend mit deinen gesamten Lebensumständen zu tun haben. Du verfügst über bestimmte Talente und wirst gerade dazu aufgefordert, diese gezielt auszubilden und in deine verschiedenen Lebensaspekte einzubringen.

Beim Ziehen dieser Karte steht materieller Zuwachs ins Haus. Achte darauf, im weiteren Verlauf der Angelegenheit weder die Belange des Hinzu-Lernens, noch deine seelischen oder deine körperlich-materiellen Bedürfnisse zu vernachlässigen. Wenn du dich jetzt nicht stur fixierst, sondern ausgewogen bleibst, kannst du ein Ergebnis erzielen, das unterschiedliche Bereiche deiner Lebensumstände betrifft. Scheinbar getrennte Angelegenheiten könnten sich zur Ganzheit entwickeln. Steigere dich in keine deiner aktuellen Angelegenheiten hinein!

Am Arbeitsplatz solltest du verstärkt Wert darauf legen, diesen nicht als vom Rest deines Lebens abgespalten einzuschätzen.

Dein Liebesleben sollte ein sicheres und stabiles Fundament erhalten, wenn dem noch nicht so ist, denn mit Luftschlössern und Illusionen hat diese Karte nichts zu tun. Du kannst jetzt in die Tat umsetzen, was du schon länger vorhast und was dir gut tut. Du schaffst dir gerade die stabile Grundlage für das Erreichen deiner ehrlich gemeinten und konstruktiven Wünsche, deren allmähliches Heranwachsen dir das Ziehen dieser Karte ankündigt.

KURZFORMEL: WENN DU BALANCE HERSTELLST, ZAHLEN SICH DEINE BEMÜHUNGEN AUS.

Bei entsprechender Fragestellung spricht diese Karte konkret Haus und Hof an, was auf das Panorama im Hintergrund zurückzuführen ist. Doch handelt es sich in den meisten Fällen um eine ganzheitlichere Botschaft, die mit dem Fundament unserer Situation oder auch mit unserer inneren Heimat ganz allgemein zu tun hat. Was genau ist eigentlich dein inneres Zuhause, wie sieht es aus und welche Gefühle erzeugt es?

Die Warnung dieser Karte ist, dass du gerade zu viel Gewicht auf die rein materielle Seite deines Vorhabens legen und dabei deine seelischen Anteile vernachlässigen könntest. Die Aufforderung lautet, deine Strukturen nicht zu verhärten. Du solltest dich jetzt zwar konsequent, doch nicht unbeweglich oder stur und vermauert verhalten. Wage dich lieber ein wenig aus der Festung des ausschließlich materiellen Denkens heraus. Du kannst deine äußeren Bereiche gerade durchaus stabilisieren, doch nur, wenn du deine Experimentierfreude in dein Vorhaben mit einbeziehst und dieses außerdem für alle an deiner Sache Beteiligten zuträglich ist. Eine gesunde Kombination von Sicherheit und Neuem wird dafür sorgen, dass sich dein Einfluss vergrößert. Doch wenn du dich jetzt engstirnig verhältst, wirst du schon bald Einschränkungen erleben.

Alle unterschiedlichen Elemente deiner Frage sollten jetzt in dein Denken und Handeln integriert werden. Nur diese Art von Konsequenz und Standfestigkeit verleiht dir wahre Stärke und natürliche Autorität. Es fällt dir gerade schwer, dein Bedürfnis nach Sicherheit nicht zu übertreiben. Dass Verbissenheit ein ungeeigneter Ratgeber für dich ist, zeigt der fast verknotet dahockende Mann. Er hat viel mehr als er benötigt, doch er will seinen Besitz unbedingt festhalten, was seine Haltung nicht entspannt, sondern behindert. Nur wenn er loslässt, kann er seine Hände öffnen und empfangen, was gerade zu ihm kommen will.

Die Karte sagt, dass du dich nicht in der Festung deiner Prinzipien verschanzen sollst. Das heißt keineswegs, dass du etwas tun müsstest, was deinen Überzeugungen und deiner Authentizität widerspricht. Betrachte deine Sicherheiten als Fundament, um neue Wege zu erkunden, die über deine eigenen Interessen hinausgehen. Erfolg wartet auf dich, wenn du dich jetzt kontrolliert zu experimentieren traust

KURZFORMEL: DEINE FESTUNG IST SICHER, ABER SEHR ENG.

Wieder einmal erleben wir in Geburah eine Korrektur unserer Einstellung, die diesmal jedoch erheblich deutlicher ausfällt als in den anderen Elementen. Schon im Luftelement wurden wir darauf hingewiesen, dass wir Niederlagen immer nur deshalb erleben, weil wir diese mehr oder weniger intensiv gedanklich erwarten. Dieses Denken ist nun in unserer realen Wirklichkeit gelandet.

Wenn wir das Angebot des Lebens nicht dankbar würdigen, sondern nur sehen, was uns fehlt, werden uns diese Mangelgedanken früher oder später auch reell einholen und genau das ist jetzt der Fall. Die gehandicapten Personen blicken in eine kahle Schneelandschaft, die jedoch nur einen Teilausschnitt ihrer Umgebung darstellt. Ihre momentane Blickrichtung lässt sie nicht erkennen, dass ihr Weg sie früher oder später an die Pforte der Kirche führen wird. Die Anordnung der Münzen im Fenster bildet sogar ein Pentagramm, ein Symbol, das Schutz und Sicherheit verspricht. Nur wenn du deine Perspektive umgehend veränderst, können sich deine Umstände zum Positiven verändern.

Grübelei und die Suche nach einem Ausweg bestimmen das Bild, weil uns unsere negative Einstellung und unser Sicherheitsdenken nun nicht mehr weiterhelfen. Wir befinden uns gerade in einer Sackgasse, aus der sich erst Wege auftun werden, wenn wir uns besinnen und unsere vom Mangel dominierte Einstellung zum Thema grundlegend verändern. Wir sind dazu aufgefordert, vom rein materiellen Denken zu einer ganzheitlichen Sicht der Dinge zu gelangen.

Die Krise wird genau so lange andauern, wie du dich weigerst, die Tatsachen (Handikap!) als gegeben zu akzeptieren. Die Lösung für deine Schwierigkeiten wird exakt dann zu dir kommen können, wenn du die Fäden der scheinbaren Kontrolle abgibst, freiwillig oder unfreiwillig. Tatsächlich hast du diese Fäden ohnehin längst nicht mehr in der Hand.

Werde dir jetzt klar darüber, dass absolut jedes Problem seine ihm eigene Lösung bereits in sich trägt. Diese kann sich dir eröffnen, wenn du deinen Blick hebst und deine Perspektive erweiterst. Welche Möglichkeiten sind in deinem Umfeld bereits vorhanden, die du aber nicht siehst und von vornherein ausschließt?

KURZFORMEL: VERLUST DROHT, WENN MAN NUR DEN MANGEL SEHEN WILL.

Entweder konnten wir unsere Energie in Tiphereth, bei den Sechs Stäben beginnend, immer mehr verdichten und dabei, insbesondere in den Sechs Kelchen, Balance erreichen. Oder wir haben diese Karte im Zentrum des Lebensbaumes erreicht, indem wir den Ausgleich des Erdelements zwischen Chesed und Geburah herstellten. In jedem Fall fahren wir jetzt oder in naher Zukunft greifbare materielle Ernte ein. Man kann unseren aktuellen Weg durchaus als geführt bezeichnen. Wir erhalten diese Führung, weil wir gerade innere und äußere Balance gleichzeitig erleben, die sich als ein angemessenes Verhältnis von Geben und Nehmen äußert.

Die Karte verspricht für jede Art von Unternehmung Erfolg. Was du jetzt in Angriff nimmst, wird dir gelingen, wenn du, wie im Bild deutlich zu erkennen, das Gesetz des Gebens und Nehmens weiterhin beachtest. Die Aufforderung an dich lautet, auch andere an deinem Wohlstand teilhaben zu lassen.

Nicht jeder Mitmensch hat die Kraft, um bewusst mit seinem Herzen in Verbindung zu treten. Wir sollten uns diesen gegenüber nicht urteilend und wertend verhalten, sondern von unserem inneren und äußeren Reichtum einen Teil an jene weitergeben, die das Schicksal unseren Weg kreuzen lässt. Gleiches gilt für unseren Planeten und all seine Bewohner, die auf unsere Achtung und unseren Respekt angewiesen sind.

Die Biographie von Menschen, die in ihrem Leben sehr großen Reichtum anhäuften, zeigt häufig, dass diese Menschen von Anfang an einen Teil ihres Gewinns an karitative Organisationen oder ähnliche Einrichtungen spendeten. Diesen Menschen war klar, dass Energie fließen muss, um erfolgreich zu sein. Du kannst gerade ebenfalls erkennen, dass jede Form von Energie, die du freiwillig an andere abgibst, um ein Vielfaches verstärkt zu dir zurückkommen wird. Deshalb gilt für dich: Triff deine Entscheidungen bewusst so, dass sie für andere ebenso vorteilhaft ausfallen wie für dich selbst.

KURZFORMEL: DER RHYTHMUS DEINES HERZSCHLAGS TREIBT DEIN VORHABEN VORAN.

SIEBEN MÜNZEN - ERDE DURCH NEZACH VII

Diese Karte ist eine der schwierigsten des gesamten Tarots, was sowohl für ihre Deutung gilt als auch für den Zustand, den sie beschreibt. In Nezach durch Erde erleben wir, dass unser Ego zerlegt wird – und damit nicht einverstanden ist. Deshalb wird diese Karte bei Crowley als Fehlschlag, vom Golden Dawn als Verbitterung bezeichnet. Wenn der Mann auf dem Bild den zusammengerechten Laubhaufen unbedingt so erhalten möchte, wie er gerade vor ihm liegt, wird dies tatsächlich Verbitterung mit sich bringen. Ihn bei jedem Windstoß neu zusammenzukehren, wird früher oder später auch zu einem Fehlschlag führen. Den Wind zu bändigen ist auf lange Sicht ein sinnloses Unterfangen. Was also kannst du tun, wenn du diese Karte ziehst?

Aus alchimistischer Deutungsperspektive beschreibt die Karte den Prozess der Gärung. Das bedeutet, den Laubhaufen über den Winter sich selbst zu überlassen. Der so entstehende Kompost wird dir im nächsten Jahr als wirkungsvoller Dünger dienen können. Momentan allerdings ist kein konkretes Ergebnis zu erwarten und deshalb steht an, deine Angelegenheit völlig loszulassen. Deine bisherigen Bemühungen sind nicht unbedingt umsonst, denn die Zeit wird etwas Neues heranreifen lassen. Im Grunde genommen handelt es sich um einen völlig natürlichen Reifeprozess, den wir gerade erleben. Vergangenes bildet den Dünger für neues Erblühen. Wir werden das für uns Beste ernten, wenn es an der Zeit für uns ist. Und diese Zeit ist jetzt noch nicht gekommen, das ist alles.

Um in den Sieben Münzen zu landen, hat man im Vorfeld manchmal zu lange gezögert und deswegen die Chance für den Moment erst einmal verpasst. Häufiger jedoch war man in der Vergangenheit zu ungeduldig. In der Schwingung von Erde durch Nezach steckt man für eine gewisse Zeit scheinbar fest und ist dazu verurteilt, „vor sich hin zu gären".

Die Empfehlung für solche Fälle lautet, sich zurückzuziehen und für den Moment zur Ruhe zu kommen. Homöopathischer Schwefel, Sulfur, kann dabei unterstützen, für bestimmte Zeit von unserer Sache loszulassen und uns auf etwas anderes zu konzentrieren. Auf lange Sicht werden sich wieder Änderungen der äußeren Umstände ergeben, doch eben erst dann, wenn wir nicht ständig denselben Laubhaufen zusammenkehren. Wir werden die aktuelle Erfahrung noch bestens gebrauchen können. Sei es, weil unsere Sache dann herangereift ist oder sei es, was meistens der Fall ist, weil eine neue Sache genau diese Erfahrung benötigt.

Die Siebener-Reihe in Nezach soll uns dazu dienen, den kabbalistischen Verdichtungsweg der vier Elemente einmal konkret zu verfolgen: Die Sieben Stäbe, Feuer, forderten uns dazu auf, die Hintergründe unserer Sache ehrlich zu hinterfragen. Wir wurden davor gewarnt, unseren Willen nur vom Ego motiviert einzusetzen. Doch wir kämpften lieber um des Kämpfens Willen und verloren dabei aus den Augen, um was es uns ursprünglich konkret ging. Wir blieben nicht klar bei der Sache, sondern verstrickten und verbissen uns immer mehr.

Hier den Ausgleich herzustellen durch das „Abtasten" der Umgebung und unserer Motive, wie es die Acht Stäbe im gegenüberliegenden Hod empfehlen, ist nicht gelungen. Die Folge waren die Sieben Kelche, Wasser, die uns abermals mahnten, keiner etwaigen Projektion aufzusitzen. Auch die Acht Kelche in Hod durch Wasser ließen uns die Situation mehrmals als festgefahren und stockend empfinden, doch wir nahmen mit Hurra alle Herausforderungen an, um als vermeintlicher Gewinner vom Platz zu gehen, obwohl doch der Aufbruch ins Ungewisse für uns anstand.

Die Sieben Schwerter (Luft in Nezach) gaben uns die letzte Chance, unseren Irrtum zu erkennen. Nur ein mit höchster Konzentration ausgeführter Handstreich hätte uns noch gerettet, doch hätte dieser absolut zwingend aus uns selbst heraus, aus unserer Mitte kommen müssen und keinesfalls das Ergebnis der angesprochenen Projektion oder das Produkt eines übermächtigen Egos sein dürfen. Allerspätestens hier hätte das entscheidende Hinterfragen stattfinden müssen, ob wir uns noch auf dem richtigen Weg befinden oder ob wir uns nur etwas vormachen. Wir hätten uns viel Stress erspart, wenn wir uns und unser Vorhaben ehrlich auf die dahintersteckenden Motive überprüft hätten.

Die Acht Schwerter in Hod taten ihr Übriges dazu, uns aufzuzeigen, dass wir unsere gedankliche Balance zunehmend aus den Augen verloren und uns immer mehr in einer einseitigen Sichtweise verfingen. In Nezach durch Erde müssen wir nun endgültig loslassen, was wir investiert haben – und lernen eben jetzt, was es zu lernen gibt. Doch, wie oben angesprochen, ist dies ein natürlicher Prozess und die weitere Entwicklung wird uns lehren, dass sich auch vermeintliche Verluste auf lange Sicht immer als gewinnbringende Anlage herausstellen.

KURZFORMEL: LASS DEINE SACHE GÄREN, WÄHREND DU NACHDENKST.

ACHT MÜNZEN - ERDE DURCH HOD VIII

Die Erde in Hod garantiert dir langfristigen Erfolg, wenn du entsprechend achtsam vorgehst und die Übersicht behältst. Die Karte zeigt ein langsames und stetes Wachstum deiner Sache, bei der es für dich gerade primär darum geht, Ordnung in die bereits bestehenden Verhältnisse zu bringen. So kannst du auch weiterhin Schritt für Schritt konsequent dein Ziel mit ungeteilter Aufmerksamkeit verfolgen.

Alle gesammelten Details, die du für die Umsetzung deines Vorhabens benötigst, kannst du nun genau beleuchten, um sie dann an den Platz zu stellen, der für sie vorgesehen ist. Somit nehmen bislang unterschiedliche Aspekte deines Lebens miteinander Verbindung auf und wie bei einem Puzzle kann etwas Größeres und Umfassenderes immer deutlicher Gestalt annehmen.

Alles unterliegt dem Zeitablauf eines natürlichen Wachstums und wenn du nicht voreilig in den Lauf der Dinge eingreifst, wirst du erfolgreich zu Ende führen können, was du begonnen hast. Du wirst langsam aber sicher mehr und mehr die Beweisführung erhalten, dass du dich auf dem richtigen Weg befindest. Wenn es nötig sein sollte, in Aktion zu geraten, wird dies lediglich eine Reaktion auf die gegebenen Umstände sein, die keinen allzu hohen Kraftaufwand erfordern, sondern nur die bei jedem Unternehmen notwendigen Erledigungen bzw. geringfügige Korrekturen darstellen. Hierbei solltest du Ruhe und Konzentration bewahren. Dich verausgaben solltest du jetzt nicht.

Die Acht der Münzen ist eine der Zeitkarten, die Tarot uns zur Verfügung stellt. Häufig fragen wir uns, wann denn mit dem Eintreffen bestimmter Optionen zu rechnen wäre. Jedoch steht auf keiner der 78 Karten ein Datum aufgedruckt, so wie auf den Personenkarten leider auch nie ein Name zu finden ist. Doch kann man sagen, dass die Acht der Münzen eine Aufforderung ist, die Dinge langsam anzugehen, was sich im Äußeren als längerfristige, jedoch kontinuierliche Entwicklung niederschlägt. Andersherum sagen uns die Acht Stäbe, dass sich die Dinge gerade schnell entwickeln. Die schnellste Karte ist der Ritter der Schwerter. Die Entwicklung eines Vorhabens findet in seinem Energiefeld atemberaubend statt, was positiv wie negativ gleichermaßen sein kann. Entscheidend ist immer unser Umgang mit der herrschenden Zeitqualität.

Weitere Informationen erhalten wir anhand der Position, auf welcher die jeweilige Karte liegt. Vier Schwerter auf Gegenwarts- und insbesondere auf Vergangenheitspositionen sagen uns, dass wir gerade noch innehalten sollten, dies aber die Vorbereitung dafür ist, dass die Dinge bald wieder in Bewegung geraten werden. Ähnliches gilt für den Wagen auf derselben Position. In der Praxis werden sich deine Karten diesbezüglich immer mehr öffnen, wenn du die Geschwindigkeit vor dir liegender

Karten zu ahnen versuchst. Steig auf das Pferd des Ritters mit auf und spüre, wie dir der Wind um die Ohren weht.

Die Zeitkarte schlechthin ist natürlich Arkanum X „Rad des Lebens". Sollte diese mit einer der oben angesprochenen zusammen in einer Auslage auftauchen, kannst du daraus schließen, dass Tarot gerade auf den Zeitfaktor eingeht und du diesen jetzt besonders beachten solltest.

KURZFORMEL: ORDNE DEINE VERHÄLTNISSE, SIE WACHSEN HERAN.

NEUN MÜNZEN - ERDE DURCH YESOD IX

Die Neun Münzen kann man im weitesten, manchmal auch im konkreten Sinne als Familienkarte bezeichnen, weil sich unsere befragte Angelegenheit fast immer auf mehrere Menschen auswirkt, wenn wir diese Karte ziehen. Wenn wir der Aufforderung folgen, dem Falken die Binde abzunehmen und ihn fliegen zu lassen, werden wir aus der Vogelperspektive erkennen, wo und wie wir Rückenwind für unsere Sache erhalten können. Menschen, die uns wohlgesinnt sind, und günstige „Zufälle" sorgen dafür, dass unsere Umstände gedeihen. Die Vogelperspektive ist in der Tat der Schlüssel zu weiterem Vorankommen.

In der Verdichtungsfrequenz von Erde in Yesod ist der äußere Lohn für deine Bemühungen die logische Konsequenz deiner Vorarbeit.

Wenn du in Tiphereth (Vogelperspektive) das Gesetz des Gebens und Nehmens beachtet und auch andere Beteiligte an deinem Erfolg hast teilhaben lassen, hast du bereits im Vorfeld nicht nur für dich selbst, sondern auch für deine Umgebung die optimalen Voraussetzungen für materiellen Zuwachs geschaffen. Diese Energie ist es, die nun zu dir zurückkommt. Für finanzielle Unternehmungen beispielsweise bedeutet dies, dass ein Geschäftsabschluss erreicht wird, mit dem alle Beteiligten zufrieden sein werden (win-win).

Es werden also auch andere Personen an deinem Projekt mit beteiligt sein. Du kennst diese Personen bereits oder du wirst ihnen bald begegnen und deren Unterstützung erhalten. Wichtig ist, dass du dabei nicht nur ausschließlich auf deinen eigenen Vorteil bedacht bist, sondern alle über deinen Gewinn erfreut sind. Dein Blick sollte jetzt auf keinen Fall eng oder egoistisch motiviert sein, sondern weit und offen.

Der Zuwachs, den diese Karte anspricht, kann auch in Form einer Geburt stattfinden. Die Wahrscheinlichkeit für ein freudiges Ereignis dieser Art steigt, wenn im Kartenbild Trumpf III „Die Herrscherin" oder Drei Kelche ebenfalls ausliegen.

Das Ziehen der Karte sagt jedenfalls immer, dass wir unseren Wohlstand steigern können und uns zudem noch in bester Stimmung befinden. Dieses Gefühl mit ganzem Herzen zu erlauben und nach außen zu tragen, hat den erwünschten Zugewinn auf allen Ebenen zur Folge. Der Beruf etwa kann zur Berufung werden und der fruchtbare Boden, auf dem wir gerade voranschreiten, führt uns in die Richtung unserer Selbstverwirklichung.

KURZFORMEL: ZUWACHS FÜR ALLE BETEILIGTEN.

Mit den Zehn Münzen hat unser Weg des zündenden Blitzes durch den Lebensbaum ein vorläufiges Ziel erreicht. Die zehn Pentakel sind in Form des Lebensbaumes angeordnet. Der noch unbearbeitete Willensknüppel, der uns im Ass der Stäbe aus Wolken heraus überreicht wurde, ist von uns zum Werkzeug geformt worden und hat sich jetzt zur stabilen Ordnung manifestiert.

Wir haben auf dieser Etappe unseren Schatten entweder bereits integriert oder erhalten jetzt die entsprechende Gelegenheit dazu – die Position, auf welcher die Karte zu liegen kommt, ist ausschlaggebend. Die Chance, die dir durch diese Karte angezeigt wird, solltest du jedenfalls unbedingt nutzen, was sich in der Folge als innerer und äußerer Wohlstand auswirken wird. Es wäre jetzt sinnvoll, dir die Frage zu stellen, was eigentlich Wohl-Stand für dich konkret bedeutet.

Der äußere Wohlstand, der hier angesprochen ist, entspricht exakt der Balance unserer inneren Stärke und unserer Positionierung in der äußeren Welt. Die Karte sagt, dass wir gerade den direkten Spiegel unseres Bewusstseins präsentiert bekommen. Wir haben uns weit genug entwickelt, diesen Spiegel zu erkennen und deshalb ist er der Spiegel unseres inneren Wohlstands. Du bist in der Lage, die Verantwortung zu übernehmen für die Gelegenheiten, die sich dir jetzt bieten. Niemand wird durch deinen Wohlstand benachteiligt werden.

Die beiden Welten, die das Tor miteinander verbindet, sind die unterschiedlichen Reiche, die hier in Malkuth aufgefangen und verbunden werden können. Wir können zwischen den Welten reisen, die von der animalischen bis hin zur spirituellen oder auch ethischen Perspektive reichen.

Die Erfahrungen, die wir auf unserem Weg den Lebensbaum abwärts gesammelt haben, sollten wir jetzt speichern, damit wir jederzeit auf diese zurückgreifen können. Wer den Keller verlässt, um in die höher gelegenen Etagen zu gelangen, sollte diesen Keller wohlgeordnet verlassen und nicht absperren, um mit ihm in Zukunft nichts mehr zu tun haben zu müssen. Wir sollten jederzeit auf alles dort Gesammelte und Geordnete zurückgreifen können. Aus unserer starken Position heraus können wir unsere umgesetzten Erlebnisse an andere weitergeben und diese an unseren Erfahrungswerten teilhaben lassen, wenn sie uns um Rat fragen. Wir sollten unsere Wurzeln niemals vergessen oder gar verleugnen. Menschen, die unseren Erfahrungsschatz in welcher Form auch immer bereichert haben, verdienen unsere Achtung und Dankbarkeit. Erst wenn wir das Leben in seiner ganzen Vielfalt akzeptieren, können wir aus dem Reichtum unserer Möglichkeiten schöpfen.

KURZFORMEL: JEDE MEDAILLE HAT ZWEI SEITEN; NIMM SIE AN UND DER LOHN IST REICHLICH.

Lege nun deine Zahlenkarten jeder Serie in Form des Lebensbaumes aus. Versuche, den Ausgleich, das Gleichgewicht, das zwischen den Säulen hergestellt werden will, nachzuvollziehen. Genau dies ist die Botschaft jeder Karte, wenn man sie im Zusammenhang mit den anderen Karten erkennt.

Verbinde vor deinem inneren Auge auch die Stationen des absteigenden Blitzstrahles miteinander und verfolge so den Weg der Verdichtung von Energie – deiner Energie. Auch hier will in jeder einzelnen Karte ein Gleichgewicht hergestellt werden – ein Gleichgewicht deiner inneren und äußeren Kräfte. Wende dein neues Wissen an, um diesen Prozess greifbar nachzuvollziehen. Betrachte das Herabsteigen der Macht und du kannst die Zusammenhänge herstellen, wie sich unsere materiell-körperlichen Situationen im Vorfeld ankündigen, bis wir sie dann letztlich als unsere Welt wahrnehmen.

LEHRGANGSSTUFE V

DIE HOF- ODER PERSONENKARTEN

DAS FEUERDREIECK (AZILUTH)
DAS WASSERDREIECK (BERIAH)
DAS LUFTDREIECK (JEZIRAH)
DIE ERDE VON MALKUTH (ASSIAH)

DIE HOF- ODER PERSONENKARTEN

Das Kleine Arkanum ist vollständig, wenn sich zu den 40 kleinen Zahlenkarten noch die 16 Hofkarten hinzugesellen. Obwohl ebenfalls den vier Elementen zugeordnet, bilden diese Karten dennoch eine eigene Einheit. Sie verbinden die Zahlenkarten und das Große Arkanum.

Der Name „Hofkarten" steht mit dem Königshaus früherer Tage in Verbindung. Auch die Bezeichnungen unserer gewöhnlichen exoterischen Spielkarten haben dort ihren Ursprung. Ob es sich nun um Buben, Prinzessinnen, Könige oder sonstige Menschen handelt, die abgebildeten Personen sind stets Angehörige des königlichen Hofstaats. Mittlerweile hat sich, dem Zeitgeist folgend, auch die modernere Bezeichnung „Personenkarten" eingebürgert.

Das Deutungsspektrum der Hof- oder Personenkarten ist ein sehr vielschichtiges. Hofkarten können uns ganz gezielt auf bestimmte Personen hinweisen, die sich in unserer Umgebung befinden und mit denen wir gerade zu tun haben oder bald zu tun bekommen werden. Wenn dir beim Betrachten einer Hofkarte eine Person in den Sinn kommen sollte, dann ist diese mit hoher Wahrscheinlichkeit auch tatsächlich angesprochen. Manchmal beschreiben Hofkarten die entsprechenden Menschen sogar anhand ihres körperlichen Aussehens. In diesem Fall weisen uns die Stäbe auf blonde bis rötliche Menschen mit sehr heller Haut hin. Kelche stehen dann für brünette und hellbraune Typen, Schwerter für braune oder dunkelblonde Menschen und die Münzenkarten weisen uns auf den schwarzhaarigen Typus, auch auf dunkelhäutige Menschen hin.

Könige und Königinnen sind im tatsächlichen Leben älter bzw. reifer als die Fragestellerin, das Verhalten der Ritter und Buben ist eher jugendlich einzustufen. Insgesamt betrachtet sprechen Hofkarten, wenn sie ganz konkrete Menschen anzeigen wollen, primär die charakterlichen Eigenschaften von Menschen an. Es wäre viel zu einfach, jede gezogene Hofkarte deckungsgleich auf eine bestimmte Person zu übertragen. Das ist lediglich bei etwa zehn Prozent ihres Auftauchens so.

Ein erheblich breiter gefächerter Deutungsansatz ist die Beschreibung bestimmter Persönlichkeitsanteile, die es gerade zu beachten und zu entwickeln gilt. Nach dem Resonanzgesetz begegnen wir im täglichen Leben immer genau jenen Personen, die uns unsere eigenen Charakteranteile spiegeln und dadurch aktivieren und offenlegen. Bei genauem Betrachten ergänzen sich die beiden bislang angesprochenen Deutungsperspektiven perfekt.

Alles, was uns bei einer anderen Person ganz besonders in Erregung versetzt, spiegelt uns in der äußeren Welt einen Teil unserer eigenen Persönlichkeit zurück. Sollten wir uns gerade über jemanden mächtig ärgern, wird uns dadurch eine Facette unseres eigenen Charakters gezeigt, mit der wir uns nur ungern identifizieren wollen – doch begegnen wir dieser Person genau deshalb, weil für unsere Weiterentwicklung gerade ansteht, diese Eigenschaft nun als zu uns gehörig zu erkennen. Umgekehrt spiegeln uns die Fähigkeiten, die wir an anderen besonders schätzen und bewundern, ebenfalls genau jenes Potenzial, das wir selbst in uns tragen. Wir erhalten dadurch die Gelegenheit, dieses nun auszubilden und zu zeigen, um vollständiger, authentischer und souveräner zu werden. Dieses Erwecken einer zuvor schlummernden Eigenschaft, die wir unserem Charakter nun bewusst hinzufügen, bringt in der Folge reichhaltigere Möglichkeiten in unser Leben. Im Falle gezogener Hofkarten erweitert sich unser gewohntes Umfeld dann auch häufig durch Personen. Unser bisheriger Spielraum vergrößert sich, weil unser Charakter reift.

Wenn wir offen dafür sind, zeigen uns die Hofkarten kristallklar, welcher Persönlichkeitsaspekt unserer Gesamtnatur gerade erweckt und unseren Möglichkeiten hinzugefügt werden will. Dies kann in manchen Fällen in Form von Personen geschehen, die uns besonders beschäftigen, weil sie diese Aspekte symbolisieren und in unser Bewusstsein bringen. Grundsätzlich gilt: Unsere bewussten und unbewussten Wünsche, welche Charaktereigenschaften wir gerne hätten und wie wir denn gerne wären, werden uns von den Personen unseres Lebens und somit von der entsprechenden Hofkarte angezeigt. Diese sagt uns dann, dass wir die gewünschte Eigenschaft durchaus als Potenzial in uns tragen und nun stärker ausleben können.

Unser Deutungsansatz vertieft sich einmal mehr, wenn wir uns den Hofkarten aus der kabbalistischen Perspektive nähern. Jede Hofkarte zeigt uns ein konkretes Mischungsverhältnis auf, das die vier Elemente untereinander eingehen, wenn sie sich miteinander verbinden. Wenn wir, wie dies bei den Zahlenkarten ja bereits auch schon der Fall war, wieder die vier Elemente mit der Energie der Sephiroth in Bezug setzen, können wir konkret erkennen, wo sich unsere Kräfte gerade bewegen und wie wir sie anwenden können.

Suche jetzt die restlichen 16 Karten deines Decks, die wir noch nicht einzeln besprochen haben, heraus. Auf jeder dieser Karten ist eine Person abgebildet und es sind die einzigen Karten, auf deren unterem Rand ihr Element gesondert ausgeschrieben ist. Du findest auch immer die Bezeichnung einer Figur des Königshofes und das Element, welches diese uns symbolisiert, z.B. Bube der Schwerter oder König der Münzen usw. Ordne die herausgesuchten 16 Karten nach deren Elementzugehörigkeit, bis du vier Gruppen zu je vier Karten vor dir liegen hast. Dies sind jeweils vier Stäbe-, vier Kelche-, vier Schwerter- und vier Münzenkarten.

Versuche nun als nächsten Schritt, die Hierarchie innerhalb des jeweiligen Elementes nachzuvollziehen und ordne deine Karten in der absteigenden Reihenfolge dieser Hierarchie. Versetze dich dazu in die damaligen Begebenheiten hinein. Bei Hofe war der König im Allgemeinen die oberste Autorität (Herrscher und Herrscherin befinden sich ja im Großen Arkanum), gefolgt von seiner Frau, der Königin. Dass ein Ritter in der mittelalterlichen Hierarchie dem Buben übergeordnet war, liegt auf der Hand und so haben wir, dem entsprechenden Element zugeordnet, vier Reihen vor uns liegen, die uns, von links nach rechts gelesen, die Repräsentanten König, Königin, Ritter und Bube zeigen.

Stelle nun weitere Ordnung her, indem du deine Personenkarten von oben nach unten dem bekannten (Tarot-)Verdichtungsgrad der Elemente anpasst. Dies bedeutet, dass die Serie der Stäbe als oberste Reihe vor dir liegt. Darunter die vier Hofkarten der Kelche, anschließend die vier Schwertkarten. Als unterste Reihe liegen die vier Personenkarten der Münzen aus. So hast du die 16 Hofkarten in einer klar strukturierten Ordnung vor dir liegen.

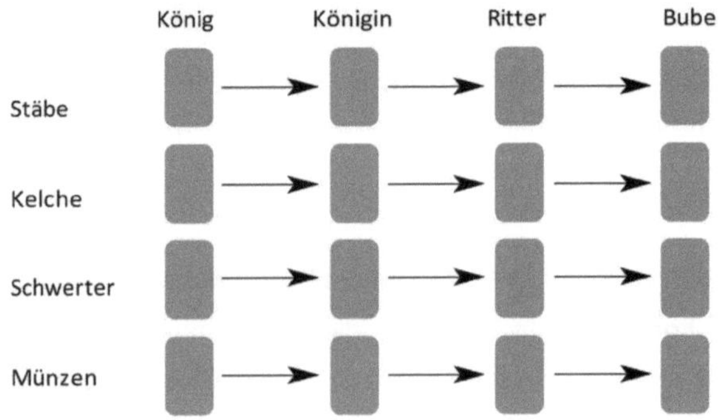

Betrachte nochmals Abbildung 4 (siehe Seite 143) im Kapitel „Kabbala". Du findest dort die Sephiroth zu drei Dreiecken verbunden und Malkuth für sich allein stehend. Jedes der drei Dreiecke entspricht einer der vier kabbalistischen Welten. Malkuth, die unterste Sephira, ist die vierte Welt und steht für sich allein. Alle Hofkarten, gleichgültig in welcher Tarot Version, bewegen sich in diesen vier Welten und entsprechen einer von ihnen. Um keine Verwirrung zu stiften, werde ich im weiteren Text dieses Lehrgangs den kabbalistischen Schlüssel ausschließlich auf die Hofkarten von Waite und Smith beziehen und hier nicht auf Prinzen oder Prinzessinnen anderer Versionen eingehen.

Das oberste Dreieck, bestehend aus Kether, Chockmah und Binah, wird als das Feuerdreieck bezeichnet. Im Baum ist dies die Welt der Könige. Die Könige im Waite-Smith-Tarot sind im oberen Dreieck beheimatet und repräsentieren das Feuerelement. Das Dreieck darunter mit den Sphären von Chesed, Geburah und Tiphereth vertritt das Element Wasser und steht in Bezug zu den vier Königinnen. Weitere Verdichtung erfahren wir im Luftdreieck, welches Nezach, Hod und Yesod bilden und das durch die vier Ritter vertreten wird. Malkuth steht für sich allein und symbolisiert das Element Erde. Zu diesem gehören die vier Buben.

Wir treffen hier erneut auf den Verdichtungsgrad der vier Elemente, der uns in Kurzform ausgedrückt folgendes sagt: Die vier Könige sind dem Feuer zugehörig (Aziluth) und die vier Königinnen dem Wasser (Beriah). Alle Ritter bringen das Luftelement (Jezirah) zum Ausdruck und die vier Buben stehen für das Element Erde (Assiah).

Der König der Münzen beispielsweise ist durch seine Zugehörigkeit zur Münzen-Serie Repräsentant des Elementes Erde, hat aber als König seinen Sitz im obersten, im Feuerdreieck. Der König der Münzen zeigt uns also das Element Erde in erhitztem, eben in feurigem Zustand, nämlich als Feuer (König) der Erde (Münzen) oder auch feurige Erde. Wenn du dir das Element Erde vor dein inneres Auge holst, solltest du nachvollziehen können, dass feurige Erde niemals ein Strohfeuer oder Kerzenlicht sein kann, sondern in Bezug zu Lava steht. Wenn du diesen elementaren Zustand auf deinen Willen, für den das Feuer ja steht, überträgst, kannst du erahnen, wie dein Wille gerade gestimmt ist, wenn du diese Karte ziehst – und ihn entsprechend zur Geltung bringen.

Die Buben, die für Malkuth, das Element Erde, stehen, sollen uns als zweites Beispiel dienen. Der Bube der Kelche repräsentiert wie alle Buben das Element Erde. Durch ihre Kelche-Zugehörigkeit vertritt diese Karte wiederum das Element Wasser, das wir so in seinem dichtesten, nämlich erdigen Aggregatszustand erfahren. Der Bube der Kelche wird somit als die Erde des

Wassers oder auch erdiges Wasser bezeichnet. Wenn du dir den dichtesten Zustand von Wasser vorstellst, wirst du schnell beim Begriff Eis landen. Wasser wiederum symbolisiert, wie du weißt, unsere Gefühle und Emotionen. Diese sind in dichtem oder eisigem Zustand entweder gerade dabei, sich zu kristallisieren und greifbar zu werden oder aber zu „vereisen". Wenn uns das Wasser in seiner Erscheinungsform als Eis begegnet, dürfte klar sein, dass wir hier bestimmt kein luftiges Wasser vorfinden. Wasser in Verbindung mit Luft könnte man als sehr bewegtes, dunstiges Wasser beschreiben, eben als luftiges, auch schäumendes Wasser, das wir wiederum im Luftdreieck finden, wo luftige Gefühle vorherrschen. Doch unsere kristallinen, eisigen, erdigen Gefühle erleben wir beim Buben der Kelche, der uns als Erde des Wassers einen einzigartigen emotionalen Zustand anzeigt, der von anderen Hofkarten klar unterschieden werden kann. Die folgenden Texte zu den Hofkarten umschreiben alle diese Zustände.

Beachte, wenn du den kabbalistischen Schlüssel der Elementlehre anwendest, dass jede Hofkarte für die Verbindung und das Wirken von drei Sephiroth steht. Wir sehen hier also umfassendere Abläufe als bei den Zahlenkarten, die jeweils nur mit einer speziellen Sephira in Bezug sind. Wenn du die Eigenschaften der Energie, die du aus den Beschreibungen der einzelnen Sephiroth und den jeweiligen Zahlenkarten bereits kennst, zu einer Dreiergruppe (Dreiheit) zusammenfügst, wirst du dir das Wesen der Hofkarten immer klarer erschließen.

Nur in Malkuth, der Erde, haben wir kein Dreieck, sondern nur eine einzelne Sephira. Unsere facettenreiche Alltagsrealität enthält aus kabbalistischer Sicht genügend Vielfalt, um das Spektrum einer Hofkarte abzudecken. Du erinnerst dich, dass die Sephira Malkuth als „das Reich" bezeichnet wird.

י

DAS FEUERDREIECK
AZILUTH

DAS FEUERDREIECK (AZILUTH)

Das Zusammenspiel der drei Sephiroth Kether, Chockmah und Binah lässt das oberste Dreieck im Baum entstehen, das Feuerdreieck des Geistes. Unsere Willensäußerungen haben hier ihren Ursprung und erhalten dort ihre erste Ausrichtung. Stell dir deinen Geist als einen König vor, der auf dem Thron ruhend sein Reich, seine Welt verwaltet. Das Anliegen dieses Königs ist, dass sich unsere Seelenenergie in der Alltagswelt zunehmend entfalten und verwirklichen kann. Um den Ausdruck der Seele zu erkennen, müssen wir ihre Impulse wahrnehmen. Diesen Impulsen dann auch zu folgen ist die Aufgabe der vier Könige und die Ausrichtung, die sie uns zeigen können.

Im Feuerdreieck lernen wir, Herr im eigenen Haus zu sein. Die Könige lehren uns, wie wir unsere Kraft als Souveräne handhaben können, die in Verbindung mit ihrer höheren Wesenskraft stehen. Das Symbol für diese Verbindung ist die Krone. Die unterschiedlichen Kräfte des Lebens (Wollen, Fühlen, Denken und Handeln) sollten uns nicht beherrschen, sondern wir sollten diese Kräfte meistern, um sie weise anzuwenden und unser Leben selbständig und authentisch zu führen.

Weil die Eigenschaft der Feuerenergie ihre Ausbreitung ist, haben unsere Entscheidungen nicht nur auf uns selbst Auswirkungen, sondern beeinflussen auch unsere Umwelt. Deshalb sollten wir von den Königen lernen, unseren Willen kraftvoll und zielstrebig, doch stets zum Wohle des Ganzen anzuwenden. Unser Schicksal wird letztlich davon bestimmt, ob wir uns von höheren Kräften leiten lassen oder ob wir lediglich unser Ego durchsetzen wollen. Dann allerdings wird uns früher oder später immer ein anderer „Herrscher" erscheinen und uns unsere Herrschaft streitig machen.

Man nimmt es beim Ziehen dieser Karte vielleicht noch nicht bewusst wahr, doch sie kündigt Veränderung und Wachstum an. Dieser König ist eine Aufforderung an dich, jetzt nicht tatenlos abzuwarten, was geschieht. Konstruktiver ist es, wenn du dich bereits jetzt aktiv auf die anstehenden Entwicklungsschritte vorbereitest. Die Zeit ist gerade optimal dafür, über bestimmte Weichenstellungen nachzudenken, um diese konsequent und ohne zu zögern umsetzen zu können. Schon bald wird sich deine Sache in Bewegung setzen und dann solltest du nicht lange überlegen müssen, was zu tun ist. Umgehend zur Tat zu schreiten, sobald es möglich ist, lautet der Rat.

Der tiefere Grund für dein etwaiges Zögern ist, dass nicht nur du selbst, sondern noch weitere Beteiligte von der Neuerung und Erweiterung deiner Sache betroffen sein werden. Andere Menschen werden mit ins Spiel kommen und wenn du nicht willst, dass diese den weiteren Verlauf bestimmen, solltest du bereit dazu sein, die Dinge eigenständig in die Hand zu nehmen. Doch dazu ist nötig, dass du deine Entscheidungen nicht verunsichert triffst, sondern diese deinen Mitspielern selbstbestimmt und souverän mitteilen kannst.

Schon jetzt hast du die Dinge weit mehr in der Hand, als dir das bewusst ist. Der König der Stäbe blickt entschlossen in seine einzuschlagende Richtung und der Feuersalamander flüstert ihm zu, dass es die richtige Orientierung ist, der er zu folgen gedenkt. Du solltest dir allerdings absolut sicher sein, dass deine Motive nicht von Herrschsucht oder Überheblichkeit geleitet sind, denn aus niederen Motiven heraus wird deine Sache keinesfalls zu klären sein. Tatsächlich sind es sogar ausschließlich deine tiefer verankerten Motive, die darüber entscheiden, ob dein Einfluss zu- oder abnehmen wird. Diese Motive völlig ehrlich zu hinterfragen, ist die aktuelle Aufgabe für dich. Wenn es Wohlwollen und Großmut sind, die dich leiten, wird dein Wachstum gelingen, weil es dann förderlich für alle ist, auch wenn sie nicht über das nötige Verständnis der größeren Zusammenhänge verfügen.

Es könnte durchaus sein, dass deine Vorstellungen nicht allen gefallen. Die Stimmung könnte vielleicht auch mal ins Gereizte kippen. Doch wenn du wie empfohlen vorbereitet bist und deine Motive ehrlicher Natur sind, wirst du dich nicht wie ein jugendlicher Heißsporn benehmen, sondern auch dann souverän bleiben können, wenn versucht wird, Öl ins Feuer zu gießen. Souveränität heißt, dass man damit umzugehen weiß, dass nicht jeder über das gleiche Kraftpotenzial verfügt wie du selbst. Gehe kalkulierbare Risiken ein, doch gleite nicht zum Glücksritter ab! Stell sicher, dass du nicht ohne Einfühlungsvermögen handelst. Wenn du dich nicht zu weit aus dem Fenster lehnst, wirst du alle erforderlichen Mittel erhalten, um ans Ziel zu gelangen. Welches Ziel ist das genau?

FINDE HERAUS: WAS IST SOUVERÄNITÄT?

KÖNIG DER KELCHE (FEUER DES WASSERS) י

Feuer und Wasser miteinander zu verbinden, ist eine hohe Kunst. Das Kraftpotenzial des Wasserkönigs birgt eine enorme Dynamik in sich, denn durch Feuer erhitztes Wasser entwickelt stets Druck und man könnte sich daran verbrühen. Wir erleben einen Zustand, in dem sich unsere heißen Gefühle ausbreiten wollen und auch müssen. Deine Aufgabe lautet, einen adäquaten Kanal für deine nach außen drängenden Emotionen zu finden.

Klar ist, dass du deine Gefühle nun irgendwie wirst äußern müssen. Doch wenn du dabei nur Dampf ablässt, werden alle anderen Beteiligten mehr oder weniger erschreckt reagieren, was wiederum zu unerwünschten Ergebnissen führen könnte. Entscheidend ist, dass deine Gefühle sich jetzt nicht mit altem, noch nicht abgelassenem Ballast vermischen, der gerade ebenfalls mit an die Oberfläche geraten kann. Deine eigentliche Herausforderung besteht in der Unterscheidung, welche deiner Gefühle präsent und wirklich aktuell sind und welche lediglich aus unverarbeitetem Druck resultieren. Dieser ist noch von längst vergangenen Erlebnissen übrig, hat aber mit deiner aktuellen Sache nicht das Geringste zu tun.

Die Dosierung, mit der du deine Gefühle nach außen bringst, entscheidet darüber, ob du einen gesunden Austausch mit den anderen Beteiligten deiner Sache führen kannst und auch, ob die Art des Austauschs so verlaufen wird, wie du es dir wünschst. Die optimale Dosierung findest du so: Lerne, dich aufmerksamer auf das Zuhören zu konzentrieren als sonst. Wenn es dir gelingt, dabei völlig neutral zu bleiben, wirst du tiefere Einblicke in das Gefühlsleben deiner Umgebung erhalten, als dies bislang der Fall war. Dadurch wirst du in einen viel sensibleren Austausch gehen können als gewohnt. In mancher Hinsicht wird diese Art des Austauschs vielleicht neu sein für dich. Doch wenn du ihn erlebst, wird er dein Leben mit Würze versorgen, so wie das Salz die Suppe veredelt. Auch da weiß man nicht, was man bislang versäumt hat, bis man es dann selbst probiert und schmeckt – in der richtigen Dosierung.

Der König des Wassers lädt dich ein, an seinen Gefühlen teilzuhaben. Er hat Interesse an seiner Umwelt und kann mit ihr mitfühlen. Die Frage, die du von ihm lernen und die du anderen Beteiligten stellen solltest, lautet: Wie geht es dir? Genau diese Frage ist es, die dir bald ermöglichen wird, anderen Menschen wiederum nun auch deine Gefühle mitzuteilen. Die entscheidende Voraussetzung für deine Sache ist dabei, dass deine Gefühle reiner Natur sind und aus echten und ehrlichen Quellen entspringen – präsent und gegenwärtig und nicht von längst vergangenen Erlebnissen gespeist.

Das Ziehen der Karte sagt, dass du sehr wohl weißt, was du wirklich brauchst. Du bist jederzeit in der Lage, gut für dich selbst zu sorgen. Doch um ein optimales Verhältnis zwischen dem Geben und Nehmen von Gefühlen herzustellen, gibt es noch einen Denkanstoß, den du auf dich wirken lassen solltest: Gib freizügig all das, was du gerne gibst - doch ohne dabei an Verpflichtungen oder gar Besitzansprüche zu denken! Dies ist mit Austausch gemeint.

FINDE HERAUS: WAS SIND EMOTIONEN?

KÖNIG DER SCHWERTER (FEUER DER LUFT) ל

Diese Karte sagt dir grundsätzlich, dass du dir nun stärker als bisher über die Kraft deiner Gedanken bewusst werden kannst. Du verfügst jetzt über genügend Wissen, um einen Schritt tiefer in die Welt des schöpferischen Denkens vorzudringen und praktische Erfahrungen über diese Zusammenhänge zu sammeln.

Bemühe dich in erster Linie darum, deine persönliche Perspektive zu erweitern. Betrachte die Dinge auch mal durch die Augen anderer Menschen, wechsle von einer rein subjektiven Einschätzung der Angelegenheit in eine neutralere Wahrnehmung, in die Vogelperspektive. So können dir neue und für deine Frage entscheidende Zusammenhänge klar werden. Wenn du daran interessiert sein solltest, könnten diese Zusammenhänge dann auch schnell in Planungen einmünden. Wenn du die Verbindung zur Erde nicht verlierst, wirst du bald in die Tat umsetzen können, was du dir vorstellst. Vorhaben könnten sich entwickeln, die viele nicht für möglich gehalten hätten. Die Erweiterung deines bisherigen Blickfeldes kann mehr bewirken, als du glaubst.

Nimm dir vor, dich weniger mit überflüssigem gedanklichen Wirrwarr herumzuärgern. Widme dich stattdessen gezielt der Gedankenhygiene. Dein Blick sollte gerade auf die Gegenwart und das Vorwärts gerichtet sein, doch nicht in der Vergangenheit festhängen. Verschwende keine Zeit damit, Probleme zu beklagen, die bei genauerer Betrachtung nichts anderes sind als Herausforderungen. Bemühe dich bevorzugt darum, lösungsorientiert zu denken, denn Lösungen für deine Frage gibt es tatsächlich. Doch sie wollen von dir gesehen werden. Was wiederum an deiner Bereitschaft liegt, deinen Horizont für neue Denkansätze zu öffnen.

Auf fruchtlose Diskussionen solltest du dich gerade nicht einlassen, weil das nur Energieverschwendung wäre. Achte besser auf alle Kontakte („Vitamin B"), die sich jetzt als nützlich erweisen könnten. Sollten diese Kontakte bereits bestehen, pflege sie. Gehe, wenn möglich, auch auf neue Verbindungen offensiv zu. Weisheit und Integrität könnten dabei deine beiden Schlüsselbegriffe sein.

Zusätzliche Kräfte kannst du auch dadurch freisetzen, dass du nicht alles bis ins letzte Detail selbst erledigst. Es gibt Menschen in deiner Umgebung, die deinen Gedankengängen gerne folgen wollen, doch du solltest diese nicht zu schnell oder zu kompliziert mitteilen. Möglich, dass deine neuen Einfälle genial sind, doch gerade deshalb sollten sie verständlich geäußert werden. Deine Priorität sollte sein, den Überblick zu behalten und immer nur dann, wenn es wirklich nötig ist, korrigierend einzugreifen.

FINDE HERAUS: WAS IST INTEGRITÄT?

KÖNIG DER MÜNZEN (FEUER DER ERDE) י

Das Feuer der Erde sagt uns, dass wir gerade willentlich „Berge versetzen" könnten (Vulkanausbruch). Wenn wir an uns selbst und an die uns innewohnende Kraft glauben, können wir uns jetzt mit ganzem Wesen in die befragte Angelegenheit einbringen. Wir sind symbolisch bis zum Magma des Erdinneren vorgestoßen, wo der Urzustand unseres Planeten erhalten geblieben ist. Wer diese Kräfte in der Tiefe seines Wesens entdeckt hat, kann im Glauben an sich selbst bewegen, was immer es zu bewegen gilt.

Den erdigen König zieht man gerne dann, wenn man in der Vergangenheit einige Höhen und Tiefen erlebte, aber dennoch beharrlich seinem Weg treu geblieben ist. Die Folge dieser Unbeirrbarkeit ist, dass man nun über ein reichhaltiges inneres und äußeres Potenzial verfügt. Allerdings sagt uns das Ziehen der Karte nicht, wie weit man sich über dieses Potenzial auch wirklich bewusst ist.

Wenn du dich von nun an weniger auf scheinbare Unzulänglichkeiten konzentrieren würdest, könntest du dich automatisch tiefer auf den inneren und auch äußeren Reichtum einlassen, der dir bereits zur Verfügung steht. Eben diese Einstellung wird dir und deiner Umwelt sehr guttun und auch so Manches in Bewegung bringen. Etwas weniger (Selbst-)Kritik hätte zur Folge, dass du deine Stärken noch viel intensiver ausleben könntest. Alles ist gut vorbereitet, um nun konsequent für ganzheitliches und auch nachhaltiges Wachstum zu sorgen. Male dir aus, was Wohlstand (Wohl-Stand!) für dich bedeutet und erteile dir die Erlaubnis zu diesem. Investiere etwas in dich selbst, lebe deine Größe!

Du kannst die Verantwortung in der befragten Angelegenheit durchaus übernehmen. Werde dir bewusst darüber, dass du Einfluss hast und dass man auf dich hört. Dieser Einfluss ist durchaus gerechtfertigt, denn der König der Münzen weiß über Materie und Existentielles bestens Bescheid. Doch kann ein Mensch allein nicht wie ein ganzer Chor singen. Also äußere dich, wenn du Unterstützung benötigst und nimm Hilfe an, wenn man sie dir anbietet. Beziehe gegebenenfalls auch die Meinung anderer Beteiligter in deine Pläne mit ein. Es bedeutet ja schließlich nicht, dass du die Zügel aus der Hand geben müsstest, wenn du offen bist für neue Anregungen und Möglichkeiten, die an dich herangetragen werden.

Lege alle Scheuklappen und Vorurteile ab, die deine Weitsicht behindern könnten. Schließe nichts aus, nur weil du es noch nicht kennst. Nimm Einladungen an und lerne Menschen kennen!

FINDE HERAUS: WAS IST WOHLSTAND?

ה

DAS WASSERDREIECK
BERIAH

DAS WASSERDREIECK (BERIAH)

Das Wasserdreieck ist die Heimat der Königinnen. Anders als beim Feuerdreieck zeigt die Spitze dieses Dreiecks im Lebensbaum nach unten und nicht nach oben. Daraus ergibt sich ein wichtiger Zugang zu dieser Energie: Wasser folgt immer dem Gefälle und passt sich dadurch seiner Natur gemäß an die natürlichen Vorgaben seiner Umgebung an. Sich dem Leben hinzugeben heißt, seinen Gefühlen zu folgen. Deren Ruf kann sich sehr still äußern, bisweilen aber auch in mächtigen, alles überflutenden Wellen stattfinden.

Der am feinsten schwingende Charakterzug des Wasserelements ist die Intuition. Diese breitet sich nicht aus wie beim Feuer des Willens, sondern sie öffnet sich über unsere Sinne für innere und äußere Eindrücke. Um unseren Lebensfluss an die Gegebenheiten des Lebens anzupassen, ist Demut eine nötige Voraussetzung – doch Demut wem oder was gegenüber?

Wenn wir dem Ruf unserer inneren Stimme, die über unsere Gefühle auf sich aufmerksam macht, lauschen, können wir den Weg erkennen, den das Wasserelement uns vorgibt. Voraussetzung, um diesen Ruf wahrzunehmen, ist allerdings, dass unsere Gefühle nicht überwiegend von alten Verletzungen oder Blockaden geprägt sind, sondern dass wir uns im direkten Kontakt mit ihnen befinden.

Der Fluss der Wasserenergie aus Chesed und Geburah sammelt sich in Tiphareth, von wo aus er dann weiterfließt und immer deutlicher für uns spürbar wird, bis er schließlich Teil unserer Alltagswelt ist. Gegenwärtigkeit und Achtsamkeit sind die Schlüssel, um dem Ruf unserer Seele bewusst zu folgen. Demut darf nicht mit Demütigung verwechselt werden.

KÖNIGIN DER STÄBE (WASSER DES FEUERS) ה

Die Königin der Stäbe hat einen enormen Reifungsprozess hinter sich gebracht. Durch die Erlebnisse der Vergangenheit hat sie die wahre Tiefe ihres Wesens kennengelernt und ist dadurch zur Hüterin des Feuers herangereift. Nur das Wasser kann dem Feuer Bahn und Begrenzung geben und sie ist diejenige, die über dieses Mittel verfügt. Wenn sich Wasser im Feuer spiegelt, entstehen Visionen. Seriosität und Beständigkeit sollten ihre herausragenden Eigenschaften sein, wenn sie diese Visionen willentlich nach außen tragen und verwirklichen will.

Wenn sie den Frieden mit ihrer Vergangenheit hergestellt hat, kann sie auch anderen Menschen Mitgefühl und Verständnis entgegenbringen, welches das Resultat ihrer eigenen Erfahrungen ist. Sie besitzt meistens große Anziehungskraft auf ihre Umgebung und sie weiß mit ihrer Kraft souverän umzugehen. Sie ist bereit, die Verantwortung für ihre wahren Gefühle zu übernehmen, denn sie muss niemandem beweisen, wie selbstbewusst sie ist. Sie weiß auch ohne äußere Bestätigung, dass sie natürliche weibliche Autorität besitzt.

Die von der Karte angezeigte Energie ist das Resultat und die Belohnung bestandener Abenteuer. Wenn du dich jetzt nicht gehen lässt, sondern dich beherrscht und gelassen verhältst, können sich Möglichkeiten zeigen, die dich zur Umsetzung deiner Visionen führen wollen. Zu Füßen der Königin sitzt eine schwarze Katze, was uns zeigen will, dass unsere dunklen animalischen Aspekte jetzt weitestgehend integriert sein sollten. Schwarze Katzen galten in früherer Zeit als Unglücksboten und die Feuerkönigin hat durch die Integration vergangener Missgeschicke ihre Vergangenheit bewältigt. Dies ist der Grund, warum die Karte aussagt, dass du dir Verständnis und hohe Toleranz gegenüber anderen Beteiligten leisten kannst. Du wirst dir dabei nicht selbst untreu werden müssen. Sei dir darüber im Klaren, dass dir jede Erfahrung dazu dienen will, deine Gefühle zu erkunden und deine alten Bewertungen von Gut und Böse zu relativieren. Die Feuerkönigin weiß, dass jede Finsternis letztlich immer nur dem Licht dienen kann.

Niemand sollte allerdings den Fehler begehen, diese Toleranz als Schwäche zu interpretieren. Das Tier zu ihren Füßen ist Teil ihres Wesens und gehört mit zu den Eigenschaften, die von der Karte angesprochen werden – niemand sollte die Unbeirrbarkeit und auch die starke Willenskraft ihres „Katzenanteils" unterschätzen.

Kraft und Seelenwärme sollten deine Vorgabe sein, wenn du diese Karte ziehst. Wenn deine Unabhängigkeit nicht in ungesunden Egoismus oder Selbstsüchtigkeit umkippt, wird deine starke Willenskraft in Dauerhaftigkeit einfließen und dein befragtes Vorhaben zum Gelingen bringen.

FINDE HERAUS: WAS IST TOLERANZ?

KÖNIGIN DER KELCHE (WASSER DES WASSERS) ה

Wenn sich Wasser mit Wasser vermischt, kann man gut beobachten, wie sich alle Konturen auflösen. Das zeigt, dass dich in deiner momentanen Phase der analytische Intellekt nicht unterstützen kann. Vielmehr solltest du dich nun im „Geschehen lassen", in der Hingabe üben. Nur so kannst du ohne rationale Ablenkung nach Innen lauschen.

Beim Ziehen der Karte ist es durchaus möglich, dass deine Gefühle gerade irritiert sind. Das kommt daher, dass dein Verstand den Zustand der Kelche-Königin kaum zuordnen oder greifen kann. Deine Irritation wird sich genau dann klären, wenn du bedingungslos und ohne nachzudenken deinen Gefühlen folgst. Im Wasser des Wassers kannst du dich sozusagen treiben und dabei immer tiefer fallen lassen, bis du zwangsläufig den Grund des Gewässers erreichst, das dich gerade umgibt. Wenn auf diese Weise die Berührung mit deiner Gefühlswelt intensiv genug ist, wirst du ganz sicher auch wieder nach oben, in die Sphäre des Denkens und der Handlungen gelangen.

Du erhältst gerade die Möglichkeit, mit deiner Traum- und Phantasiewelt in Kontakt zu treten und dich dort zurechtzufinden. Gleichgültig, ob es sich um Tag- oder Nachtträume handelt, du wirst das in jener Welt Entdeckte dann auch in der Alltagsrealität verwirklichen können, wenn du dich dazu entscheidest. Unerwünschtes wiederum darf sich nun auflösen und deine Welt verlassen. Die Mutter des Wassers – „Deva der Nixen und Undinen" – hat im weitesten Sinne mit Heilung zu tun. Tiefes Einfühlungsvermögen ist ihre Natur und ihr Wesen. Sie blickt durch die Wirbel aufgewühlter Emotionen hindurch und erkennt dort das hintergründige Wesen der Realität.

Hinter dem eingespielten Verhalten der Menschen liegt die Tiefe der – oftmals verletzten – Gefühlswelt, ihr wahrer Wesenskern verborgen. Man agiert und reagiert eigenartig, wenn man emotional verunsichert und verwirrt ist. In genau diesen Bereichen ist die Königin der Kelche zu Hause. Sie lässt dich gerade einen Blick auf die Quelle und den Grund deiner Emotionen werfen. Sie unterstützt die Heilung deiner Gefühle, wenn du es ihr erlaubst. Sie erinnert dich daran, dass du dich dem Leben hingeben solltest und dass es manchmal sinnvoller ist, die Dinge einfach nur geschehen zu lassen und nicht einzugreifen. Auf diese Art wird der Raum frei, den die Liebe benötigt, die in dein Leben treten will.

Wenn du den Ahnungen, die jetzt an die Oberfläche deines Bewusstseins gelangen, Vertrauen schenkst und deinen wahren Gefühlen treu bleibst, werden sich die Umrisse deiner Wünsche immer deutlicher herausbilden und zu klaren Vorstellungen heranreifen. Lerne jetzt zweifelsfrei zu unterscheiden, ob du wirklich deinen eigenen Gefühlen folgst und nicht den Gefühlen und auch den Ansprüchen anderer. Wenn du jetzt nicht automatisch die Erwartungen anderer erfüllst, wirst du konkret erkennen, wo oder zu wem es dich tatsächlich hinzieht (Personen, Umfeld, Befinden). Bald wirst du dir darüber im Klaren sein, mit wem oder was du in Gefühlskontakt treten und dich austauschen willst.

FINDE HERAUS: WAS IST HINGABE?

KÖNIGIN DER SCHWERTER (WASSER DER LUFT) ה

Wenn du diese Karte ziehst, eröffnet sich dir gerade die Möglichkeit, Gefühle und Gedanken aufeinander abzustimmen und bewusst miteinander zu verbinden. Der Kontakt von Luft und Wasser kann jetzt hergestellt werden. Doch sollte die Mischung dieser beiden Elemente nicht zu einer kühlen Feuchtigkeit der Dysbalance führen, die mit kalter Distanz einhergeht. Dies ist immer dann der Fall, wenn man alte und nicht geheilte Verletzungen mit sich herumträgt und wenn man den Verstand lediglich als Schutz oder gar Waffe verwendet, um eben diese Verletzungen nicht erneut erleben zu müssen.

Wie die gesamte Schwert-Serie rät uns auch die Königin, dass stets Trennung (Analyse) vorausgehen muss, wenn wir neue Verbindungen in höherer Qualität herstellen wollen. In keiner anderen Karte ist diese mögliche Qualität genauso hoch angesiedelt wie hier. Doch kommt auch in keiner anderen Karte der Akt des Durchtrennens und somit die Zweischneidigkeit der Schwerter gleichermaßen deutlich zum Ausdruck. Du bist herausgefordert, zwischen deinen alten Verletzungen und der aktuellen Sache klar zu unterscheiden.

Die Mutter der Luft zeigt uns, dass wir alte Verstrickungen, die uns nicht mehr dienen, nun konsequent durchtrennen können. Das Schwert der Königin steht für ihre gedankliche Klarheit und sie nutzt diese Klarheit, um jetzt anzusprechen, was nicht mehr unter den Teppich gekehrt werden darf. Sie hat erkannt, was sich hinter den Maskeraden des Alltags abspielt. Dadurch hat sie sich für die Weite gedanklicher Vorstellungen geöffnet, doch sie sieht auch, was uns an deren Verwirklichung hindert. Wenn wir den Kontakt zu unseren Gefühlen in der nötigen Tiefe herstellen und diese mit unserer Herzenswärme verbinden, können unsere neuen Einsichten durchaus als Weisheit bezeichnet werden. Unsere anstehenden Entscheidungen können wir dann entsprechend bewusst treffen.

In der Praxis habe ich diese Karte allerdings auch schon als Ankündigung von Operationen erlebt und diese Analogie zeigt deutlich, dass die Schwert-Königin auch vor schmerzhaften Eingriffen nicht zurückschreckt, um alte Muster zu durchstoßen. Wenn sie sich bedroht fühlt, kann ihre hohe Kritikfähigkeit durchaus umschlagen in Streit und Krieg. Möglicherweise greift sie in diesem Fall zur Waffe der scharfen Zunge und ihr Zynismus und ihre Bissigkeit schlagen ihrem Gegner tiefe Wunden. Ihr Argument lautet dann, dass die Mittel den Zweck heiligen, man habe sich von der Bevormundung veralteter Dogmen schließlich radikal zu emanzipieren. Für die nötige Verhältnismäßigkeit kann die Erkenntnis sorgen, dass ein Ablegen patriarchaler Strukturen und die anstehende neue Emanzipation für Männer wie Frauen gleichermaßen gilt.

Ausschlaggebend ist für dich gerade, das Fühlen in den laufenden Prozess mit einzubeziehen. Verhalte dich jetzt in keinem Fall eigenbrötlerisch, rachsüchtig oder lebensfeindlich. Achte darauf, dass dein Herz nicht erkaltet, dann bist du auf dem besten Weg, deine neuen Erkenntnisse reell zu leben und Herzenskontakt mit deiner Umwelt herzustellen. Dann ist die Umwölkung durchstoßen und die Klarheit wird zu Ein-Sicht.

FINDE HERAUS: WAS IST WEISHEIT?

Das Wasser der Erde will uns einen durch und durch (be-)sinnlichen Zustand beschreiben, für den wir uns öffnen sollten, wenn wir diese Karte ziehen. Lass das Bild doch einmal auf dich wirken. Fühle in dein Inneres, welche Stimmung diese Karte in dir hervorruft. Wiederhole diese kleine Meditation dann nochmals mit dem Ritter der Schwerter. Versetze dich in seine Position und spüre anschließend noch einmal nach, in welcher Stimmung du dich nun befindest. Bemerkst du den Unterschied? Im anschließenden Kapitel werden wir die Tarot-Mediation besprechen und die Mutter der Erde ist für solch eine Meditation eine geeignete und sehr wirkungsvolle Karte.

Wenn die Erde von Feuchtigkeit durchdrungen wird, hat dies große Fruchtbarkeit zur Folge, was der wesentliche Deutungsansatz dieser Karte ist. Vielleicht musste man in der Vergangenheit mit weniger auskommen, als man es sich gewünscht hätte. Genau deshalb gilt es nun, sich zu regenerieren und insbesondere zu besinnen. Bald wirst du dich aufmachen können in fruchtbares und dicht bewachsenes Land. Zeiten des Wachstums und neuer Erfahrungen kündigen sich an, wenn wir diese Karte ziehen. Beim Betreten des Neulandes wirst du nicht wissen, was genau auf dich zukommt. Doch in jedem Fall sind es fruchtbare Zeiten, die für dich anbrechen.

Die Phase des Blühens und Früchtetragens hat die Königin noch vor sich, doch der sie umgebende Duft kündigt ihren Sinnen das anstehende Wachstum bereits deutlich an. Die Königin rät dir, deine Kräfte zu sammeln und deine Erfahrungen der Vergangenheit noch einmal zu rekapitulieren. Sie blickt, auf dem Thron ruhend und im Kontakt mit der Erde, auf das, was ihr aktuell und auch in der Zukunft zur Verfügung steht. Öffne dich jetzt bewusst für die Gegenwart und entwickle ihr gegenüber deine Dankbarkeit. So entsteht die Ausgangsbasis – materieller und gesundheitlicher Natur –, mit der du dich auf neuem Terrain zurechtfinden wirst und den größtmöglichen Nutzen aus der Zukunft schöpfen kannst.

Aktuell gilt, noch schlummernde Kräfte und bisher unentdeckte Seiten deines Wesens zu entdecken. Welchen Wegen du letztlich folgen wirst, um diese Seiten auszuleben, wirst du erst entscheiden, wenn du wieder in Bewegung geraten bist. Viele Möglichkeiten stehen dir zur Verfügung, denn dein Weg ist das Ziel, um greifbare Fortschritte zu erzielen.

Es ist wichtig, in dieser Position der Ruhe und Besinnung nicht bis ans Ende deiner Tage zu verharren, sondern dann, wenn es an der Zeit ist, aufzustehen und tatsächlich ins fruchtbare Neuland vorzudringen. Dir steht alles zur Verfügung, was du brauchst. Wenn die Vergangenheit wirklich hinter dir liegt, solltest du dich auf das Abenteuer einlassen, das jetzt vor dir liegt. Warte geduldig und voller Vertrauen den richtigen Zeitpunkt ab, um dann die Bereiche zu erkunden, nach denen du beim Ziehen der Karte gefragt hattest.

FINDE HERAUS: WAS IST FRUCHTBARKEIT?

ו

DAS LUFTDREIECK JEZIRAH

DAS LUFTDREIECK (JEZIRAH)

Das Luftdreieck, das die Sphären Nezach, Hod und Yesod verbindet und in dem die Ritter zu Hause sind, will unsere Gedankenwelt von der Kindheit und der Pubertät zum erwachsenen Denken führen. In der Praxis bedeutet das, dass wir ab einem bestimmten Reifegrad die Gedanken und Glaubenssätze anderer nicht mehr ungefragt übernehmen. Eigene Denkmodelle zu entwickeln, ist eine Aufgabe, der sich jeder bewusste Mensch früher oder später stellen wird.

Aus psychologischer Sicht ist dabei die kritiklose Übernahme allgemeiner Denkmodelle die kindliche Herangehensweise an das Leben. Die automatische Ablehnung von allem, was noch nicht in unseren Denkrahmen passt, ist der pubertäre Ansatz. Beide Einstellungen verhindern lediglich die Erweiterung des bisherigen Horizontes. Man bleibt in der Vergangenheit hängen, wenn man nicht seine eigenen Denkkonzepte entdeckt und auch bereit ist, diese durch Hinzulernen permanent zu erweitern. Der Zeitgeist bleibt nicht stehen und auch der menschliche Geist sollte sich lebenslang entfalten und weiterentwickeln.

Luft ist ein leichtes und bewegliches Element, das die stete Wandlung symbolisiert, der wir alle unterliegen. Dies bedeutet allerdings nicht, dass konzentriertes Denken flüchtig oder flatterhaft sein müsste – ganz im Gegenteil. Jeder Mensch sollte sich im Laufe seines Lebens von seinen alten Glaubenssätzen lösen und lernen, dass Gedanken die größte Freiheit des Menschen überhaupt sind. Je bewusster wir diese Tatsache für uns nutzen, umso freier können sich unsere Gedanken in der materiellen Welt verwirklichen.

Energie folgt der Aufmerksamkeit und sie tut das auch dann, wenn wir uns über den Zusammenhang unserer Gedanken mit unserem Erleben nicht bewusst sind. Das Luftdreieck wird als das formgebende Dreieck bezeichnet, weil wir dort durch die Kraft des Denkens unser Leben steuern, der Materie Form verleihen. Eigene Gedanken zu denken heißt letztlich, dass wir nicht unsere Gedanken ***sind***, sondern dass wir diese ***haben***.

RITTER DER STÄBE (LUFT DES FEUERS) ן

Der Ritter will dir zeigen, dass das Schicksal gerade die Ampeln auf Grün für dich stellen möchte. Möglich, dass es bei deiner Angelegenheit bestimmte Hindernisse aus dem Weg zu räumen gibt. Doch wenn die Situation es erfordern sollte, verfügst du jetzt über die nötige Kraft und die Mittel, die du dafür brauchst. Für dich gilt allerdings, mit eben dieser Kraft achtsam und wirklich souverän umzugehen.

Oft ist man sich beim Ziehen dieser Karte nicht allzu sicher, ob man seine Angelegenheit überhaupt in die eigene Hand nehmen kann. Deshalb will dir diese Karte versichern, dass du dir getrost zutrauen kannst, deine Sache selbständig voranzubringen. Solltest du dich bislang eher zögerlich verhalten haben, könnte der tiefere Grund darin liegen, dass die Weichenstellungen, die du nun vornimmst, zwangsläufig auch Auswirkungen auf dein Umfeld haben werden. Dennoch gilt für dich nun, den Dimmer höher zu stellen und dein Licht heller zum Leuchten zu bringen.

Es ist durchaus möglich, dass manche Menschen deine Ansichten nicht respektieren wollen und du diesbezüglich auch mit Gegenspielern zu rechnen hast. Im schlimmsten Fall wollen diese sogar deine Grenzen überschreiten. Da die Energie des Feuerreiters sowohl für unsere Offensivkraft als auch für unser Aggressionspotenzial steht, solltest du auch dann Gelassenheit und ruhiges Blut bewahren, wenn du Gegenwind bekommst und die Stimmung zu kippen droht. Wenn du wirklich hinter deiner Meinung stehen kannst, solltest du dich aber auch nicht aus falsch verstandener Rücksicht von deiner Sache abbringen lassen. Positioniere dich klar und ehrlich und bringe dich authentisch zum Ausdruck, doch gehe jetzt keinesfalls auf die gleiche Ebene wie etwaige Aggressoren, falls es diese gibt. Nimm Angriffe nicht persönlich, sondern bleib unbeirrt bei der Sache. Deine Kommunikation sollte ausschließlich in der Ich-Form stattfinden und nicht in Vorwürfe, Drohgehabe oder Schuldzuweisungen ausarten. Wenn dir das gelingt und du das Schicksal nicht zu sehr herausforderst, wirst du in deiner Angelegenheit schon bald die Führungsrolle einnehmen können, die du anstrebst.

Tatsächlich wäre es jetzt möglich, mehrere scheinbar unterschiedliche Interessen unter einem gemeinsamen Dach zu bündeln, wenn man sich nur auf das Ziel und nicht auf Profilierung oder Rechthaberei ausrichtet. Optimal wäre, wenn jetzt alle Beteiligten ihre Karten auf den Tisch legen und sich offen zeigen würden. Wer hierzu jedoch nicht bereit ist, wird deine Sache nicht bereichern können. Nur wer es wirklich ehrlich meint, kann die nun anstehenden Aufgaben in die Tat umsetzen. Was zählt, ist die Erkenntnis, dass wahre Macht nicht vom Ego diktiert sein darf und niemals die eigene sein kann. Die grundlegende Frage, die sich jetzt alle ehrlich stellen müssen, lautet: Ist es gesunder oder ist es ungesunder Egoismus, der mich treibt? Was genau macht den Unterschied?

FINDE HERAUS: WAS IST POSITIONIERUNG?

RITTER DER KELCHE (LUFT DES WASSERS) ו

Wenn du dich auf seine Energie einlässt, kann man den Ritter der Kelche im weitesten Sinne als einen Vorboten der Liebe bezeichnen. Treffen, die du dir schon lange herbeiwünschst, könnten bald stattfinden. Die Möglichkeit entsteht, in Berührung mit Personen zu geraten, zu denen es dich hinzieht. Dabei sind neue Begegnungen ebenso möglich wie auch die Intensivierung bereits bestehender Beziehungen, deren Austausch nun offener und klarer stattfinden kann. Du solltest immer zu deinen Gefühlen stehen, wenn du diese Karte ziehst. Zeige diese offen, aber ohne dabei auf irgendeine Weise Druck oder auch eine übertriebene Erwartungshaltung auszustrahlen. Einfühlungsvermögen ist der Ausdruck, auf den du gerade dein Augenmerk richten solltest und wodurch du deinem Umfeld das Gefühl der Geborgenheit vermitteln kannst.

Der tiefere Grund für das Ziehen der Karte ist, dass du nun Gefühle in dir entdecken kannst, die du bislang sorgfältig verschlossen hieltest, oft sogar vor dir selbst. Du solltest diese Gefühle nicht unterdrücken. Finde heraus, wie du offen zeigen kannst, was du empfindest. Doch will dich der nur äußerst langsam reitende und sein Pferd zügelnde Ritter darauf hinweisen, dass du jetzt keinesfalls hastig oder unüberlegt vorgehen solltest. Dies würde deine Umgebung nur erschrecken. Du strahlst die gewünschte Anziehungskraft auch - und gerade - dann aus, wenn du zwischenzeitlich einfach nur präsent bist. Und genießt, was da ist.

Die Zeichen sind im Grunde in Richtung Austausch gestellt, doch jedes Drängen und „zu viel des Guten" könnte andere Beteiligte sehr schnell von dir wegtreiben. Du darfst jetzt durchaus etwas riskieren, denn alles ist besser, als ein Leben lang nicht zu wissen, ob deine Gefühle entsprechend erwidert werden. Das passende Tempo und die Intensität deiner Äußerungen und Handlungen werden darüber entscheiden, ob du von der anderen Seite auch wirklich so verstanden wirst, wie du es von Herzen meinst. Das bedeutet nicht, dass du dich jetzt völlig zurückhalten solltest, denn: Gefühle zu zeigen ist ein Zeichen von Stärke, sie zu verstecken, meistens lediglich ein Zeichen von Angst und Schwäche. Gefühle dürfen niemals Investitionen sein, für die man die entsprechenden Gegenleistungen erwartet. Erst wenn du dir darüber klar bist, dass deine Gefühle ganz sicher mit keiner Erwartungshaltung verbunden sind, wirst du von deiner Umwelt auch nicht als besitzergreifend und einengend interpretiert werden.

Das Ziehen der Karte kann auch konkret mitteilen, dass ein Mensch gerade Gefühle für dich hegt und dir dies zeigt

FINDE HERAUS: WAS IST INTENSITÄT?

RITTER DER SCHWERTER (LUFT DER LUFT) ו

Der Ritter der Schwerter ist die vielleicht schnellste Karte, die der Tarot zu bieten hat. Er will dir mitteilen, dass deine größte Stärke gerade darin besteht, dass du nicht erst lange nachzudenken brauchst, um die Situation zu erfassen. Die Schnelligkeit deines Denkens zeigt dir sofort, woher der Wind weht und wohin die Dinge sich jeweils bewegen möchten. Du kannst dir in Windeseile immer wieder den Überblick über das Gesamtgeschehen verschaffen, was du auch tatsächlich tun solltest. Diese schnelle Auffassungsgabe ist dein Vorteil – doch auch deine Versuchung!

Der Reiter der Lüfte führt uns vor Augen, dass Gedanken leicht wie der Wind sein können. Er will uns dazu anregen, schneller und häufiger die Perspektive zu wechseln als sonst. Obwohl er schon jetzt mit atemberaubender Geschwindigkeit durch die Sphären des Geistes rast, will er am liebsten in immer noch höhere Gedankendimensionen vorstoßen. Doch nur, wenn du konzentriert bei der Sache bleibst, kannst du zugleich auch schnell und flexibel genug sein, um deine Positionen im Flug jederzeit zu wechseln. Wenn du Leichtsinn und Oberflächlichkeit vermeidest, kannst du gerade Visionen entwickeln, die bis zu diesem Zeitpunkt lediglich im Unbewussten angesiedelt waren.

Die Karte zeigt dir, dass dein bisheriger Denkrahmen sich gerade erweitern will. Doch ist nicht unbedingt sicher, ob du noch von allen Beteiligten wirklich verstanden wirst. Um dies zu vermeiden, solltest du deine sehr hohe Geschwindigkeit hin und wieder auch drosseln können. Dadurch sorgst du außerdem dafür, dass sich deine Vorstellungen nicht im Uferlosen verlieren. Es genügt vollauf zu wissen, dass du dein Gaspedal jederzeit durchdrücken könntest, wenn es nötig sein sollte. Doch werden die Umstände das meistens nicht erfordern.

Deine größten Stärken sind gerade Überblick und Diplomatie und auf genau diese solltest du dich nun bewusst konzentrieren. Lass dich auf keinen Fall durch endlose Diskussionen über die Details von deinen Vorstellungen ablenken, sondern kümmere dich um die großen Zusammenhänge. Bilde ein Netzwerk und organisiere die entsprechenden Verknüpfungen. Deine ganzheitliche Perspektive, dein Blick von oben auf die Umstände, wird deine Möglichkeiten permanent erweitern.

Für alle Hofkarten der Schwerter-Serie gilt, dass wir immer wieder innehalten sollten, um unsere Gefühle zu hinterfragen, ob sie sich noch im Einklang mit unserem Vorhaben befinden. Der Luftritter sollte diesen Hinweis ganz besonders beachten. So stellst du sicher, dass du deinen Blick wirklich über dich selbst hinaus hebst und auch die Interessen der anderen berücksichtigst. Betrachte die Dinge auch durch deren Augen. Diese Perspektive sorgt dafür, dass du schnell Gemeinsamkeiten mit anderen Beteiligten entdecken wirst. Dadurch bannst du von Vorneherein die Gefahr der Gerissenheit, die schon auch zum Repertoire des Ritters gehört.

FINDE HERAUS: WAS IST DIPLOMATIE?

Dein Blickfeld ist teilweise eingeschränkt und neue Möglichkeiten, die deinen bisherigen Horizont übersteigen, ziehst du nicht so offen in Betracht, wie das gerade möglich ist. Dein wichtigster Schritt besteht deshalb gerade darin, nichts von Vorneherein auszuschließen. Der Rat des Erdenritters an dich lautet, dass du jetzt bereitwillig jede Unterstützung annehmen solltest, die dir angeboten wird. Dies können Menschen sein, die stolz darauf sind, dir zur Seite zu stehen. Doch meistens handelt es sich um günstige Gelegenheiten, die sich dir zeigen wollen, die du aber im Vorfeld schon abwehrst und sie dadurch gar nicht erst an dich heranlässt.

Öffne dein Visier und lass alle Möglichkeiten zuerst unvoreingenommen auf dich wirken, bevor du dir deine Meinung bildest. Nur so kannst du für dich nutzen, was das Leben dir anbietet. Du verfügst gerade über die Kraft, neue Möglichkeiten und auch Herausforderungen mit in dein Repertoire hinzuzunehmen. Deine Fähigkeiten sind in der Tat erheblich größer, als du jetzt noch glaubst. Doch wie ein Muskel sollten sie natürlich beansprucht und trainiert werden. Solltest du allerdings in deiner Verweigerungshaltung verharren, besteht die realistische Gefahr für dich, träge zu werden, anstatt die Zeichen der Zeit für dich zu nutzen. Dazu gehört möglicherweise auch, dass du jetzt äußern solltest, wenn du Unterstützung benötigst.

Oft ist man sich seiner Sache nicht sicher genug, wenn man diese Karte zieht. Zumindest in dieser Hinsicht könnte man Wind in seinen Segeln sicherlich gut gebrauchen. Der erforderliche Rückenwind für deine Angelegenheit ist auch tatsächlich vorhanden, doch setzt du die Segel noch nicht entsprechend wirkungsvoll. Wenn du jedoch alle Scheuklappen und Vorurteile ablegst, die deine Weitsicht behindern, wirst du genau den Schub erhalten, der dich zum Erfolg leitet. Die Hindernisse, die sich dir scheinbar in den Weg stellen, sind nur deine selbst auferlegten Grenzen. Es gilt jetzt, Schritt für Schritt in die Handlung zu geraten und darauf zu vertrauen, dass dich jeder dieser Schritte zu einem nächsten führt, der dir wiederum seinerseits ein neues Panorama eröffnet. Was als zaghaftes Vertrauen begann, wird dann immer mehr zur inneren und äußeren Sicherheit. Hebe deinen Blick und schließe nichts aus, nur weil du es noch nicht kennst!

Der tiefere Grund, weshalb der Ritter immer noch zögert, ist das Wissen, dass seine Handlungen längerfristige Folgen mit sich bringen. Genau dieser zu erwartende Dominoeffekt ist dafür verantwortlich, warum es Sinn ergibt, in seine Vorhaben Gleichgesinnte mit einzubinden, wenn sich dies anbietet. Deine Aktionen werden fruchtbar verlaufen, sobald du dir klar darüber bist, dass du bestens vorbereitet bist und nichts zu befürchten brauchst. Die Zeichen der Zeit stehen auf Wohlstand.

FINDE HERAUS: WAS IST WEITBLICK?

ה

DIE ERDE VON MALKUTH
ASSIAH

DIE ERDE VON MALKUTH (ASSIAH)

Malkuth ist die Sphäre, in der die Buben und Pagen der alten Versionen, bei Crowley und in vielen neueren Versionen die Prinzessinnen, beheimatet sind. Als einzige Sephira des Lebensbaums steht Malkuth für sich allein, ist jedoch keineswegs weniger vielfältig und reichhaltig als die anderen Sphären. Die Energie der höheren Dreiecke ist in der Erde von Malkuth jederzeit beteiligt und präsent, nur dichter als weiter oben der Fall. Die Elemente Feuer, Wasser und Luft haben im Erdelement durch die Buben ihren greifbaren materiellen Ausdruck gefunden. Als konkrete Personen können die Buben des Waite-Smith-Tarots auch der Hinweis auf jüngere Frauen sein. Die Charakterzüge der Buben sind für Männer und Frauen ohnehin gleichermaßen gültig.

Die ganzheitliche Qualität unseres Lebens ist immer genau so hoch, wie unsere hintergründigen und wahren Motive schwingen. Wenn wir lediglich vom Wunsch nach Nahrungssuche, Art- und Reviererhaltung motiviert sind, wird sich unser Leben auch primär nur ums Überleben und um die entsprechende Kontrolle drehen. Je stärker wir bereits bewusst an höhere Sphären angebunden sind, umso deutlicher werden wir unsere Bestimmung leben wollen und unsere Ausrichtung auf Ziele verlagern, die über das reine Überleben hinausreichen. Die hinter unseren Handlungen wirkenden Motive aktivieren wir in den höheren Sephiroth des Lebensbaums. Im Zuge unserer Entwicklung öffnen wir uns immer bewusster für die universelle Führung, die wir in unseren Alltag einbinden und dadurch nicht nur uns selbst, sondern zunehmend auch unsere Umgebung bereichern. Wir ziehen von unserer Umwelt keine Energie ab, sondern speisen sie mit humanem Potenzial.

BUBE DER STÄBE (ERDE DES FEUERS) ה

Diese Karte will dir zeigen, dass du gerade eine Phase der Zuversichtlichkeit erleben kannst, wenn du dich dafür öffnest. Doch kann diese Stimmung nur dann dauerhaft sein, wenn du mit deiner tieferen Bestimmung im Einklang bist und deine Willenskraft aus höheren Quellen heraus gespeist wird. Um diese Verbindung herzustellen und sie auch zu erhalten, benötigst du ein hohes Maß an Unterscheidungsfähigkeit, die dir sagt, welche deiner Impulse wirklich aus dir selbst heraus entstehen und welche lediglich von außen auf dich einwirken. Wesentliches von Überflüssigem zu trennen, ist deine aktuelle Aufgabe. Das Feuer deiner Begeisterung ist zwar leicht zu entfachen, doch erlischt dieser Funkenflug oft auch wieder sehr schnell. Dabei muss Begeisterung nicht immer nur ein Strohfeuer sein. Dein inneres Feuer erhält Dauerhaftigkeit, wenn du ihm die passende Nahrung zuführst.

Du wirst immer spontaner wissen, wann und wo du bedingungslos all das zum Ausdruck bringen kannst, was dir den größten Spaß bereitet. Du kannst auch deine Freiheit impulsiver ausleben als gewohnt. Sie stößt immer erst dort an ihre Grenzen, wo sie die Grenzen anderer überschreiten würde. Bis zu genau dieser Grenze ist es nicht wichtig, was andere von dir und deiner Art dich auszuleben halten. Keine Knospe, die gerade aufspringt, fragt sich, ob sie schön genug ist für ihre Betrachter. Sie öffnet sich einfach nur dem Leben gegenüber. Und sie duftet dabei.

Hinterfrage die Verpflichtungen, die du einst eingegangen bist, noch einmal aufs Neue. Es ist leicht möglich, dass manche davon nicht mehr zeitgemäß sind und du dich vielleicht sogar von der ein oder anderen nun lösen solltest. Immer nur die Erwartungen deines Umfelds zu erfüllen, wird für deine Angelegenheit jedenfalls nicht förderlich sein. Wenn du nicht immer automatisch das tust, was man von dir verlangt, gibst du auch allen anderen Beteiligten ihre Eigenverantwortung wieder zurück. Die eigentliche Frage ist, ob du durch dein Verhalten tatsächlich Verletzungen austeilst oder ob sich manche Beteiligte lediglich verletzt vorkommen, nur weil du das tust, was dir Freude bereitet. Nur um des lieben äußeren Friedens willen sich selbst aufzugeben, wird auf Dauer nicht der Weg zum inneren Frieden sein. Nur deine Lebendigkeit kann dir wirklich zeigen, was das Beste für dich ist und was dir gut tut.

Die Entscheidungen, die du jetzt triffst, sollten solide und auf Beständigkeit angelegt sein, doch bis in alle Ewigkeit hinein müssen sie nun auch wieder nicht Gültigkeit besitzen. Deiner Bestimmung zu folgen und dabei die Gegenwart voll zu genießen, ist kein Widerspruch per se. Du wirst auch weiterhin jeden Tag aufs Neue herausfinden können, in welcher Tiefe und Intensität du dich auf das einlässt, was das Leben dir anbietet. Jeder Vertrag ist kündbar, wenn man die Kündigungsfrist einhält.

FINDE HERAUS: WAS IST BEGEISTERUNG?

BUBE DER KELCHE (ERDE DES WASSERS) ה

Der Fisch, der von seinem kleinen und begrenzten Kelch aus das große Wasser inspiziert, überlegt gerade noch, ob er für das Abenteuer unbegrenzter Gefühle bereit ist – doch er ist sich nicht ganz sicher, wie weit er sich selbst und seiner Wahrnehmung wirklich vertrauen kann.

Das Kind der Wasser fordert dich einerseits auf, intensiver deinen Gefühlen zu folgen, als du dies bislang gewohnt warst. Zugleich aber solltest du dabei nicht gänzlich unvorsichtig sein. Klar ist nur, dass Analysen oder Erklärungen für deine Gefühlswelt dir dieses Vertrauen ganz bestimmt nicht geben werden. Ganz im Gegenteil, Gedanken und Erklärungsversuche lenken dich gerade eher ab. Die Zeichen stehen ausschließlich auf Gefühlskontakt und es wird letztlich nur an dir liegen, wie intensiv dieser stattfinden wird.

Auch wenn du dich tiefer auf den Austausch von Gefühlen einlässt, heißt das nicht, dass du dich selbst dabei aufgeben müsstest. Du wirst auch weiterhin entscheiden können, wann du in vollem Umfang in das Meer der Gefühle eintauchst oder ob für den Moment eher Distanz und Zurückhaltung, manchmal auch ein gewisser Schutz angebracht sind. Sei wachsam und vorsichtig, doch ohne dich dabei übermäßig ängstlich zu verhalten. Du kannst dir sicher sein, dass deine sensible Achtsamkeit dir intuitiv alle Gefahren rechtzeitig signalisieren wird - wenn sie denn überhaupt auftreten sollten.

Das Eintauchen in das größere Wasser bedeutet keineswegs, dich nun der Welt der Träumerei hinzugeben. Alle Gefühle, die du jetzt erleben kannst, sind im Körper spürbar. Lausche deshalb aufmerksam den feinen Regungen in Gemüt und Körper. Du lädst auf diese Weise einen wichtigen inneren Ratgeber ein, mit dir zu kommunizieren. Einen Ratgeber, auf den du dich jederzeit vertrauensvoll verlassen kannst, wenn du auf ihn achtest. Du kannst gerade lernen, Gefühle schon sehr frühzeitig wahrzunehmen und dich nicht erst dann um sie zu kümmern, wenn sie sich als Schmerz, Trauer oder Wut bemerkbar machen. Und eben diese Gefühle sind es, die dir den Weg weisen, um Wünsche wahr werden zu lassen.

Lass dich nicht von Äußerlichkeiten ablenken und richte deine Aufmerksamkeit so bewusst wie möglich auf die inneren Regungen deines Körpers. Diese werden dir stets klar signalisieren, von wem du dich berühren lassen kannst oder wann es besser ist, dich bedeckt zu halten. Sie raten dir: Was tun, was lassen, wann öffnen, wann aus der Deckung gehen, wann warten, bis die Umstände für mehr Öffnung günstig sind. Gefühle sind letztlich unerklärlich. Sie wollen nicht gedacht, sie wollen einfach nur gefühlt werden.

FINDE HERAUS: WAS IST SENSIBILITÄT?

BUBE DER SCHWERTER (ERDE DER LUFT) ה

Die Karte weist dich darauf hin, dass du in der Vergangenheit viel zu oft eine gute Miene zum ungeliebten Spiel gemacht hast. Aller Wahrscheinlichkeit nach hast du nicht einmal dann protestiert, wenn dir einige der geltenden Spielregeln schon über längere Zeit hinweg nicht mehr so ganz passten. Jetzt aber ist deine Geduld an ihren Grenzen angelangt. Das Kind des Sturms erkennt gerade klar, dass seine Versuche der Anpassung ausgedient haben und es sich nicht mehr innerhalb bestimmter Regeln bewegen mag, die gar nicht die seinen sind. Weitere Kompromisse wären jetzt nur faul und deshalb solltest du nun mit klarem Blick dein Schwert schwingen: Es ist an der Zeit, rechtzeitig eine klärende Aussprache herbeizuführen, bevor sich die dicke Luft unkontrolliert entlädt. Die gewitterträchtigen Wolken am Himmel werden sich bestimmt nicht von selbst auflösen.

Es wird dem Frager keine Erleichterung bringen, wenn er schwelende Konflikte oder auch bestehende Blockaden noch weiterhin unter den Teppich zu kehren versucht. Jetzt oder schon bald wird er sich so sehr eingeschränkt fühlen, dass er vor Beengung nicht mehr atmen kann. Nur absolute Klarheit und die dazu gehörige Weitsicht können jetzt dafür sorgen, dass sich alle Mitspieler wieder auf ihre Gemeinsamkeiten besinnen - sofern dies überhaupt noch möglich ist.

Auch wenn du dir nicht sicher bist, ob man dich dann immer noch liebhat, solltest du mit deiner Meinung jetzt nicht mehr länger hinter dem Berg halten. Vereinbarungen, die du selbst gar nicht getroffen hast, haben letztlich keine Gültigkeit mehr für dich. Über neue Vereinbarungen kann man sich durchaus Gedanken machen, doch darf dies nicht einfach über deinen Kopf hinweg geschehen. Der Rat der Karte lautet, deine Ansichten klar und verständlich zu äußern, doch ohne dich von etwaigen Sticheleien verunsichern zu lassen. Lasse dich nicht von deinen Emotionen aus der Ruhe bringen und bleibe in Kontakt mit deinem Verstand. Wer sich über die Maßen reizen lässt, macht schnell Fehler.

Anstatt deine Energie in sinnlosen Diskussionen zu vergeuden, solltest du ausschließlich bei der Sache bleiben. Es geht jetzt keineswegs darum, jemanden mit Druck zu überzeugen. Du wirst vielleicht nicht wirklich verstanden werden und deshalb ist einfach nur deine klare Positionierung angesagt („So ist es!"). Diese soll nicht aggressiv sein und auch nicht unkontrolliert Porzellan zerbrechen, denn dieses wäre hinterher wahrscheinlich nicht mehr zu reparieren. Doch wenn es dir gelingt, zentriert zu bleiben und dich nicht provozieren zu lassen, wirst du dir ein enormes inneres Kraftpotenzial zurückholen, das seit der Pubertät mehr oder weniger blockiert war. Dies gilt auch dann, wenn keine Einigung zu erzielen sein sollte. Dann wirst du eben das Spielfeld verlassen müssen und dir ein anderes suchen, das dir eine klarere Luft zum Atmen bietet als die dicke Luft deiner aktuellen Sache.

FINDE HERAUS: WAS IST UNABHÄNGIGKEIT?

Die Erde, auf der du dich gerade bewegst, ist geschwängert mit Sinnlichkeit und Fülle. Das erwünschte Wachstum deiner Sache spielt sich zwar in vieler Hinsicht noch unter der Oberfläche (Erde in Erde) ab und ist meist noch nicht konkret für dich sichtbar. Doch Zuwachs steht ins Haus, wenn du diese Karte ziehst und der Boden, auf dem deine Füße stehen, trägt Fruchtbarkeit in sich.

Das, was gerade zum Sprießen kommen will, wird sich bald auch deutlich erkennbar zeigen können. Viele innere und äußere Schritte hast du bereits vollzogen. Die Belohnung dafür ist nicht mehr weit und wird bald schon für dich greifbar sein. Du wirst günstige Gelegenheiten erhalten, um deine Wünsche ohne allzu große zusätzliche Anstrengungen zu verwirklichen.

Wenn du dich jetzt nicht von deiner Ungeduld treiben lässt, wirst du wie ein Magnet solide Angebote oder konstruktive Vorschläge anziehen. Ein verfrühtes Eingreifen in die Entwicklung der Dinge würde sich allerdings nur störend auf den weiteren Verlauf deiner Angelegenheit auswirken. Je weniger Druck du gerade ausstrahlst, umso besser ist dies für die Entwicklung deiner Sache. Werde also nicht nervös, sondern warte gelassen den nötigen Reifungsprozess ab. Die Dinge stehen kurz davor, sich in sichtbarer Weise zu offenbaren. Der Grund, warum jede Art von Druck nur kontraproduktiv für deine Sache wäre, liegt darin, dass sich alles, was kommt, von selbst zeigen möchte. Am Grashalm zu rupfen, wird sein Wachstum nicht beschleunigen.

Man könnte die Entwicklung deiner Sache mit dem Prozess vergleichen, den Kohle tief im Erdinneren durchläuft, bis sie endlich zum Diamanten herangereift ist. Dies gilt für deine äußeren, doch auch für deine inneren Schritte gleichermaßen. Körper und Seele wollen gerade fließend ineinander übergehen und sich gegenseitig befruchten. Unterschiedliche Aspekte des Lebens wie etwa Spiritualität und Geschäftsleben oder Liebe und Beruf können sich jetzt miteinander verbinden und eine Einheit bilden. Vieles, was du als unvereinbar eingeschätzt hattest, will zur Einheit streben, denn Trennung ist letztlich nur eine Illusion.

Immer nur beschäftigt zu sein, lenkt von der Besinnung und auch von der Besinnlichkeit ab, die dir gerade sehr gut täte. Erlaube dir, am Reichtum des Lebens teilzuhaben, indem du das bereits Bestehende in vollen Zügen genießt. Konzentriere dich verstärkt auf die Sinne deines Körpers, pflege dich und tu dir Gutes. Du könntest deine Selbstsicherheit dadurch steigern, dass du bewusst realisierst, was du bis zum aktuellen Zeitpunkt schon alles an Vorbereitung vollbracht hast. Wenn du bereit bist, den Moment dankbar zu schätzen, wirst du viele bereits jetzt schon vorhandene Gelegenheiten erkennen, die deine Sinne erfreuen wollen.

FINDE HERAUS: WAS IST SINNLICHKEIT?

XIX

LEHRGANGSSTUFE VI

TAROT-MEDITATION

MEDITATION I

MEDITATION II

WEITERE LEGESYSTEME

TAROT-MEDITATION

Außer dem üblichen Deuten von Karten gibt es noch eine weitere sehr fruchtbare Variante, wie Tarot unser Leben nachhaltig bereichern kann. Die Bilder übermitteln uns nämlich nicht nur die Botschaften unseres Unbewussten, sondern wir können damit auch mit unserem unbewussten Potenzial direkt in Kommunikation treten. Ähnlich wie bei der Bildmeditation mit Mandalas, die in vielen fernöstlichen Lehren praktiziert wird, lösen wir auf diese Art innere Blockaden und bringen unsere Energie verstärkt ins Fließen. Darüber hinaus können wir mit Tarot-Meditationen auch aktiv an unserer Wunscherfüllung mitwirken. Wir setzen durch das Verinnerlichen der Bilder in unserem Unbewussten die gewünschten Ursachen, die dann im Alltag ihre Wirkung entfalten. Natürlich lernt man die Tarot-Karten durch Meditationen auch erheblich besser kennen, was wiederum das Spektrum deiner Deutungsmöglichkeiten immens erweitert.

Bevor du dich auf die Reise nach Innen mittels eines Tarot-Bildes begibst, solltest du dich für die Karten entscheiden, die deinen Zwecken am besten dienen. Das heißt, du solltest dir im Vorfeld darüber bewusst sein, welches Motiv dich zu deiner Meditation bewegt und welches innere oder äußere Ziel du mit deiner Meditation anstrebst. Dies kann ein konkreter Wunsch sein wie etwa größerer beruflicher Erfolg oder aber du möchtest einfach nur deine Stimmung positiv beeinflussen, indem du dir z. B. mehr Leichtigkeit im Alltag wünschst.

Um deine Meditationsvorlage gezielt zu finden, kannst du dich rein intuitiv und unkompliziert für eine Karte entscheiden, die dich aktuell am meisten anspricht. Wenn dir die Drei Kelche immer wieder ins Auge springen, weil dir dieses Bild so gut gefällt, wäre dies durchaus ein Grund, mit dieser Karte häufiger Meditationen durchzuführen. Ein weiterer Grund für Meditationen mit den Drei Kelchen wäre, dass du dir eine Partnerschaft wünschst und diesem Anliegen Energie und Ausdruck verleihen willst. Natürlich kannst du auch Tarot die Führung überlassen, indem du aus deinem verdeckten

Fächer eine Karte ziehst, mit dem Gedanken, dass der Tarot dir die Karte übergibt, die für deine Meditation derzeit in Frage kommt.

Hier ein Beispiel für drei zusammenhängende Meditationen, die dich einem gesetzten Ziel näherbringen: Um originelle Geschäftsideen zu erhalten, meditierst du zuerst mit der Energie des Schwert Ass, das für Einfälle und Inspiration steht. Um deine Ideen dann erfolgreich umzusetzen, kann dir wiederum eine Versenkung in die Energie des Magiers behilflich sein, indem du seine Stellung und seine Bewegungen gedanklich nachahmst, bis du die Kraft des Magiers erahnst und sie auch in dir selbst spüren kannst. Um vorbereitend noch erwünschte „zufällige" Kontakte für dein Vorhaben zu aktivieren, könntest du deine Meditationsreihe dann mit einer Reise zu den Acht Stäben abschließen.

Hofkarten sind sehr gut dazu geeignet, erwünschte Persönlichkeitsaspekte in uns zu aktivieren. Du brauchst mehr Erdung, weil du gerne mal „abhebst" und dazu neigst, den Boden unter den Füßen zu verlieren? Der König der Münzen wird dir bei deinem Erdungsprozess behilflich sein. Du möchtest in die Tiefe deiner Gefühlswelt eintauchen? Die Königin der Kelche hat uns über dieses Potenzial unseres Wesens viel zu erzählen.

Bei allen Meditationen solltest du versuchen, in den Zustand zu geraten, in welchem du dich mit der abgebildeten Figur oder der Szenerie auf dem Kartenbild identifizieren kannst. Du solltest dich in diese hineinversetzen, bis du den energetischen Kontakt empfindest, der für dich förderlich ist. Dies gilt natürlich auch, wenn du einfach nur deinen Geist öffnest, um Symbole und Farben einer Karte auf dich wirken zu lassen. Die Erfahrung zeigt, dass die Möglichkeiten unbegrenzt sind, wenn du dich auf solche Erlebnisse außerhalb der gewohnten Rationalität unvoreingenommen einlässt.

Ich werde dir zwei Beispiele aufzeigen, mit den Bildern in Kontakt zu kommen. Jeder Mensch hat seine ihm eigene Art zu meditieren. Deswegen sind beide Anleitungen lediglich als Hinweis zu verstehen und erheben absolut keinen Anspruch auf Vollständigkeit. Außerdem halte ich beide Anregungen jeweils so kurz wie möglich und sie ersetzen natürlich keinen Grundkurs im Meditieren. Ob du für dein Wohlbefinden und deine Entspannung Vorbereitungen wie Musik, Düfte, Bewegungsübungen oder auch gar nichts machen willst, liegt ganz bei dir.

Der erste Vorschlag gilt für Meditationen mit jeder kleinen Zahlenkarte, für die du dich im Vorfeld entschieden hast und auf der Figuren abgebildet sind. Diese Anleitung kannst du letztlich für jede beliebige Karte anwenden, die dir sinnvoll erscheint.

MEDITATION I

Lege die herausgesuchte Karte bei gedämpftem Licht vor dich hin oder stell sie vor dir auf. Konzentriere dich auf deinen Atem, atme ruhig und zentriere dich. Betrachte die Karte als ein Fenster, durch welches du das Bild beobachten kannst. Lass die Abbildung auf der Karte – hinter dem Fenster – lebendig werden, indem du die Szenerie als räumlich, dreidimensional empfindest, so wie bei einem Fernsehfilm oder im Alltagsleben. Die Figuren dort sind mit bestimmten Tätigkeiten beschäftigt. Beobachte sie bei ihrem Handeln und versetze dich dabei immer mehr in sie hinein, indem du sie mit größter Aufmerksamkeit bei ihrem Tun betrachtest und ihnen dadurch näher kommst.

Bringe jetzt Bewegung mit hinzu. Der Handwerker der Acht Münzen könnte gerade mit Hämmern beschäftigt sein oder die Frau mit den verbundenen Augen der Schwerter Acht könnte heftig atmen, weil sie sich beengt fühlt. Stelle dir vor, was die Personen auf dem Kartenbild gerade machen und wie sich diese Tätigkeit anfühlt. Das Hämmern kann Geräusche verursachen, das Wasser des Meeres rauscht, du kannst jetzt sogar die salzige Luft riechen. Die Situation der Karte sollte immer lebensnaher werden, bis du dich, so gut es dir möglich ist, mit all deinen Sinnen in die abgebildete Szene hineinversetzt hast.

Wenn du ein Bilddenker bist, schließe jetzt die Augen und lasse die lebendige und bewegte Karte nun vor deinem inneren Auge entstehen. Wenn du die Fähigkeit der Imagination nicht so gut beherrschst, halte die Augen weiterhin offen, aber schalte den Intellekt so weit wie irgend möglich aus. Schalte auf Spüren ohne Denken um!

Jetzt gehe durch den „Fensterrahmen" in die Karte hinein. Finde dich in der Szene wieder, die auf der Karte dargestellt ist. Was teilen dir deine Sinne mit? Was spürst du? Was riechst oder schmeckst du? Was hörst du? Wer oder was bewegt sich und wer oder was nimmt Kontakt zu dir auf? Willst du etwas sagen oder sonst in Aktion treten? Fühlst du dich weit oder eng? Gehe in Dialog, werde aktiv, tanze, fliege, lache, kämpfe, küsse oder mache, was immer dir einfällt, ändere die Situation zu deinen Gunsten. Besiege den Gegner, löse die Fesseln, reite mit dem Ritter mit.

Wenn du genug hast, beende deine Aktionen langsam. Komm zur Ruhe und verabschiede dich von den Statisten deines Träumens.

WICHTIG: Brich diese Meditation niemals schlagartig ab, sondern löse dich auf die gleiche Art wieder aus der Karte, wie du hineingelangt bist, steige sozusagen durch das Fenster wieder aus. Nimm dich langsam aus der Szene wieder heraus, bis du die Karte wieder eindeutig als Karte wahrnimmst und registrierst. Bedanke dich bei der Karte für das Erlebnis, das du mit ihr haben durftest. Schreibe deine Eindrücke auf.

Die zweite Meditation setzt deine Bereitschaft voraus, die Zuordnung in „gute" oder „schlechte" Karten hinter dir zu lassen. Jede Karte bietet uns die Möglichkeit, Energie als neutrales Hilfsmittel zu erkennen. Entscheidend sind immer nur die Intention und das Motiv des Menschen, der mit dieser Energie in Berührung gerät und sie eventuell anwendet. Die folgende Meditation will dir zeigen, wie du dir die in den Karten abgebildete und gebündelte Energie nutzbar machen kannst.

MEDITATION II

Such dir die Karte Sieben der Kelche heraus, stelle sie bei gedämpftem Licht vor dir auf oder leg sie vor dich hin. Atme bewusst und immer ruhiger, zentriere dich im Hier und Jetzt. Die Karte vor dir ist ein Fenster. Betrachte die Abbildung hinter dem Fenster aufmerksam und lasse sie lebendig werden. Empfinde die Szenerie, die du da beobachtest, als räumliche, dreidimensionale Szene. Steige, wenn der Zeitpunkt für dich reif ist, durch das Fenster hindurch in das Bild ein, das du gerade noch betrachtet hast. Versetze dich nun in die schwarz gekleidete Person, die mit dem Rücken zu dir steht. Wie fühlt sich die extravagante Kleidung auf deinem Körper an, wie die Handschuhe auf deiner Haut? Wie ist die Raumtemperatur, wie ist deine innere Stimmung? Versetze dich immer mehr in eine geschmeidige und auch siegessichere Grundstimmung, denn du kannst zaubern. Blicke mit Interesse die vor dir stehende Imagination der sieben Kelche und ihren Inhalt an und stelle nun den inneren Kontakt damit her. Sei möglichst frei von Gedanken, aufmerksam und offen für Wunder!

Nimm die verschiedenen Szenerien vor dir wahr, die aus den Kelchen heraus entstehen. Vielleicht wollen sie sich nun sogar in deine Richtung bewegen? Betrachte die verschiedenen Angebote und konzentriere dich dann auf jenes Bild aus den sieben, das dich am meisten berührt. Wenn du magst, stelle dir vor, wie daraus immer deutlicher eine bildhafte Gestalt entsteht, die deinen größten aktuellen Wunsch zeigt oder symbolisiert. Du möchtest Nähe mit einem Menschen empfinden? Du wirst gerade zärtlich umarmt. Du möchtest Wohlstand? Du fühlst dich frei und reich. Du möchtest Gewicht verlieren? Du fühlst dich leicht und beweglich.

MÖGLICHKEIT I: Solltest du Bilddenker sein, stell dir einen der Kelche auf dem Bild vor, aus dem heraus das auf dich zukommt, was deinem Wunsch entspricht, immer näher und näher. Du bist eher ein Gefühlstyp? Fühle, dass du jetzt in Berührung kommst mit dem Gefühl von Wohlstand, Liebe, Gesundheit, Selbstsicherheit oder wonach immer du dich sehnst. Dann gib dich dem Moment vollkommen hin und verschmelze mit der gewünschten Energie. Du und das Gefühl, das du gerne mehr im Alltag erleben möchtest, werden jetzt eins. Atme diese Energie ein, verbinde dich mit ihr, erkenne sie als einen Teil von dir, an den du dich nun endlich wieder erinnern darfst.

MÖGLICHKEIT II: Deine Vorstellung steht nun absolut präsent vor dir. Lass sie eine Weile auf dich wirken. Wenn es an der Zeit ist, löst sich dein Bild ganz langsam auf. Wie sich verziehender Rauch wird dein Wunschbild, dein Wunschgefühl immer feiner, bis du es nicht mehr erkennst, weil es nun in den Kosmos übergeht. Solltest du Gefallen an schamanischen Techniken haben, räuchere tatsächlich dabei und gib deine Wunschvorstellung in den sich auflösenden Rauch. Gib deinen Wunsch, dein Bild und dein Gefühl dem Rauch mit, der gerade in die feinstoffliche Welt übergeht. Formuliere deine Bitte, dass diese Energie sich von dort aus verdichtet, bis sie erlebbar wieder in deiner Alltagsrealität erscheinen kann. Mit dieser Bitte gibst du deine Vorstellung nun an den Kosmos, die Gottheit, dein Unbewusstes ab. Du kannst dich von deinem Wunsch nun völlig lösen, denn du weißt ganz genau, dass diese soeben abgegebene Energie dein reelles Leben erreichen wird, wenn es an der Zeit für dich und das Ganze ist. Speichere das Gefühl der Sicherheit in dir, dass alles Nötige in Bewegung gerät und das Universum dich dabei unterstützt, dass sich dein Wunsch baldmöglich in deiner Alltagsrealität verwirklichen kann.

WICHTIG: Brich auch diese Meditation niemals schlagartig ab, sondern löse dich auf die gleiche Art wieder aus der Karte, wie du hineingelangt bist! Nimm dich langsam aus der Szene wieder heraus, bis du die Karte wieder eindeutig als Karte wahrnimmst und registrierst. Bedanke dich bei der Karte für das Erlebnis, das du mit ihr haben durftest. Schreibe deine Eindrücke auf.

Beide Beispielmeditationen sind nicht auf einzelne Kartenbilder beschränkt, sondern auf jede andere Karte übertragbar. Mit fortschreitender Praxis wirst du erleben, wie sich deine Meditationen auch auf dein Alltagsleben entsprechend auswirken und du die während der Meditation erlebten Gemütszustände auch in alltäglichen Situationen aus dir selbst heraus erzeugen kannst. Insbesondere unter „Stress" kann dies sehr hilfreich sein. So wirst du beispielsweise schneller zu innerer Ruhe (Zwei der Schwerter) gelangen oder deine Offensivkraft (Stäbe) aktivieren können, wenn dies hilfreich und nötig sein sollte. Die beiden Beispiele sollen dir auch deutlich machen, warum du ganz gezielt aussuchen solltest, mit welcher Karte du meditierst und welche Energie gerade für dich förderlich ist. Du kannst deine Meditationen auch mit Wunschformulierungen verbinden oder in jeder erdenklichen Form erweitern, je nachdem, was gerade für dich ansteht.

✦

WEITERE LEGESYSTEME

LEGESYSTEM: DAS HUFEISEN

Dieses Legesystem eignet sich für Fragen zu einem ganz spezifischen Thema. Formuliere während des Mischens das Thema so genau wie möglich und frag dann, wie du dich optimal verhalten kannst. Beispielsweise: „Wie soll ich das Vorstellungsgespräch am 05.03. führen?" oder „Gestern habe ich mich von meinem Freund Manfred im Streit getrennt und weiß nicht mehr so genau, ob und wie ich die Beziehung zu ihm aufrechterhalten soll. Was soll ich tun?"

Konzentriere dich auf dein Thema während des Mischens und leg dann die Karten in einem Fächer vor dir aus. Während des Ziehens brauchst du an dein Thema nicht mehr zu denken. Es ist sogar von Vorteil, während des Ziehens – immer mit der linken Hand – gedanklich „leer" zu sein. Mische die gezogenen sieben Karten anschließend noch einmal, bis du das Gefühl hast, dass die Karten an ihrem „richtigen Platz", in der richtigen Ordnung liegen.

LEG DIE KARTEN JETZT, IMMER NOCH VERDECKT, FOLGENDERMASSEN AUS:

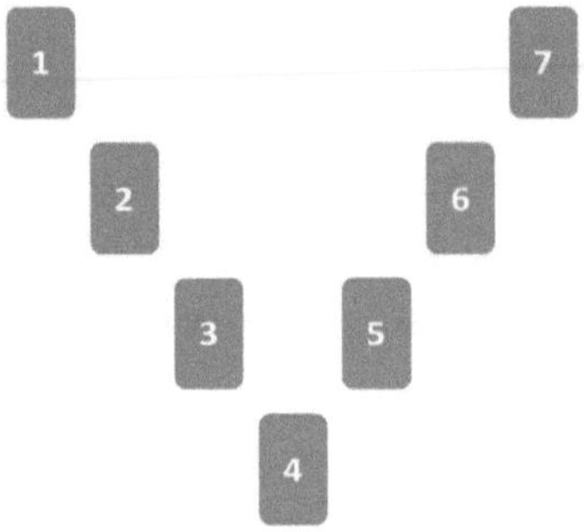

Position 1: Vergangenheit
Position 2: Gegenwart
Position 3: Zukunft
Position 4: Was ist zu tun
Position 5: Äußere Einflüsse
Position 6: Hoffnungen/ Befürchtungen
Position 7: Lösung

Beginne mit der Karte auf Position 1. Sei dir voll bewusst, auf welcher Position die Karte liegt – in diesem Fall handelt es sich um vergangene Einflüsse – und stelle nun den Zusammenhang zwischen deiner Vergangenheit, das angefragte Thema betreffend, und der Karte auf Position 1 her. Sei dir, bevor du die umgedrehte Karte zu interpretieren beginnst, völlig klar darüber, dass sich die Aussage der Karte auf die Vergangenheit bezieht.

Lass die Karte so lange auf dich wirken, bis du spürst, welche Gefühle sie in dir auslöst. Erst wenn du glaubst, dass du dich intuitiv und intellektuell lange genug selbst mit der Karte auseinandergesetzt hast, lies ihre Bedeutung nach. Lass das Gelesene auf dich wirken und stelle erneut den Bezug zu der Position der Karte und zur gestellten Frage her.

Es ist möglich, dass du die Botschaft der Karte sehr schnell erfassen kannst. Genauso gut ist aber auch möglich, dass du trotz intensiver Bemühungen für den Moment nicht sofort nachvollziehen kannst, was dir dein Unbewusstes, das die Karte ja gezogen hat, mitteilen will. In diesem Fall ist es besser, sich jetzt nicht weiter anzustrengen. Lass dann los – die Impulse werden zur rechten Zeit aus deinem Inneren hochkommen und dein Tagesbewusstsein erreichen.

Dreh nun die Karte auf der Position 2 um und verfahre genauso wie mit der vorherigen Karte, doch bringe anschließend beide jetzt umgedrehten Karten in Bezug zueinander. Die beiden Karten antworten aus der gleichen Tiefe heraus auf deine Frage, beide beziehen sich auf die exakt selbe Ebene deines Frage-Antwort-Spiels.

Oft stellt sich der Aha-Effekt bei einer bestimmten Karte ein und lässt uns erst dann die zuvor umgedrehten Karten oder sogar das gesamte Kartenbild vollständig verstehen. Es ist nicht möglich, dass innerhalb des ausgelegten Bildes die eine Karte auf unser Thema eher oberflächlich eingeht, während eine andere uns sehr tiefsinnig antwortet. Das gesamte Bild steht in einem inneren Zusammenhang, der auf der genau gleichen Ebene stattfindet.

Gehe in der empfohlenen Weise eine Karte nach der anderen durch. Jede neue Karte, die zu den bereits umgedrehten hinzukommt, sollte sich in das bereits vorhandene Bild einfügen und unser Verständnis für den angestrebten Rat, unseren Horizont erweitern.

Wenn du alle vorhandenen Karten einer Auslage aufgedeckt vor dir liegen hast, lass für eine Weile in aller Ruhe das Gesamtbild auf dich wirken. In unserem Beispiel sind es nun sieben Stimmen, die dir ihren Rat zuraunen – diese sollten sich zu einem Chor oder zu einem Orchester verbinden. Alle Stimmen oder Instrumente haben das gleiche Stück angestimmt und spielen dieses nun gemeinsam – jede für sich und doch haben sich alle zu einem harmonischen Ganzen verbunden. Lies gegebenenfalls die Bedeutung einzelner Karten mehrmals nach, deren präzise Aussagen sich jetzt besser in das Gesamtbild einfügen lassen.

Das Legesystem „Hufeisen" verzichtet völlig darauf, was die Ratsuchende von der angefragten Thematik hält. Die Karte auf Position 6 deckt zwar die Wünsche bzw. Ängste der Fragerin auf, doch haben auch diese mit der realistischen Einschätzung des Fragers zu seiner Situation manchmal nur sehr wenig zu tun, weil sie ja in bislang unbewusste Bereiche vorstößt. Keine der sieben Karten geht auf die bewusste Meinung der Fragerin oder deren Gefühle zum befragten Thema ein, sondern lediglich auf die Sache, das neutrale Thema als solches. Wenn du in die Einstellung des Fragers zur Situation tiefere Einblicke erhalten möchtest, kannst du den Fragesteller – somit in den meisten Fällen dich selbst – ergänzend auslegen. Bei Hintergründen, die sich als interessant herausstellen und über die du anschließend mehr wissen willst, kannst du gleichermaßen vorgehen.

Lerne zu unterscheiden, wann wir Antworten auf eine Sache als solche erhalten und wann wir wiederum die bewusste und unbewusste Haltung des Fragestellers zu seinen Lebensumständen erkennen wollen. Für eine neutrale Deutung ist diese Unterscheidung von großer Wichtigkeit.

ZU POSITION 1 – VERGANGENHEIT:

Die volle Beschreibung dieser Position lautet: „Vergangenheit oder was gerade zu Ende gehen kann." Und zwar deshalb, weil es sich im Gegensatz zu Wahrsagekarten wie Kipper, Lenormand usw. bei Tarot auf den Vergangenheitspositionen stets um Strömungen handelt, die immer noch in die Gegenwart einfließen und dort ihre Auswirkung haben. Ausnahmen sind nur durch gezielte Fragestellung möglich.

Doch hier, beim Hufeisen, haben wir es mit einer Verbindungslinie Vergangenheit (1) Gegenwart (2) Zukunft (3) zu tun, die den direkten Zusammenhang dieser drei Positionen herstellt, die sich gegenseitig bedingen. Diesen Zusammenhang solltest du stets als Zeitfluss erkennen, wenn du die drei Karten aufgedeckt und gedeutet hast. Ob die Auswirkung von Vergangenem fördernd oder hemmend in die gegenwärtigen Umstände hereinstrahlt, siehst du, wenn die Gesamtaussage der Karten 1 bis 3 vor dir liegt. Du entscheidest dann selbst, ob du die Erlebnisse deiner Vergangenheit als Erinnerung hinter dir lassen oder aber diese Erfahrung sozusagen als Rückenwind, als förderliches Werkzeug in deine Gegenwart integrieren möchtest. Wir können die Vergangenheit niemals ändern, unsere Einstellung dazu hingegen aber sehr wohl!

ZU POSITION 2 – GEGENWART:

Der Berührungspunkt der Karten 1 und 3. Hier verbinden sich die Frequenzen von Vergangenheit und Zukunft und hier können Fragesteller den Hebel ansetzen, wenn sie ihre Zukunft proaktiv beeinflussen wollen.

In unserem Fall erfahren wir auf der Position „Gegenwart" völlig sachlich, was gegenwärtig stattfindet. Wenn uns dies nicht gefallen sollte, zeigt uns Position 4, was wir tun können, um konstruktive Veränderungen vorzunehmen, die dann natürlich Einfluss auf unsere Zukunft nehmen.

ZU POSITION 3 – ZUKUNFT:

Die Karte auf dieser Position zeigt an, welche der unendlich vielen möglichen Realitäten sich in unserem Leben manifestieren wird, wenn wir unseren Weg so weitergehen wie bisher. Sie ist die Fortsetzung des Pfades, der von Karte 1 zu Karte 2 geführt hat und sich zu Karte 3 hin weiter verlängert. Hier wird angezeigt, ob wir die Zukunft erleben werden, die wir für wünschenswert halten, oder nicht. Es liegt an uns, ob wir, von der Gegenwart ausgehend, Korrekturen vornehmen. Hier erfahren wir konkret, ob wir unsere eingeschlagene Richtung beibehalten sollten.

ZU POSITION 4 – WIE VERHALTE ICH MICH:

Die Art der Korrektur, falls eine solche nötig sein sollte, wird auf dieser Position angezeigt. Auch die Ebene, auf der diese stattfinden kann, wird hier festgelegt (Kabbala, Element). Genauso gut können wir hier eine Bestätigung unseres Weges erhalten oder auch den Rat, für den Moment schlichtweg nichts zu tun und der Sache den Raum zu geben, sich weiterzuentwickeln. Den Ratschlag dieser Karte sollten wir unbedingt beherzigen. Hier erhalten wir den Schlüssel, um unsere Zukunft zu gestalten. Wir finden hier auch Hinweise, welche neuen Samen wir setzen könnten.

ZU POSITION 5 – ÄUSSERE EINFLÜSSE::

Auf dieser Position erfahren wir, wie uns die Außenwelt begegnet. Es kann nicht von Anfang an festgelegt werden, ob wir diese Einflüsse bereits real erleben oder ob wir erst in der Zukunft mit ihnen zu rechnen haben. Achte darauf, ob du beim Lesen dieser Karte das Gefühl hast, dass dir hier deine momentane Außenwelt präsentiert wird. Wenn du keinen oder wenig Bezug zur Gegenwart herstellen kannst, findet die entsprechende Verdichtung gerade noch außerhalb deines Blickfeldes statt. Rechtzeitiges (Re-)Agieren ist hier angebracht, sodass man auf künftige Begegnungen gut vorbereitet ist. Die Karte zeigt, ob die äußeren Einflüsse für deine Angelegenheit fördernder oder hemmender Natur sind. Natürlich sollte dir auch auf dieser Position bewusst sein, dass die Außenwelt immer einen Spiegel deiner Innenwelt darstellt.

ZU POSITION 6 – HOFFNUNGEN/BEFÜRCHTUNGEN:

In vielen Kartenbildern ist diese Position der Einstieg zur Deutung. Paradoxerweise sitzt hinter unserer Angst immer unser größter Wunsch und unser größter Wunsch zeigt uns zugleich auch unsere Ängste auf.

Liebe und Angst sind unsere tiefste Polarität und auf das befragte Thema bezogen wird das Zusammenspiel dieser beiden Grundmotive auf dieser Position angezeigt.

ZU POSITION 7 – LÖSUNG:

Hier erfahren wir, vor allem im Zusammenspiel mit Position 4, wie wir unser Thema lösen können. Die Karte umfasst Gegenwart und Zukunft gleichermaßen. Häufig kommen hier Karten zu liegen, die wir als eher unangenehm empfinden, die uns aber lediglich unsere inneren Blockaden, Hindernisse und Widerstände deutlich machen wollen. Etwa: Erwarte ich bereits im Vorfeld, dass die Sache schiefgehen wird? Je klarer wir den Hinweis dieser Karte verstehen und umsetzen, umso wünschenswerter wird unsere Zukunft verlaufen.

LEGESYSTEM: ZWEI WEGE

ZIEHE SIEBEN KARTEN AUF DIE BEKANNTE ART UND LEGE DIESE AUS:

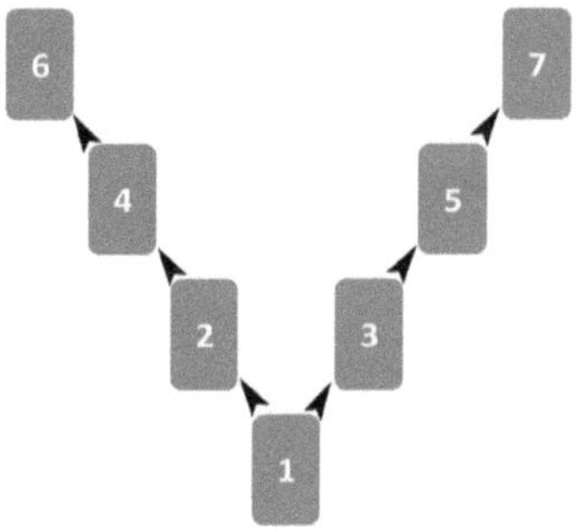

Position 1: Gegenwart und eigentliches Thema
Position 2: nahe Zukunft erster Weg
Position 3: nahe Zukunft zweiter Weg
Position 4: mittelfristige Entwicklung erster Weg
Position 5: mittelfristige Entwicklung zweiter Weg
Position 6: langfristiges Ergebnis erster Weg
Position 7: langfristiges Ergebnis zweiter Weg

Dieses Legesystem eignet sich hervorragend, wenn wir die „Qual der Wahl" haben und uns zwischen zwei Alternativen entscheiden müssen, z. B. „Nehme ich die angebotene neue Arbeitsstelle an oder bleibe ich noch an meinem bisherigen Arbeitsplatz?"

Außerdem dringen wir mit dieser Auslage in den chronologischen Ablauf zukünftiger Alternativen ein. Ohne eine Position für Vergangenes gehen wir hier von der Gegenwart bzw. deren Hintergrund aus, um dann die jeweils mögliche zukünftige Entwicklung unserer Angelegenheit zu betrachten. Die Achse, die aus den Karten 1 – 2 – 4 – 6 besteht, zeigt den chronologischen Ablauf in Richtung Zukunft an, wenn wir uns für die erste Alternative entscheiden. In unserem Beispiel heißt das, wenn wir die angebotene neue Arbeitsstelle annehmen sollten.

Die andere, zweite Alternative, also am jetzigen Arbeitsplatz zu bleiben und wie sich unsere Angelegenheit in diesem Falle entwickelt, wird angezeigt durch die Achse 1 – 3 – 5 – 7. Die Karte auf Position 1 zeigt uns den gemeinsamen Nenner in der Gegenwart, der unserer momentanen Situation zugrunde liegt und für beide Entwicklungsmöglichkeiten die Basis bildet. Man könnte Position 1 auch als „eigentliches Thema" bezeichnen.

Wichtig ist, dass du dich bereits vor dem Ziehen der Karten dafür entschieden hast, welche der beiden Achsen für welche Alternative steht, also beispielsweise: Links wird angezeigt, wie die Entwicklung verlaufen wird, wenn ich mich für die neue Stelle entscheide, und rechts liegt der Weg, den ich zu gehen habe, wenn ich dort bleibe, wo ich momentan beschäftigt bin.

DER DEUTUNGSVERLAUF FINDET FOLGENDERMASSEN STATT:

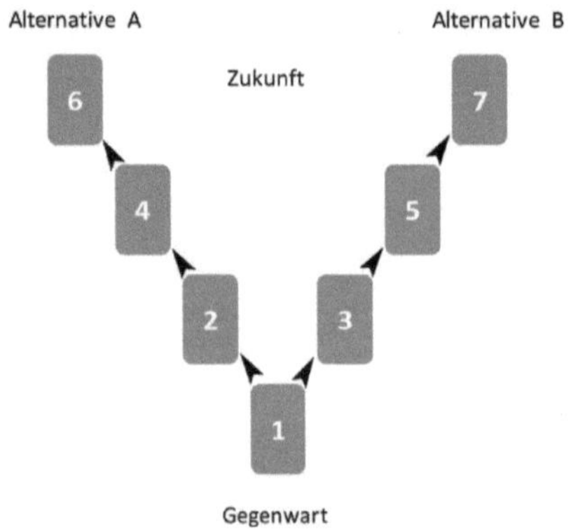

Für eine vollständige Deutung des Legesystems „Zwei Wege" ist es von Vorteil, die beiden Karten der jeweiligen Zeitschiene zu vergleichen und den Bezug zwischen ihnen herzustellen.

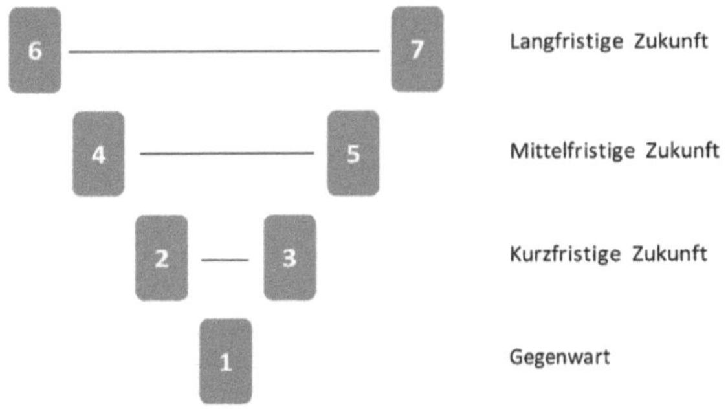

So kannst du den gemeinsamen Nenner durch Vergleichen der beiden Alternativen genauer herausarbeiten und ausgehend von Karte 1 wichtige Rückschlüsse ziehen. (Quelle: Hajo Banzhaf, Schlüsselworte zum Tarot)

LEGESYSTEM: DAS KELTISCHE KREUZ

In der hier angebotenen Version des Keltenkreuzes sind zwei Positionen verändert. Im Gegensatz zur heute meistens üblichen Auslagetechnik wird durch diese Veränderungen unser Entscheidungsrahmen enorm erweitert. Vor ca. 1900 war das Auslegen des Keltischen Kreuzes tatsächlich fast nur in dieser Form üblich. Deshalb greife ich die alte Legeweise hier wieder auf. Das (alte) Keltenkreuz bietet uns den Vorteil, dass sich uns durch Übung immer tiefere und weitere Bereiche der Übersetzungsmöglichkeiten eröffnen. Die Antworten können direkt und konkret den Alltag betreffend ausfallen, aber auch in Tiefen führen, die unsere bisherigen Grenzen überschreiten und sich dadurch bewusstseinserweiternd auswirken. Natürlich kannst du auch bei dieser Auslagetechnik einzelne Karten herausnehmen und dann gesondert hinterfragen.

Du kannst das Keltische Kreuz zu gezielten Themen befragen, doch auch ohne bestimmte Fragestellung als Bestandsaufnahme deines Lebens zu Rate ziehen, um gegenwärtige und zukünftige Schwerpunkte und Möglichkeiten offenzulegen.

DAS KELTISCHE KREUZ WIRD MIT ZEHN KARTEN AUSGELEGT, DIE DU ZIEHST WIE BEKANNT UND FOLGENDERMASSEN ANORDNEST:

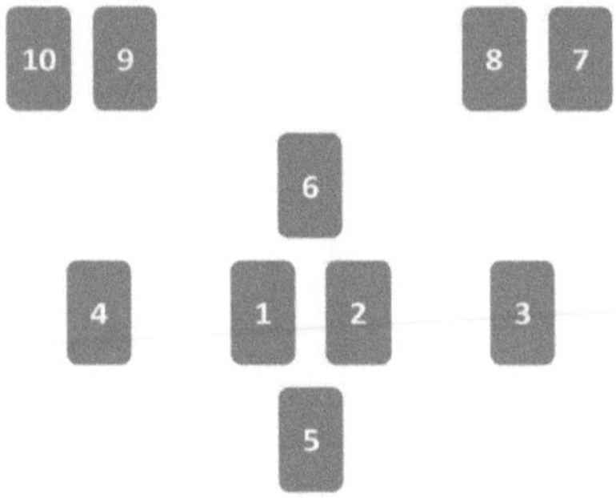

Position 1: Ausgangslage – Gegenwart
Position 2: Die Aura
Position 3: Hintergrund, darauf ruht es
Position 4: mögliche, veränderte Zukunft
Position 5: Vergangenheit
Position 6: Zukunft, wenn nicht verändert wird
Position 7: Der Fragesteller
Position 8: Die Außenwelt
Position 9: Wünsche/Ängste
Position10: Lösung

ZU POSITION 1 – AUSGANGSLAGE:

Du hast diese Position bereits als „Gegenwart" kennengelernt. Die hier liegende Karte hat absolut nichts mit der Meinung oder dem Befinden des Fragestellers zu tun, sie zeigt uns völlig objektiv die Ausgangslage, so wie sie gegenwärtig stattfindet.

ZU POSITION 2 – AURA:

Hier findet sich, was den Frager und seine Situation „umschwirrt", mit der starken Tendenz, in sein Leben zu treten. Die Einflüsse, die uns hier aufgezeigt werden, können hemmend oder fördernd für die Ausgangslage sein – sie können dir bewusst sein, sind es aber meistens nicht. Wenn diese Einflüsse unbewusst bleiben, werden sie in allernächster Zukunft in unser Leben treten, denn diese Position hat bereits jetzt massiv Einfluss auf unsere Gegenwart und die Tendenz dazu, sich weiterhin zu verdichten und zu manifestieren, was jedoch deine Entscheidung sein sollte.

ZU POSITION 3 – HINTERGRUND:

Hier wird das eigentliche Thema angezeigt, um was es hintergründig geht und was von der Fragerin erkannt werden will und soll. Man kann sagen, dass alle ausliegenden Karten der Auslage hier auf einen gemeinsamen

Nenner gebracht werden. Die Kurzformel für diese Position lautet „darauf ruht es". Je bewusster die Botschaft der hier liegenden Karte verstanden und umgesetzt wird, umso kürzer wird die Zeitspanne sein, welche die angekündigten Ereignisse der anderen Positionen benötigen. Hier kann die Fragestellerin Zeit beschleunigen oder verzögern – ausweichen können wir der Lektion dieser Karte auf Dauer nicht.

ZU POSITION 4 – VERÄNDERTE ZUKUNFT:

Sollte die Fragerin – nicht zuletzt aufgrund ihres Kartenbildes – Änderungen und Korrekturen ihres Verhaltens oder der äußeren Umstände vornehmen wollen, also korrigierend in ihr Leben eingreifen, wird auf dieser Position angezeigt, zu welchen zukünftigen Ergebnissen das führen wird. Dies ist die Kraft des bewussten Willens.

ZU POSITION 5 – VERGANGENHEIT:

Vergangene Einflüsse, die immer noch eine maßgebliche Rolle im Leben des Fragestellers spielen und deshalb ihre Auswirkung auf seine gegenwärtigen Lebensumstände haben, werden auf dieser Position angezeigt. Die Karte zeigt an, was wir jetzt hinter uns lassen können; sie zeigt uns aber auch das Fundament und die Stufe auf, auf welcher wir unseren nächsten inneren und äußeren Wachstumsschritt aufbauen können. Die entsprechenden Ereignisse können erst kürzlich stattgefunden haben, aber auch bis in die Kindheit (und noch weiter) zurückreichen – die Analogiekette besteht ohnehin immer. Wir erfahren hier, wo genau der Knoten gelöst wird und wie sich unsere Einstellung ändern kann.

ZU POSITION 6 – UNVERÄNDERTE ZUKUNFT:

Wenn die Fragerin fortfährt wie bisher, wird stattfinden, was diese Karte ankündigt. Es liegt auf der Hand, dass wir auf dieser Position in unserem Verhalten bestärkt werden oder aber erkennen, dass wir besser Korrekturen vornehmen sollten. Welche Konsequenzen unsere Richtungsänderung dann letztlich haben wird, wissen wir durch Position 4. Da der Mensch keinen Schalter besitzt, um sich von einer Sekunde zur anderen umzustellen, findet zwischen 4 und 6 stets ein fortlaufender Prozess statt, der seine Zeit braucht. Deshalb manifestiert sich unsere Zukunft immer im Bereich zwischen Karte 6 und Karte 4. Wo genau das Koordinatenkreuz dieser beiden möglichen Zukunftstendenzen dann letztlich stattfinden wird, hängt von der Bereitschaft des Fragers ab, aktiv an der Gestaltung seiner Zukunft mitzuwirken.

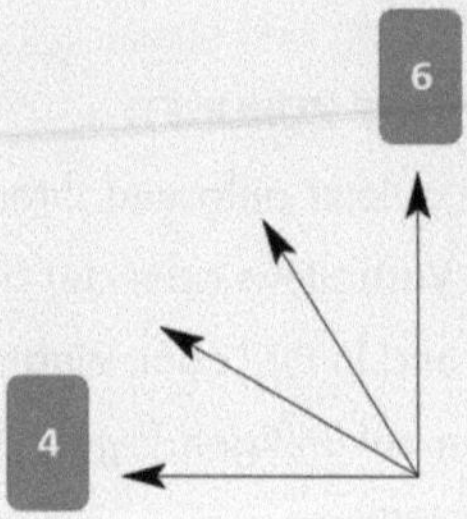

In diesem Segment zwischen den Karten auf den Positionen 4 und 6 wird die Zukunft konkret stattfinden. Die beiden Energiefelder haben Kontakt zueinander. Ihr Zusammenspiel wird sich als unsere Zukunft manifestieren.

ZU POSITION 7 – FRAGESTELLER:

Wie wir unsere Umstände wahrnehmen, was unsere bewusste, doch auch unbewusste Sichtweise dazu ist, sehen wir anhand der Karte auf dieser Position. Unsere Einschätzung der Situation und die Situation selbst sind sehr oft völlig unterschiedlich. Die entsprechenden Hinweise erhalten wir auf Position 7 und können somit unseren Horizont erweitern und verborgene Kräfte aktivieren. Die Karte will immer unser Potenzial bewusst machen.

ZU POSITION 8 – AUSSENWELT:

Diese Karte kann sowohl gegenwärtige äußere Einflüsse anzeigen, die auf uns einwirken, als auch zukünftige. Durch Vergleichen der Kartenaussage mit unseren momentanen äußeren Umständen wissen wir, inwieweit wir von den äußeren Einflüssen bereits Kenntnis besitzen (Großes Arkanum, Hofkarte, Zahlenkarte in welcher kabbalistischen Frequenz usw). Die Karte bezieht sich insbesondere auf die Position 2. Die Positionen 8, 9 (Wünsche und Ängste) und 10 (Lösung) führe ich hier nochmals an, obwohl du sie vom Legesystem Hufeisen „Wie verhalte ich mich?" schon kennst.

ZU POSITION 9 – HOFFNUNGEN/BEFÜRCHTUNGEN:
In vielen Kartenbildern ist diese Position der Schlüssel zur Deutung. Paradoxerweise sitzt hinter unserer Angst immer unser größter Wunsch und unser größter Wunsch zeigt uns zugleich auch unsere größten Ängste auf.

Liebe und Angst sind unsere beiden Urpole und auf das befragte Thema bezogen wird das Zusammenspiel dieser beiden Energien auf dieser Position aufgezeigt. Die Karte steht, ebenso wie Position 2, in direktem Zusammenhang mit Position 8, die uns anzeigt, ob wir eher fördernde oder hemmende Einflüsse in unsere Thematik hereinziehen.

ZU POSITION 10 – LÖSUNG:
Hier erfahren wir, wie wir unser Thema lösen können. Häufig kommen hier auch Karten zu liegen, die uns innere Blockaden deutlich machen wollen. Etwa: Erwarte ich bereits im Vorfeld schon, dass die Sache schiefgehen wird? Wir können unsere Wunscherfüllung natürlich beschleunigen, wenn wir angezeigte Widerstände willentlich bearbeiten und lösen.

Alle Lösungen, die das Leben uns anbietet, müssen wir am Ende immer in Eigenregie umsetzen. Für deine Tarot-Praxis gilt dies auch, denn unser gemeinsamer Weg durch die Welt des Tarots ist nun am Ziel angelangt. Ähnlich wie nach dem Überreichen des Führerscheins kannst du dich nun selbst ans Steuer setzen und ins Getümmel des Straßenverkehrs stürzen. Ich hoffe, dieses Buch trägt dazu bei, dass du den Tarot mit Seriosität und Freude gleichermaßen spielen kannst. Für deine weitere Zukunft mit den Karten wünsche ich dir viel Erfolg und Vergnügen!

MÖGE FRIEDE MIT ALLEN WESEN SEIN!

ÜBER DEN AUTOR

Armin Denner, Jahrgang 1955, beschäftigt sich seit frühester Jugend intensiv mit den Hintergründen des Daseins. Lange Aufenthalte im Fernen Osten und in Mittelamerika eröffneten ihm Lebenskonzepte, die Spiritualität als einen selbstverständlichen Bestandteil des Alltags begreifen.

Die Frage, die sich als Folge seiner Erfahrungen stellte: Gibt es in unserer westlichen Kultur einen gleichwertigen Zugang zur Mystik und Magie des Lebens, wie man das in fernen Kulturen erleben kann?

1986 begegnete ihm der Tarot, den er sofort als ein Medium erkannte, das Spiritualität und praktischen Alltag gleichermaßen anspricht. Die Erforschung des Tarots eröffneten ihm mit der Zeit dann auch die Hintergründe der Tarot-Bilder: Kabbala und Alchemie sind ein spirituelles und zeitloses, doch stets praxisbezogenes Gedankengut des westlichen Kulturkreises.

In Ergänzung mit verschiedenen ganzheitlich orientierten Methoden leitet Armin Denner seit der Jahrtausendwende das tarotproject in Augsburg, wo er in Coachings und Kursen seine Kenntnisse an Interessierte vermittelt. 2004 erschien sein Standartwerk „Der Tarot-Lehrgang".

BESUCHE MICH:

ARMIN DENNER	BEWUSST-SEINSCOACH	VERTIEFENDE REFERATE ZU TAROT UND MEHR

BÜCHER VON ARMIN DENNER:

- Armin Denner: Der Tarot-Lehrgang – 9 Lehrgangsstufen zu Crowley und mehr
- Die 9 Wege zur echten Partnerschaft
- Tarot Lebt!
- Vom Chaos zur Neuen Ordnung – Kabbala, Alchemie und Tarot als Begleiter in der Zeitenwende

ALS E-BOOK BEI DIGISTORE 24:

- Einfach Gelegt! – Kurze schnelle, doch tiefe Deutungen **(mit dem Tarot von Crowley/Harris & Tarot von Waite/Smith)**

IMPRESSUM

Armin Denner wird vertreten durch:
Verlagshaus Stopfer

Daniel Stopfer
Gutleutstraße 57
60329 Frankfurt am Main

Lektorat und Korrektorat: Verlagshaus Stopfer
Covergestaltung: Nina Heiden
Layout: Nina Heiden

ISBN Taschenbuch: 978-3-910258-60-0
ISBN Hardcover: 978-3-910258-61-7
ISBN eBook: 978-3-910258-59-4

www.verlagshaus-stopfer.de

?!...

SOLLTEST DU FRAGEN, KRITIK ODER ANREGUNGEN HABEN, FREUEN WIR UNS JEDERZEIT ÜBER DEINE NACHRICHT!

SCHREIBE HIERZU EINFACH EINE MAIL AN:

info@verlagshaus-stopfer.de

HAFTUNGSAUSSCHLUSS

Dieses Buch enthält Meinungen und Ideen des Autors und hat die Absicht, Menschen hilfreiches und informatives Wissen zu vermitteln. Die enthaltenen Hinweise und Methoden passen möglicherweise nicht zu jedem Leser, und es gibt keine Garantie dafür, dass sie auch wirklich bei jedem funktionieren.

Die Benutzung dieses Buches und die Umsetzung der darin enthaltenden Informationen erfolgt ausdrücklich auf eigenes Risiko. Haftungsansprüche gegen den Autor oder den Verlag für Schäden materieller oder immaterieller Art, die durch die Nutzung oder Nichtnutzung der Informationen bzw. durch die Nutzung fehlerhafter und/oder unvollständiger Informationen verursacht wurden, sind ausdrücklich ausgeschlossen.

Das Werk, inklusive aller Inhalte, gewährt keine Garantie für Aktualität, Korrektheit, Vollständigkeit und Qualität der bereitgestellten Informationen. Druckfehler und Fehlinformationen können nicht vollständig ausgeschlossen werden.

DISCLAIMER

Wir bemühen uns um eine genderkonforme und inklusive Wortwahl. In manchen Fällen wird jedoch zugunsten der Lesbarkeit das generische Maskulinum verwendet. Demnach wird teilweise oder gänzlich auf die Verwendung genderspezifischer Sprache verzichtet. Alle Geschlechteridentitäten werden ausdrücklich mitgemeint, soweit die Aussagen dies erfordern.